# 승무원 영어면접

# Answer 1

승무원 영어면접
# Answer 1

**초판 1쇄 발행** 2014년 6월 30일
**3쇄 발행** 2018년 9월 3일

**지 은 이** 최성희
**펴 낸 이** 최지숙
**편집주간** 이기성
**편집팀장** 이윤숙
**기획편집** 윤은지, 이민선, 최유윤, 정은지
**표지디자인** 신성일
**책임마케팅** 임용섭
**펴 낸 곳** 도서출판 생각나눔
**출판등록** 제 2008-000008호
**주 소** 서울 마포구 동교로 18길 41, 한경빌딩 2층
**전 화** 02-325-5100
**팩 스** 02-325-5101
**홈페이지** www.생각나눔.kr
**이 메 일** bookmain@think-book.com

---

• 책값은 표지 뒷면에 표기되어 있습니다.
ISBN 978-89-6489-277-0 14320
세 트 978-89-6489-275-6 14320 (전 2권)

• 이 도서의 국립중앙도서관 출판 시 도서목록(CIP)은 서지정보유통지원시스템 홈페이지(http://seoji.nl.go.kr)와 국가자료공동목록시스템(http://www.nl.go.kr/kolisnet)에서 이용하실 수 있습니다(CIP제어번호: CIP2014011142).

200여개 질문에 850개 이상 답변 샘플
영문 커버레터, 이력서 만들기 샘플
한국어, 영어, 중국어 기내 방송문 수록

현 외국 항공사 **면접관이** 알려주는

# 1 승무원 영어면접 Answer

## 항공 승무원 지망생의 면접 합격 지침서

**최성희** 지음

생각나눔

승무원 준비를 하면서 영어면접이 가장 걱정이었습니다. 영어면접이 그리 중요하지 않다고 다들 얘기했지만, 지원 가능한 토익 점수만 겨우 가지고 있었을 뿐 영어는 거의 'Hi. My name is 000. Thank you' 정도만 할 수 있는 수준이었습니다. 최성희 선생님의 답변 샘플을 조금씩 바꾸고 열심히 외워서 볼 수밖에 없었습니다. 너무나 운 좋게도 준비한 질문을 받았고 기분 좋게 답변했습니다. 영어면접은 성실과 비례한다는 선생님의 말씀에 진심으로 동의합니다.^^

– 대한항공 합격자

선생님의 수업을 들을 때면 선생님은 학생의 좋은 점을 봐주시고 그것을 극대화해주려고 하시는 모습을 뵈었습니다. 늘 좋은 영향력과 체계적인 수업으로 실전에 더 강해질 수 있게 도와주셨습니다. 어떤 얘기를 하는지도 중요하지만 어떤 모습으로 얘기하느냐를 항상 강조하셔서 최대한 같은 실력이라도 웃으면서 답변하도록 노력했습니다.

– 아시아나항공 합격자

최성희 부원장 쌤의 영어 인터뷰 강의와 답변 샘플을 통해서 영어 인터뷰의 답변은 이렇게 하는구나 라는 것을 배웠으며, 생각보다 어렵지 않았습니다. 그리고 영어인터뷰뿐만 아니라 영어 인터뷰 시의 매너 자세 또한 교정받을 수 있어서 너무 좋았습니다!!!

– 이스타 항공 합격자

외국에서 몇 년 간 살아서 영어는 좀 하는 편이었지만 질문을 받으면 무슨 말을 해야 하는지 막막했습니다. 하지만 선생님과의 수업을 통해 영어를 잘한다고 면접을 다 잘하는 것이 아니라는 걸 알게 되었고 선생님께서 알려주시는 답변 팁을 잘 듣고 답변 샘플을 참고하여 준비를 하였습니다. 친절히 얘기하는 표현들이 정말 도움이 많이 되어 제 꿈을 이루게 되었습니다. 승무원 지망생 여러분들 모두 파이팅!

– 싱가포르 항공 합격자

영어 인터뷰를 앞두고 많이 답답했습니다. 영어를 못하는 건 아니었지만, 인터뷰를 처음 준비하는 거라 무엇부터 시작해야 할지 몰랐거든요. 조금 더 자연스럽고 고급스러운 영어 표현과 애티튜드를 배울 곳을 찾다 최성희 선생님을 만나게 되었습니다. 선생님과의 수업은 주로 제가 어떤 사람인지, 어떤 생각을 가지고 있는지 제 자신에 대해 먼저 알게 되는 시간이었습니다. 그러고 나서 제가 느끼는 생각과 감정들을 어떻게 영어로 자연스럽게 표현할 수 있는지 도와주셨어요. 다양한 표현의 답변 샘플로 조금 더 효과적으로 답변을 정리하게 될 수 있었습니다. 그로 인해 꾸미고 어색한 모습이 아닌 제 자신을 자연스럽게 보여줄 수 있는 인터뷰를 할 수 있었고 그런 진솔한 면이 외국 항공사 합격의 열쇠가 되었다고 생각합니다.

– 루프탄자 항공 합격자

1년이나 갈피를 못 잡고 헤매고 있을 때 진짜 '내 답변'을 찾는 데 정말 많은 도움이 되었습니다! 인터뷰에서 어떤 말을 해야 할지 선생님과의 답변 정리를 통해 많은 참고가 되었습니다. 포기하고 싶을 때 다시 시작하게 했던 선생님의 응원, 승무원으로 일하면서 평생 잊지 않겠습니다!! 감사합니다!

– 타이항공 합격자

같은 답변이라도 면접질문에 따라 어떤 문장과 분위기를 담아 표현해야 좋을지 답변 샘플을 통해 방향을 정확히 잡을 수 있었습니다. 선생님 긍정기운 많이 받았습니다. 감사합니다. :)

– 케세이 퍼시픽 항공 합격자

모의면접 수업을 최성희 선생님과 함께하면서, 실전처럼 준비할 수 있었습니다. 답변도 중요하지만, 면접 중에 자세나 인지하지 못하고 있었던 나쁜 버릇들을 알려주셔서 후에 실전 면접 때도 더 자신감을 가지고 할 수 있었습니다. ^^

– 필리핀항공 합격자

1. 최성희 선생님은 미소나 자세, 답변만을 가르치는 일관된 수업과 달리 학생들과 교감하시면서 수업을 이끌어가셨습니다.

2. 따뜻한 카리스마로 학생들이 꿈을 포기하지 않게끔 이끌어주시는 힘이 있으십니다. 진심 어린 격려와 때로는 날카로운 피드백은 실전 면접에서도 많이 떨지 않는 데에 많은 도

움이 되었습니다.

3. 선생님과의 수업들은 내가 왜 승무원이 되고 싶은지, 내가 왜 이것을 정말 원하는지 꿈에 대해서 진지하게 생각할 수 있었던 시간. 단순히 승무원 면접 합격만을 위한 목적을 떠나서, 목표에 한 걸음 더 다가갈 수 있도록 최선을 다하는 방법을 알려주셔서 앞으로 살아가는 데에 있어서도 많은 도움이 될 것 같습니다^^

4. 실제 인터뷰 때 도움이 많이 됐던 질문: 일본문화, 일본사람들에 대해서 어떻게 생각하는지? 면접연습 때 많이 했었는데 실제 면접에 나왔습니다!

그때 제 답변- 일본사람들 장점-very polite, calm, patient so they could be a developed country and strong at service mind

일본사람들 단점-감정표현 잘 안 하고 가끔 너무 친절해서 친해지기 어렵다고 느낄 수도 있지만, 매우 큰 장점이 될 수도 있다고 생각하고 일본사람들이 힘든 걸 잘 이겨낼 수 있는 원동력이라고 생각함

– ANA 합격자

수업을 들으며 겉핥기식이 아닌 체계적인 답변 준비를 하는 데 많은 도움이 된 거 같아요! 선생님께서 질문해주시는 기출문제를 통해 연습하다 보니 실제 면접에 가서도, 오히려 면접관에게 질문을 유도하거나 떨지 않고 자신 있게 말할 수 있었어요! 무엇보다 여기서 중요한 건 답변을 할 때 물어보는 질문에 대해 기다렸다는 듯이 바로 답하기보다는…. 예를 들어

상사와 다퉜던 경험 있어? 하는 질문에 응 있어. 아니 없어. 바로 답변하는 식이 아니라 I can say that I'm a really lucky person who met great co-workers and boss. But…. 이런 식으로 좋게 돌려 말하는 답변방법을 배울 수가 있어서 면접 볼 때 더 좋은

인상을 남길 수 있었고, 정말 도움 많이 됐습니다!^^!!

– 중화항공 합격자

열 마디의 장황한 문장이 아닌 한마디의 정확한 핵심 문장을 통한 효과적인 의사전달 답변하는데 답변 샘플과 피드백이 정말 많은 도움이 되었습니다.^^

– 타이거 항공 합격자

면접관의 질문 요지를 파악하고 핵심 포인트을 잡아서 '센스 있게' 답변하는 방법을 알려주셨던 성희쌤 수업 덕분에, 실전에서도 긴장하지 않고 제 자신을 어필할 수 있었어요. 승무원 준비의 바이블♡♡

– ANA 합격자

최성희 선생님의 답변 샘플은 승무원 준비생들 각자가 가지고 있는 가지각색의 경험, 가치관, 배경들이 무색할 만큼 개개인에게 쏙쏙 맞는 다양한 답변들을 가지고 계셔서 나만의 답변을 특색 있게 만드는 데 정말 큰 도움이 되었습니다. 제 삶의 경험들, 나라는 사람의 모습을 콕 짚어 보여주는 답변들은 최성희 선생님께서 승무원을 준비하는 많은 학생들이 꿈을 이룰 수 있도록 얼마나 노력하시는지 알 수 있습니다 :)

– 가루다인도네시아 합격자

선생님과의 답변 준비를 통해 지금은 카타르 항공에서 근무하고 있습니다. 영어를 유창하게 잘하진 못 했지만, 선생님의 답변 준비를 통해 예상 질문에 대한 답변을 만들고 계속 반복해서 연습하다 보니 어느새 영어 실력도 많이 늘게 되었습니다. 최종면접에서 면접관의 액센트를 잘 이해 못 해 되물어 본 적도 있지만, 다행히도 선생님과 연습한 질문들이 많이 나와서 무사히 잘 마칠 수 있었습니다. 함께 준비 한 다른 친구들보단 조금 시간이 걸렸지만, 포기하지 않게 옆에서 용기 주신 선생님께 진심으로 감사드립니다.^^

– 카타르 항공 합격자

선생님과 수업하면서 에피소드 하나하나 준비했습니다. 에미레이트 항공은 최종면접이 약간 까다롭다는 말을 많이 들어서 준비를 단단히 해야겠다고 생각했습니다. 면접관이 'excellent service' 가 뭐라고 생각 하느냐는 질문을 받았을 때는 정말 너무 기분이 좋아서 활짝 웃으며 선생님과 함께 준비하고 답변 만든 서비스의 정의를 말씀드렸더니 너무 좋아하시는 것이었습니다. 그로 인해 순조로운 출발을 한 것 같았습니다. 항상 꼼꼼히 체크해 주시고 날카로운 피드백에 진심으로 감사드립니다. 그땐 공부하는 게 힘들다고 생각했지만, 다시 생각하면 너무 즐거운 추억이었던 것 같습니다. 감사합니다!!

–에미레이트 항공 합격자

# Job Interview

**면접이란** 지원자에 대한 정보나 장점 등을 파악하기 위한 특별한 목적을 가진 공식적인 만남이나 대화이다. 면접관과 지원자 양쪽 모두 면접을 통하여 얻고자 하는 목표가 있다. 그 목표를 달성하기 위해서 허락된 시간 동안의 대화를 통하여 평가하고 판단하게 된다.

항공사에서 승무원을 채용하기 위해 면접하는 과정에서 기본적으로 평가하는 공통된 세 가지 항목은

1. 직무 능력 - 승무원으로서 주어진 임무를 수행할 수 있는 자질이 있는가?
2. 인성 - 승무원으로서 고객에게 친절하게 책임감을 가지고 서비스를 할 줄 알고, 다른 동료와 협동할 줄 알며, 업무가 적성에 맞는가?
3. 열정 - 승무원이라는 직무가 정말 원하는 일이고, 지원하는 회사에 대한 열정이 있는가?

위 세 가지 항목이 모두 충족되었을 때 지원자들이 채용될 가능성은 더욱더 커지는 것이다.

# 1 영어 면접의 평가 기준

### 국내 항공사- 영어로 의사소통이 가능한가?

- 국내 항공사에서는 영어면접으로 영어를 알아듣고 답변할 수 있는 정도가 되는가를 평가한다. 하지만 글로벌 항공사에 맞게 영어 실력에 대해서 평가를 높이고 있다. 영어 면접 비중에 더 신경 써야 한다.

### 외국 항공사

### 1. 영어로 의사소통이 가능한가?

- 외국 항공사는 승객뿐 아니라 다국적 승무원들과의 근무에서도 영어로서 언어능력이 절대적으로 필요하다. 질문을 통해 영어를 이해하고 답변하는 데 무리가 없는지 영어실력을 평가한다.

### 2. 영어 면접을 통해 상황에 맞는 적절한 의사소통 능력이 있는가?

- 영어를 잘한다고 해서 상대와 대화를 할 때 항상 친절하거나 예의 바른 것은 아닐 것이다. 영어실력의 평가 외에도 말투, 사용하는 단어, 표현 방법을 통해 승무원 직무에 적합한 태도를 갖추고 있는가를 평가한다.

### 3. 지원자가 우리 항공사에서 요구하는 자질과 열정을 가지고 있는가?

- 질문과 답변을 통해 영어를 잘하고 적절하게 응대하는가라는 영어실력과 의사소통 능력을 평가할 뿐 아니라, 지원자의 성격이나 승무원으로서의 자질 또는 열정 등을 평가한다. 영어를 잘한다고 다 승무원으로서의 자질을 갖춘 것은 아니다. 면접관들은 다각도의 질문과 많은 종류의 면접 전형을 통해 지원자들을 알아보고 있다.

## 2 영어 면접의 Check Point

### 면접 Motto '면접관은 승객이다!'

**핵심 포인트(Key Point)**

면접관을 승객이라고 생각하여

- 친절하게
- 최선을 다해서
- 긍정적으로

답변한다는 것을 잊지 않는다.

**면접관이 지원자를 평가하게 되는 일반적인 순서**

1. EYE 눈으로 보여지는 것
   ➡ 첫인상, 미소, 복장, 화장, 머리, 자세

2. EAR 귀로 들려지는 것
   ➡ 목소리

3. HEART 마음으로 전달되는 것
   ➡ 태도, 답변 내용

## 첫인상(First Impression)

● 단정한 외모

지원하는 항공사에서 좋아할 만한 이미지로 연출 하는 것도 효과적일 수 있다. 단, 본인에게 어울리는 것이 가장 중요하다. 각 항공사의 홈페이지를 방문하여 유니폼 입은 승무원들의 화장과 머리를 참고 하는 것도 도움이 될 수 있다.

### | 여자 |

● 복장

항공사에 지원 시 복장에 관한 규정이 주어진다면 반드시 숙지하고 따르도록 한다. 일반적으로 항공사 승무원 면접에 맞는 복장은 치마 정장을 권한다. 신발은 앞이나 뒤가 트이지 않은 정장 구두를 신으며 깨끗이 닦도록 한다. 높이는 지원자의 신장에 따라 보기 좋도록 5㎝부터 10cm까지 가능하다.

현재 국내 항공사(대한항공, 아시아나 항공) 면접 시에는
다수의 지원자들이 흰 블라우스와 검정 스커트를 입고 참여하고 있다.

외국 항공사의 경우는 색상이나 디자인에 제한은 없다. 본인에게 가장 잘 어울리는 색과 디자인의 정장을 입어본다. 단 가끔 항공사에서 직접 드레스 코드를 공지할 때가 있다. 이때는 반드시 숙지하고 따르도록 한다.

● 화장

국내 항공사의 경우는 너무 진하지 않은 화장을 선호하고 있다. 특히, 대한항공의 경우 최종면접에서 대한항공 유니폼을 입고 면접에 임하니 유니폼(청자색이나 백자색)에 맞는 화장을 하도록 권장한다.

외국 항공사의 경우 대부분 외항사의 경우 입술이나 볼 화장으로 생동감을 주는 것을 선호하는 편이다. 단, 지원하는 항공사의 승무원들과 비슷한 이미지를 연출 하되 가장 중요한 것은 나와 잘 어울리는 스타일을 찾는 것이다. 특히, 아랍 에미리트 항공이나 카타르 항공의 경우는 본인에게 어울린다면 스모키 화장도 무난하다. 그리고 싱가포르 항공사의 경우 최종면접할 때 지원자들에게 싱가포르 항공 유니폼을 입히도록 한다. 그러니 미리 화장을 유니폼에 어울릴 수 있도록 하고 가는 것이 효과적이며, 유니폼 신발인 샌들까지 신어야 하기 때문에 발톱에 매니큐어를 바르는 것도 센스 있는 준비일 것이다.

● 머리

승무원의 이미지에 가장 적합한 올백 머리나 보브컷 정도로 권장한다. 머리스타일 또한 지원하는 항공사에서 특별한 규정이 있다면 반드시 따르도록 한다.

## | 남자 |

● 복장

타이, 와이셔츠, 바지, 재킷으로 구성된 정장을 권장한다. 색상은 보통 짙은 회색, 남색, 검은색이 무난할 듯하다. 타이는 계절이나 양복색, 그리고 본인 얼굴 톤에 고려하여 가장 알맞은 색과 무늬로 준비해본다. 신발은 깨끗이 닦은 짙은 색상의 정장 구두를 권한다.

● 화장

얼굴을 화사하게 보일 수 있도록 비비크림 바르는 정도가 무난하다. 눈썹 화장이나 피부 화장도 가능하나, 티 많이 나지 않고 자연스럽게 화장한다.

● 머리

앞머리가 내려오지 않도록 옆이나 뒤로 넘기고 깔끔하게 무스나 스프레이로 마무리해준다. 그리고 턱수염이나 구레나룻 수염은 반드시 면도한다.

● 간단하면서 기분 좋은 인사와 매너

작은 매너로 상대방을 평가할 수 있으니 항상 먼저 인사 할 수 있도록 평소에 습관을 만드는 것이 중요하다.

● 밝고 생기가 넘치는 호의적인 인상 미소 유지)

때로는 영어보다 더 중요한 자질이 될 수도 있다. 웃는 사람이 더 친절해 보이고 적극적으로 보이는 것은 당연하다.

## 자세(Posture)

● 서기

면접관 앞에 정해진 위치에 허리를 곧게 펴고, 여자는 오른손을 왼손 위로 포개어 편안하게 아랫배 위에 올려놓는다. 남자 지원자의 경우 양손을 달걀을 쥔 듯한 모양으로 가지런히 양쪽 바지 봉제선 위로 차렷 자세를 한다.

● 앉기

의자에서 등을 살짝 때고 허리를 곧게 펴고 다리는 붙여서 한쪽이나 중앙으로 가지런히 하고, 양손은 오른손을 왼손 위로 포개어 편안하게 스커트 선 위에 올려놓는다. 남자의 경우엔 다리를 어깨 넓이 보다 약간 좁게 벌리고, 허리는 곧게 펴고, 양손은 각각의 무릎 위에 살짝 올려놓는다.

● 제스처

습관적이거나 불필요한 제스처는 삼가고 바른 자세로 이야기한다. 단, 제스처를 사용함으로써 면접관을 이해시키는 데 큰 효과가 있는 것은 오히려 더 센스 있게 보일 수 있다. 예) 사이즈, 길이, 높이, 모양 설명, 누군가를 가리킬 때는 두 손으로, 비빔밥 먹는 방법 설명 중 비비는 모습, 쌈밥 먹는 방법 설명 중 한 손에 쌈을 올리고 쌈을 싸는 모습 등은 더 효과적일 수 있다.

## 태도(Attitude)

- 승무직에 대해 잘할 수 있는 일이고, 하고 싶은 일이라는 열정을 보이며, 자신감을 갖고 면접에 임한다.
- 겸손하고 공손한 태도를 보이며, 진지하고 성실한 태도로 답변에 임한다.
- 어려운 질문을 받더라도 피하지 않고 최선을 다하여 답변하는 책임감 있는 모습을 보여준다.

## 자신감(Self-Confidence)

- 미소 ➡ 누구나 편안하게 다가갈 수 있는 미소는 최고의 장점이 될 수 있다.
- Eye Contact ➡ 질문한 면접관을 주로 보며 답변하고 다른 면접관들에게도 잊지 않고 가끔씩 시선을 준다. 하지만 너무 눈동자를 왔다 갔다 하며 모든 면접관에게 시선을 다 주는 것은 불안해 보일 수 있고 면접관들도 불편하게 할 수 있으니 주의 하도록 한다.
- 목소리 ➡ 면접관들이 특별히 귀를 기울이고 듣지 않아도 편안하게 들을 수 있도록 큰소리로, 그리고 친절한 톤으로 말한다. 약간 높게 이야기하면 더 적극적이고 친절하게 들릴 수 있다. 작은 목소리는 종종 자신감과 열정이 부족하게 느껴지게 한다.

## 이해력(Understanding)

- 면접관의 질문을 미리 짐작하지 말고 끝까지 귀를 기울이며 눈을 맞추고 경청한다.
- 면접관의 질문을 정확하게 이해하고 너무 길지도, 너무 짧지도 않게 질문에 적절하게 답변한다.

 ➡ 면접관의 질문을 끝까지 잘 듣고 면접관이 궁금해하는 것을 풀어준다.

 예를 들어, 면접관이 "당신은 몇 시에 도착했고, 오는데 어떻게 왔습니까?"라고 질문한다면 당연히 두 가지를 다 답변해 줘야 한다.

A: "네, 지하철 타고 30분 정도 걸려서 왔어요."

B: "네, 8시 반쯤 도착했고, 잠실에서 지하철 타고 왔어요. 30분 정도 걸렸어요."

면접관으로서 만족스러운 답변은 A와 B 중 당연히 B이다. 면접관이 궁금해한 두 가지(몇 시에 도착했는지와 무엇을 타고 왔는지)가 다 충족되었기 때문이다. 자! 내가 할 수 있는 말만 하려고 하지 말고 면접관이 무엇을 알고 싶어 하는지 질문에 반드시 집중하여 답변하도록 한다.

이러한 커뮤니케이션의 문제는 면접관이나 직장에서만의 문제가 아니라 친구들이나 가족들과의 대화에서도 나타난다. 분명히 내가 친구에게 문자로 "우리 몇 시에 어디에서 만날까?"라고 물어봤다면 "5시에 신사역 3번 출구 앞에서 만나자."라고 해야 훌륭한 커뮤니케이션이다. "응, 5시에 만날까?" 또는 "신사역에서 보자."라고만 답하는 것은 질문한 사람이 알고 싶어하는 두 가지가 다 충족되지 않았다. 그래서 또 질문을 해야 하는 경우가 있는데, 가끔은 피곤하게 느낄 수 있다.

다시 한 번 더 간단하게 예를 들어보자. 면접관이 "취미와 특기를 얘기해보세요."라고 한다면 취미를 이야기해준 다음 특기를 얘기해야 한다는 것이다. 면접관이 생년월일과 고향을 얘기하라고 한다면 생년월일을 얘기하고 고향을 얘기해주어야 한다. 간단하다. 필자가 면접을 볼 때 가끔씩 전공에 대한 설명과 선택 이유를 말해 달라고 하면 열 명 중 다섯 명은 전공소개만 하고 끝낸다. 썩 흡족하지 않다. 그리고 또다시 물어보지 않는 경우도 많다. 그것 하나 때문에 떨어뜨리진 않겠지만, 두 가지 다 이야기해준다면 훨씬 더 똑똑해 보이고 야무져 보이는 건 사실이다.

● 질문을 알아듣지 못했을 때는 미소를 지으면서 다시 한 번 정중히 질문을 부탁한다.

➞ 국내 항공사의 영어 면접 시 면접관들(미국, 교포, 한국사람)의 악센트를 이해하는 데는 그리 어려울 것 같지는 않다. 물론, 모르는 단어 때문에 또는 긴장해서 질문을 이해를 못할 수도 있다. 특히, 현재 한국 승무원을 채용하고 있는 외국 항공사의 경우 우리 귀에 가장 익숙한 미국 악센트를 들을 기회는 거의 없다. 카타르 항공사, 에미레이트 항공사의 면접관들은 아주 다양한 국적을 가지고 있고, 제2외국어로 영어를 하는 분들이기 때문에 우

리에게 절대 익숙하지 않은 악센트들이다. 또한, 캐세이퍼시픽 항공사의 경우는 홍콩, 싱가포르, 말레이시아, 필리핀 등 아시아권 국가에서 온 면접관들이고, 싱가포르 항공사의 경우도 현지에서 온, 대부분 싱가포르 국적의 면접관들로 구성되어 있다. 질문을 못 알아듣는 것은 전혀 문제가 되지 않는다. 우리는 비행하면서도 승객의 이야기를 못 알아들을 수도 있으니 괜찮다. 하지만 정중하게 다시 한 번 물어보아야 한다. 이때 인상을 쓰거나 무례하게 들릴 수 있는 말은 사용하지 않는다.

1) 잘못 알아들었을 때

I beg your pardon, sir/ma'am?

I'm sorry, but could you repeat that please?

2) 특정한 단어의 의미를 묻고 싶을 때

I'm sorry. Can I ask the meaning of the word "○○"?

I'm afraid I don't understand what "○○" means. Could you explain the meaning?

3) 질문속도가 너무 빠를 때

I am Sorry but, would you speak more slowly, please?

I am afraid I couldn't quite catch you. Would you mind speaking more slowly?

I'm Sorry. I cannot follow you. Would you mind saying that again more slowly?

4) 질문은 이해했는데 답변이 생각 안 나서 시간이 필요할 때- 과거에 대한 질문이나 정의나 의견을 묻는 말에 잠깐 생각하고 답변하여도 더 신중해 보이고 자연스럽게 보일 수 있다. 단, 질문은 알아들었다는 표시로 아래와 같이 “well, let me see."와 같이 이야기한 후 몇 초간 생각하는 것은 자연스러울 수 있다. 하지만 알아들었는데도 생각하느라고 아무 말도 안 하고 있다면 면접관은 지원자가 질문을 알아들었는지 못 알아들었는지 알 수가 없다.

예) Q: What was the most difficult moment in your life?

Q: What does success mean to you?

A: Well, let me see/think.

A: Could I have a moment to think about it, please?

● 질문을 잘 못 알아들었을 때 위에서 얘기한 것 말고 예를 들어, 'What?'; What did you say?'; 'Sorry?(웃지 않고 강하게 했을 때 완전 밉상임)' 또는 'Come again?' 이런 식은 무례하게 보인다. 승무원은 승객에게 이렇게 이야기하지 않는다.

5) 질문 끝나자마자 바로 적극적으로 힘차게 답변해야 효과적인 질문- 자질이나 의지, 의욕에 관련된 질문

Q: This job is very demanding physically and mentally. Are you in good health?

A: **Yes,** I am in good health….

* 주의할 점: 건강하냐고 묻는 말에 바로 답하지 않고 well, let me see…. 이렇게 나온다면 면접관이 생각할 때 건강하지 않다고 생각할 수 있다. 아래 두 질문도 마찬가지이다.

Q: This job requires a lot of team work. Are you a good team player?

A: **Yes, I am.** I am very much a team player….

Q: If you are hired, you have to live in Doha. Are you willing to relocate to Doha?

A: **Yes, of course.** In fact I am very excited about living in Doha….

## 효과적인 답변(Effective Answers)

- 정확한 발음과 올바른 영어 표현을 구사한다. 또한, 줄임말을 많이 사용하지 않는다. 줄임말 사용 시 너무 케주얼 하게(가볍게, 격식 없이) 들릴 수 있다.

  예) I'm gonna…. 대신에 I will 또는 I'm going to로 사용한다. I wanna…. 대신에 I would like to…. 또는 I'd like to….로 표현한다.

- Yes, No의 답변을 정확하게 한다(yep, yeah, nope 등을 사용하지 않는다.)
- 질문을 받았을 때 알겠다는 표현으론 'OK'보다 'Sure 또는 Certainly 또는 Yes'로 답변한다.

  예) 면접관: Could you introduce yourself?

  지원자: Certainly, ma'am.

- 단답형보다는 결론 먼저 애기하고 부연설명을 덧붙여 면접관의 질문에 충분한 정보를 제공한다.

  예) "What is your hobby?"라는 질문에 결론 먼저 "My hobby is A…." 또는 "I love to do A…." 그리고 부연설명.

  "What is your strength?"라는 질문에 결론 먼저 "I believe my strength is B…." 그리고 부연설명.

- 이력서나 지원서에 작성한 내용과 일치하여 답변한다. 지원한 이력서나 자기소개서는 반드시 인쇄하여 이력서 바탕의 질문들을 준비한다.

## 답변 내용 공개(Disclosure)

- 많은 학생들이 질문을 한다, 질문당 몇 초 정도 답변하는 것이 적당하냐고. 질문에 따라 답변 길이도 다르다. 예를 들어, 면접관이 "How are you?"라고 질문한다면 "I am very good. It's great to meet you. Thank you and how are you sir?"라고 간단명료하게, 프로페셔널 하게 답변하면 충분하다. 또 면접관이 "How did you get here today?"라는 질문에는 "I took a subway from Jamsil and it took abut 30 minutes."라고 하면 충

분하다.

하지만 “Why should I hire you(내가 왜 당신을 뽑아야 하는가)?"라는 질문은 간단하게 답변할 수 없다. 이런 질문에는 나의 장점과 승무원에 맞는 자질을 더 적극적으로 알려주고 면접관을 설득해야 한다. 이런 답변은 10초로 절대 충분하지 않다.

- 면접관의 질문 의도를 파악하고 적당한 길이로 알고 싶어 하는 정보를 전달한다. 이야기할 때의 속도도 매우 중요하다. 너무 빠르지도 느리지도 않도록 편안한 속도로 한다.

- 흥미로운(interesting) 답변, 개성 있는(individual) 자신만의 이야기를 정리한다.
  ➡ 흥미로운 답변이 무엇인지 보자.

지원자 중엔 이력서 자체가 흥미로운 경우도 많이 있다. 예를 들어 전직 승무원, 군인, 운동선수, 간호사 또는 특이한 직업을 가진 사람들…. 이런 경우는 질문들이 전직이나 현직의 내용으로 진행될 가능성이 많다. 전에 한 동남아시아 메이저 항공사 면접을 보는데 군인 출신의 남자 지원자가 있었다. 다른 질문보다는 이 지원자의 전직인 군인에 대해 궁금한 것이 생기기 마련이다. 왜 군인 그만두고 승무원이 되려고 하는지, 남자들하고만 지냈는데 여자들과 일 야 하는 데 문제없는지, 직업 군인을 하면서 배운 것은 무엇인지 등등.

또 한 지원자는 현직 간호사이었다. 잘나가는 대학병원 간호사이고, 경력도 좀 있고, 아주 안정된 직장이라 생각되는 경우였다. 이 지원자가 파이널 면접에서 주로 받은 질문은 왜 간호사같이 훌륭한 직업을 그만두고 승무원을 지원했는지, 부모님은 뭐라고 하는지, 간호사 하면서 힘든 것은 무엇이었는지 등등 많은 질문을 받았다. 이렇게 무엇인가 흥미로운 이력이 있으면 반드시 예상 질문을 만들어서 답변을 정리해보도록 한다.

➡ 개성 있는, 나만의 답변은 무엇인지 보자.

나만의 답변이란 지원자 500명이 하는 똑같은 이야기가 아니라 나만이 할 수 있는 이야기가 필요하다. 물론, 그렇다고 소설처럼 감동적인 이야기를 만들라는 이야기가 아니라 비슷한 내용을 하더라도 조금만 더 내 이야기를 하자는 것이다.

예를 들어, 등산이 취미인 두 지원자가 있다.

1번 지원자: 저는 취미가 등산입니다. 등산은 건강에 좋고 등산 후 아주 상쾌해서 기분이 좋아집니다. 저는 적어도 한 달에 한 번은 꼭 산에 가려고 노력합니다.

2번 지원자: 저의 취미는 등산입니다. 등산은 건강에 좋고 등산 후 아주 상쾌해서 기분이 좋아집니다. 지난주에 부모님과 집 근처에 있는 북한산을 다녀왔는데, 날씨도 아주 좋고 나무들도 색깔이 매우 예뻤습니다. 이맘때 한국은 산에 가기 완벽한 날씨입니다.

1, 2번 지원자 둘 다 등산에 대해 잘 이야기했지만, 2번 지원자의 답변이 더욱더 친근하게 느껴질 수 있다.

전에 그룹 면접에서 공통 질문으로 '만약 우리가 아버지를 선택할 수 있다면 유명 인사도 좋고, 누구라도 선택할 수 있다면 누구를 선택하겠는가?'라는 주제를 주었다. 많은 지원자들이 유명 인사에 대해 이야기했고, 두 명은 자기 아버지를 선택하겠다고 했다. 그 중 한 지원자는 그냥 누가 들어도 무난한 이야기, 아버지께서 나를 위해 얼마나 희생했는지 알고 감사하기 때문이라고 했다. 물론, 따뜻한 이야기라고 느끼지만, 일반적이라고 여겨졌다.

다른 한 지원자는 어렸을 때부터 어머니가 매우 아파서 아버지께서 식사나 도시락 챙겨 주면서 항상 어머니의 역할까지 해오셨고 너무너무 존경한다고 이야기하는데 가슴이 뭉클해지는 것을 느꼈다. 이러한 두 번째 지원자처럼 무엇인가 나만의 이야기를 했을 때 면접관과 클릭 될 가능성이 더 많다. 물론, 면접 때 슬픈 이야기를 하라는 것이 아니라 인간적이고 따뜻한 면을 보여 줄 수 있을 때 그런 면도 면접관에겐 감동을 주어서 지원자를 좋아할 수 있게 될 수 있다.

- 너무 빨리 너무 많은 정보의 답변/지나치게 사적인 답변/지나치게 상세한 답변

  ➡ 면접관들을 당황하게 할 수 있다.

  처음 만난 면접관에게, 그리고 사적인 자리가 아니라 공적인 자리라는 것을 명심하여 너

무 지나친 사적인 이야기까지 상세히 나열할 필요는 없다.

● 너무 느리게 너무 적은 정보의 답변

➡ 성의나 열정이 없어 보이고 친절하지 않게 보일 수 있다.

예를 들어, " What is your hobby?"라고 질문했는데, 몇 초 후 마지못해 단답형으로 "Swimming."이라고 답변한다. 그래서 면접관이 한 번 더 질문한다. "Are you a good swimmer(수영 잘 하나요)?" 그랬더니 또 몇 초 후 "Yes, I am good." 이런 식으로 답변한다면 이 지원자는 영어실력 이전에 불친절한 대화 태도 때문에 좋은 점수를 받지 못할 것이다. 영어가 잘되지 않더라도 끝까지 웃으면서 최선을 다해서 답변하는 태도가 더 중요할 때가 있다.

## 답변 준비(Preparation)

● 이 교재에서 다루는 질문 중 본인에게 해당하는 각 문제의 답변을 준비하고, 거울을 보고 미소 지으며 큰 소리로 읽고 반복하여 정리하며, 그 답변의 내용에 대한 예상 질문을 더 만들어 연습한다.

● 본인의 이력서를 작성하여 면접관이 질문할 만한 예상 질문을 만들어서 답변을 준비한다.

● 시간이나 시점에 대한 예상 질문에 대해 미리 답변 준비하도록 한다.

1. 면접 시간에 따라 예상할 수 있는 질문

1) 이른 아침일 경우

Q: 아침에 몇 시에 일어나서 나왔나요?,

Q: 아침 식사하고 왔나요?

2) 점심 식사 전이면:

Q: 면접 마친 후 점심 뭐 먹을 건가요?

Q:오늘 같은 날씨에 면접관에게 추천해 줄 만한 점심 메뉴는 뭔가요?

Q: 이 근처 잘 아세요? 맛있는 집 어디인가요?

3) 점심 식사 후일 경우:

Q: 점심 식사했나요? 뭐 먹었나요?

4) 오후 마지막 조인 경우:

Q: 면접 마친 후 계획이 있나요?

## 2. 면접 요일에 따라 예상할 수 있는 질문

1) 월요일

Q: 주말에 뭐 하고 지냈나요?

2) 금요일, 토요일

Q: 주말에 특별한 계획 있나요?

## 3. 명절이나 공휴일 전후의 면접

1) 신정, 구정, 추석

Q: 명절을 어떻게 보낼 예정인가요?/ 보냈나요?

Q: (신정, 구정) 새해 결심이 뭔가요?

Q: 외국인들에게 영어로 이 명절을 소개한다면?

2) 공휴일(삼일절, 어린이날, 어버이날, 제헌절 등등)

Q: 어떻게 보낼 예정인가요?/ 보냈나요?

Q: 오늘은 ○○○인데 어떤 날인지 알고 있나요?

Q: 영어로 이날을 소개해 보시겠어요?

## 3 영어 면접의 형태

### Picture Description 사진묘사

- 사진을 보고 보이는 대로 묘사, 설명하는 테스트

**TIP**

캐세이퍼시픽 항공 1차에서 진행했던 적이 있다. 영어의 수준을 평가하며, 실제 사진에 있는 모습을 있는 그대로 표현해 주는 것이 중요하다. 우선 사진에 보이는 것을 주된 사람이나 사물부터 묘사하도록 하고, 동작이나 행동을 이야기할 때는 현재시제나 현재 진행형 시제를 사용한다. 마지막에 본인의 느낌을 얘기해도 된다면 간단히 정리하여 말한다.

---

### Article Summarization 기사요점 정리

- 주어진 신문이나 잡지 기사를 읽고 영어로 다시 요약하여 이야기하는 테스트

**TIP**

기사 요점정리는 영어의 수준을 평가하는 목적이 있으며, 많은 외국 항공사에서 진행하고 있다. 싱가포르 항공, 에미레이트 항공, 카타르 항공, 스쿳 등이 있다. 정확한 발음으로 읽고, 읽는 동안 핵심 포인트를 파악한 뒤 요약하도록 한다. 읽을 때의 모습과 자세도 중요하니 종이로 입을 가리지 않도록 주의하면서 함께 있는 모든 사람에게 들릴 수 있도록 한다. 약간의 미소를 지으며 읽는 연습을 해보자.

## Group Interview 그룹 면접

- 보통 1차, 2차 진행 시 많이 이루어지고 있고 그룹으로(4~10명) 들어가 서서 하거나 앉아서 진행된다. 간단한 질문(1~3개)이 주어지며, 답변으로 평가하는 면접이며, 대부분의 경우 공통질문이나 이력서 위주의 내용으로 진행된다.

**TIP**

짧은 시간 동안 이루어지는 만큼 첫인상이 굉장히 중요하다고 할 수 있다. 밝게 웃으면서 영어를 할 수 있다는 인식을 주어야 한다. 주어진 질문에 최선을 다하여 친절하게 답변한다. 최근 몇 년간 싱가포르 항공사의 경우 1차 면접에서 10명이 들어가 간단하게 1~2개 질문을 받았다.

---

## Group Discussion 집단토론 면접

- 주어진 주제와 제한 시간 동안 4명~20명(상황과 항공사에 따라 참가 수 바뀜)이 서로 생각을 교류하며 토론을 통해 의견을 종합하여 결론을 도출하는 형식. 또는, 어떠한 주제에 대하여 서로 다른 의견을 주고받는 논쟁 형식.

**TIP**

팀으로서 잘 어울리고 화합할 수 있다는 인상을 주는 것이 중요하다. 현재 토론 면접을 진행해 오고 있는 항공사는 캐세이퍼시픽, 싱가포르 항공, 에미레이트 항공, 카타르 항공, ANA, 스쿳 항공 등이다. 많은 항공사에서 진행하고 있는 면접 전형이다. 다른 지원자들이 이야기할 때 호의적인 표정으로 경청하며, 고개를 끄덕이거나 하는 적극적이고 긍정정인 태도로 토론에 임한다. 또한, 중간마다 초반, 중반, 마지막 부분에 발언하도록 최선을 다한다.

## One-on-One Interview 일대일 면접

● 지원자에 대해 자세히 알 수 있는 가장 효율적인 방법의 면접 형태이다. 대부분 외국 항공사에서 진행하고 있는데 꼭 Final에서만 진행되는 것은 아니다. 1차나 2차 면접에도 진행되는 면접 방식이다. 지원자 한 명에 면접관은 한 명에서 3명 정도가 대부분이다. 하지만 어떤 경우는 면접관 7명도 참여했었던 적도 있었다. 대부분의 경우 이력서 위주의 내용으로 진행되며 간단한 질문부터 어려운 질문까지 주어진다. 항공사마다 다르고 상황에 따라 다르지만, Final 면접의 경우 짧게는 10분에서, 길게는 한 시간 정도의 시간이 소요된다.

TIP

밝게 웃으면서 주어진 질문에 최선을 다하여 친절하게 답변한다. 보통 이력서를 바탕으로 진행되니 충분히 사전에 예상 질문에 대한 답변을 준비하여 연습할 수 있다. 자신감 있는 태도와 확실한 답변이 중요하다. 본인의 이력서 위주로 예상 질문을 만들어서 효과적인 답변을 준비해 본다.

# Chapters

## 1권
## About me 나의 이야기

# 2권

# About cabin crew 승무원 이야기

승무원 영어면접 Answer

# Chapter 1

# Small Talk

## 스몰 토크

Chapter. 1

# 01 Small Talk

스몰토크

## Questions

**01.** How do you do? / How are you? / How are you feeling today?

오늘 기분이 어떠신가요?

**02.** How did you get here today? / What transportation did you use to get here today?

오늘 여기까지 어떻게 오셨나요?

**03.** What do you think of the weather lately? / today?

요즘 / 오늘 날씨 어떤가요?

**04.** What does your name mean?

본인 이름은 무슨 뜻인가요?

**05.** Do you have an English nick name / How can I address you / What do you prefer to be called?

영어 이름 있어요? / 제가 뭐라고 부를까요?

**06.** Did you have a hard time finding this place?

여기 찾아오는데 어렵진 않았나요?

**07.** Have you applied for ○○ Airways before?

우리 항공사에 지원해본 적 있나요?

**08.** I like your jacket. Where did you buy it?

재킷이 예쁘네요. 어디서 샀나요?

**09.** Did you put on your make up by yourself? / Did you fix your hair by yourself?

화장 본인이 직접 했나요? / 머리는 본인이 직접 했나요?

**10.** Do you have any visible scar, tattoo or birth mark?

혹시 눈에 띄는 상처나 문신, 또는 모반이 있나요?

# 1. How do you do?<br>How are you?<br>How are you feeling today?

오늘 기분이 어떠신가요?

**TIP**

간단한 인사를 건네는 것만으로도 지원자의 태도나 사교성을 알아볼 수 있다. 면접관이 지원자들의 긴장을 풀어주고 반가운 마음으로 인사를 건네 오는 경우에 많은 지원자들이 당황해 하는 모습을 종종 본다. 편안하게 웃으면서 인사를 받아주고 면접관에게도 인사를 건네주는 승무원으로서의 친절한 자질을 보여준다. 인사는 밝고 간단하게!

웃으면서 밝게 인사받으며 'Thank you'와 함께 면접관에게도 인사를 건네보자. 훨씬 친절하게 보이고 자신 있게 보일 수 있다. 인사를 먼저 건네는 것이 훨씬 더 친절하게 보일 수 있다. 하지만 면접관이 먼저 인사를 건네온 경우에는 밝고 환하게 대답하고 'Thank you'라고 말하는 것을 잊지 말고, 면접관에게 인사를 물어봐 주는 것이 더 순조롭게 면접을 시작할 수 있는 분위기를 만들어 줄 수 있다. 인사를 건네는 것부터 프로페셔널 하게 보일 수 있다.

우리는 누군가가 매너가 있다, 없다는 판단을 하는 데 생각보다 그리 오래 걸리지는 않는다. 지하철에서 잠깐 본, 큰 소리로 통화를 하는 사람, 나를 밀치고 자리에 앉으려고 하는 사람, 내리지도 않았는데 막 지하철을 타는 사람, 운전하면서 신호를 넣지도 않고 끼어드는 사람…. 우리는 이런 사람들을 보고 매너 없다고 이야기한다. 아주 작은 경험을 통해서…. 면접에서도 당연히 면접관들이 작은 것으로 여러분을 평가할 수 있다는 사실을 절대 잊어서는 안 된다. 인사 한마디 건넸을 때 답변하는 말투나 태도만으로도 면접관들은 충분히 지원자들을 판단할 수 있다는 것을 잊어서는 안 된다.

**면접 중** 필자도 면접을 볼 때 긴장을 풀어주기 위해 간단하게 인사를 건네는데, 정말 친근하게 답변을 해주고 되물어 주면 그 지원자를 처음 만났고 잘 알지 못하지만, 당연히 친절해 보이고 매너 있어 보인다.

*** 주의할 점** 솔직히 말해서 기분이 그저 그렇다는 둥, 아침에 일찍 일어났더니 너무 피곤하다는 둥, 지극히 사적으로 들리는 답변은 삼가기를 바란다. 지금 이 자리는 면접하러 온 곳, 전적으로 프로페셔널 한 모습을 보여주는 곳이다. 사적인 고민을 토로하는 곳이 아니다.

**A1** How do you do? Nice to meet you, ma'am/sir.

안녕하세요? 만나서 반갑습니다, 면접관님.

**A2** Good morning. Great to see you, ma'am/sir.

안녕하세요. 만나서 반갑습니다, 면접관님.

**A3** I'm very good, thank you, and how are you? ma'am/sir.

아주 좋습니다. 감사합니다. 면접관님은 어떠신가요?

**A4** I'm very well and very excited to be here today, thank you. How are you? Sir/ma'am?

아주 좋습니다. 그리고 이 자리에 오게 되어서 매우 기분 좋습니다. 감사합니다. 면접관님은 어떠신가요?

**A5** I'm very happy to be here today. Thank you. It's great to meet you.

이 자리에 오게 되어 너무나 행복합니다. 감사합니다. 만나서 반갑습니다.

**You**

# 2. How did you get here today? What transportation did you use to get here today?

오늘 여기까지 어떻게 오셨나요?

**TIP**

길게 답변할 필요 없이 간략하고 확실하게 답변해준다. 단 내가 어디를 살든 지역 이름을 한국말로 하면 면접관은 전혀 모른다. 면접 진행하는 곳을 기점으로 시간이 얼마 정도 걸린다고 얘기해주면 더 배려 있게 들린다.

**A1** I took a subway/bus from Jamsil and it took about one hour to get here.

잠실에서 지하철/버스 타고 왔습니다. 한 시간 정도 걸렸습니다.

**A2** I live in Gangnam and I took a bus to get here. It only took 30 minutes.

강남에 살고 있고 버스 타고 왔습니다.

**A3** My home is a 20-minute walk from here.

우리 집이 여기서 걸어서 20분 걸립니다.

**A4** My mother drove me here today and it took about 1 hour from ○○.

어머니께서 데려다 주셨습니다. ○○에서 1시간 정도 걸렸습니다.

**You**

# 3. What do you think of the weather lately?/today?

요즘/오늘 날씨 어떤가요?

TIP

분위기를 편안하게 만들 수 있는 간단한 질문이다. 사계절이 있는 한국의 날씨를 매우 아름답다고 생각한다. 외국인에게 한국 날씨가 어떤지 가볍게 정보를 주는 것도 친절하게 보일 수 있다. A1번처럼 계절의 특징으로 시작해도 좋다

*** 주의할 점** 좋다는 얘기는 괜찮지만, 이런 날씨가 싫다느니 하는 말로 굳이 인터뷰를 부정적으로 이끌어갈 필요는 없다.

**A1** This time in Korea is very lovely. It's sunny in the afternoon and in the evening it's kind of cool. I love it.

이맘때 한국은 날씨가 매우 좋습니다. 오후에는 햇살이 좋고 저녁에는 시원합니다. 저는 이런 날씨 아주 좋아합니다.

**A2** It was cool outside this morning, but now it is heating up.

오늘 아침에는 시원했는데, 지금은 더워지고 있습니다.

**A3** It was clear this morning and rained this afternoon. It's because the rainy season started last week.

오늘 아침에는 날씨가 좋았는데, 오후엔 비가 왔습니다. 지난주에 장마가 시작되어서 그런 겁니다.

**A4** The mornings have been partly cloudy and chilly all this week.

아침엔 흐렸고, 이번 주 내내 좀 쌀쌀합니다.

**A5** It is cloudy now and it snowed this morning. I heard from the weather report that it is going to snow until tomorrow.

지금은 흐린데 오전에는 눈이 왔습니다. 내일까지 눈이 올 거라는 일기 예보를 들었습니다.

**You**

# 4. What does your name mean?

본인 이름은 무슨 뜻인가요?

TIP

외국 면접관 중엔 한국인 이름이 뜻을 가지고 있다는 것을 알기에 질문하는 경우가 있다. 한자 이름의 경우 뜻을 미리 준비 해 놓고 순수 한국어인 경우는 A3번을 참고하여 답변을 준비해본다.

* 주의할 점 본인의 이름인데 무슨 뜻인지 모르겠다고 답변하면 센스 없이 들릴 뿐 아니라 대화의 단절을 느끼게 된다. 본인의 이름에 대한 질문이니만큼 완벽한 해석이 아니더라도 어떤 의미인지 의역이라도 답변하도록 한다.

A1 My name, ○○ means beautiful mind. My grandfather named me.

제 이름 ○○은 아름다운 마음이라는 뜻입니다. 할아버지께서 지어 주셨습니다.

A2 It's **a quite common name in Korea but it has a great meaning.** The two characters of my name, ○○ mean 'bright and positive'.

한국에선 꽤 흔한 이름이긴 한데 뜻이 아주 좋습니다. 저의 이름 두 글자, ○○의 뜻은 '밝고 긍정적인'입니다.

A3 My name 'Arum is purely Korean and means 'beautiful'.

제 이름 Arum은 순수 한국말이고 '아름답다'는 뜻입니다.

A4 Most Korean names are based on Chinese characters and my name, ○○ means 'successful woman' and I like it very much.

대부분 한국 이름은 한자로 만들어지고 제 이름, ○○의 뜻은 '성공하는 여자'이며 아주 맘에 듭니다.

You

# 5. Do you have an English nick name? How can I address you? What do you prefer to be called?

영어이름 있어요?/제가 뭐라고 부를까요?

**TIP**

본인 한국어 이름을 외국 사람들이 발음하기 힘들어한다면 영어 이름 하나쯤 만들어 놓는 것도 배려 있게 보일 수 있다. 필자도 캐세이에서 근무할 때 태국 동료 중에 영어 이름이 없어서 정말 부르기 힘들었던 경험이 있었다. 발음이 힘들면 잘 안 부르게 되고 불편한 것은 사실이다. 우리도 우리에게는 발음이 편하다고 생각할지 모르지만, 외국인들에게는 힘든 일일 수 있음을 이해해보자.

A1 Yes, My English name is Christina.

제 영어이름은 크리스티나입니다.

A2 You can call me Julie.

줄리라고 불러 주세요.

A3 Please call me Charlie. It's my English nickname.

찰리라고 불러 주세요. 제 영어 이름입니다.

A4 I don't have an English name. Please/Just call me Choi which is my last name.

영어 이름이 없습니다. 그냥 제 성자인 초이라고 불러 주세요.

A5 My English name is Kelly.

제 영어이름은 켈리입니다.

**You**

# 6. Did you have a hard time finding this place?

여기 찾아오는 데 어렵진 않았나요?

**TIP**

면접 시작 전 가벼운 스몰토크이다. 너무 구체적으로 상세히 답변할 필요는 없다. 아무리 생소한 곳에서 면접한다고 하더라도 미리 위치를 파악하여 면접 시간에 늦지 않게 서둘러서 나온다면 면접장 찾는 데 힘들진 않을 거라 생각한다.

**A1** Not at all. I am quite familiar with this area. It only took 20 minutes from my house.

전혀 힘들지 않았습니다. 이 지역을 꽤 잘 알고 있습니다. 집에서 20분밖에 안 걸렸습니다.

**A2** Not at all. I managed to get here without any difficulties since the map to your office posted on the website was very detailed and easy to follow.

전혀 힘들지 않았습니다. 귀사 홈페이지에 오는 길을 아주 쉽게 설명해놓아서 어려움 없이 잘 찾아왔습니다.

**You**

# 7. Have you applied for ○○Airways before?

우리 항공사에 지원해 본 적 있나요?

**TIP**

국내 항공사나 외국 항공사나 지원한 경험이 있다면 사실대로 말해도 해가 될 것은 없다. 하지만 너무 많이 떨어져서 뭔가 문제가 있는 것처럼 들리지 않게 적당히 한두 번 정도로 제한한다. 이 회사에 입사하기를 절실하게 원하는 것처럼 들릴 수 있다. 단 꼬리 질문으로 이어질 수 있는 질문들에 대해서 답변 준비를 정리해보아야 할 것이다. 예를 들어, 지난 지원 이후에 변화가 있다면 무엇인가? 지난 면접 때 왜 떨어진 것 같은가 등등.

*** 주의할 점** 여기저기 모든 항공사를 다 지원하는 것처럼 들리지 않도록 한다.

**A1** No, I haven't. This is my first time and I'm very excited about this opportunity.

아니요. 첫 지원입니다. 이번 기회에 대해 아주 기대가 됩니다.

**A2** Yes, I have. I applied last year. My goal is to be a member of your airline.

네, 있습니다. 작년에 지원했습니다. 제 목표는 귀사의 일원이 되는 것입니다.

**You**

# 8. I like your jacket. Where did you buy it?

재킷이 예쁘네요. 어디서 샀나요?

TIP

본격적인 어려운 질문이 아닌 가벼운 small talk에서도 그 사람의 성격이나 친근함을 충분히 평가하고 영어 실력도 평가할 수 있다는 것을 잊지 말고 최선을 다해 친절히 답변한다. 면접관을 승객이라 생각하고 친절히 원하는 것을 풀어준다.

면접관 중 의상이나 액세서리에 관해 코멘트 하고 질문을 하곤 한다. "재킷 예쁘다. 어디서 얼마 주고 샀어요?"라고 질문한다면 당연히 활짝 웃으며 고맙다고 먼저 인사하고, 면접관이 질문한 내용을 답변해준다. 중요하지 않은 질문은 없다. 나를 평가 하는데 꼭 "왜 승무원이 되고 싶나요?" 또는 "우리가 왜 당신을 채용해야 하죠?"라는 질문만 중요한 것이 아니라는 것을 명심한다. .

**A1** Thank you. I am glad that you like it. I bought it in Dongdaemun shopping town which is the biggest shopping street in Korea.

감사합니다. 맘에 드신다니 저도 기쁩니다. 동대문 쇼핑타운에서 샀습니다.

**A2** Oh, Thank you very much. I got it from a Jamsil Department store. It's not far from here. I tried my best to look presentable for this interview.

네, 아, 감사 합니다. 잠실 백화점에서 샀습니다. 여기서 멀지 않습니다. 오늘 면접에서 예쁘게 보이려고 많이 노력했습니다.

**You**

# 9. Did you fix your hair by yourself? Did you put on your make up by yourself?

화장/머리는 본인이 직접 했나요?

**TIP**

면접 당일 더 예쁘게 보이기 위해서 전문가의 도움을 받는 것은 문제가 되지 않는다. 면접관이 얼마 주고 했는지 마음에 드는지에 대해 질문을 할 때 다른 질문들과 마찬가지로 친절하게 풀어준다.

* 주의할 점 나중에 채용이 되어 비행할 때는 여러분이 직접 다 해야 하니, 화장이나 머리에 관심이 없거나 스스로 전혀 못 하는 사람처럼 들리는 답변은 피하는 것이 좋겠다.

A1 Yes. I tried my best to look presentable for this interview.

네. 오늘 면접에서 좋게/예쁘게 보이려고 많이 노력했습니다.

A2 Yes, I did. I tried to look my best for this interview.

네, 제가 했습니다. 최대한 멋지게 보이려고 애썼습니다.

A3 Yes. I did. Actually I used to work as a makeup artist for several years.

네, 제가 했습니다. 실은 지난 몇 년간 메이크업 아티스트로 일했습니다.

➡ makeup artist에 관련한 직장 이야기로 진행될 가능성

You

# 10. Do you have any visible scar, tattoo or birth mark?

혹시 눈에 띄는 상처나 문신, 또는 모반이 있나요?

**TIP**

얼굴, 목, 목 뒤, 반소매 블라우스 입었을 때 팔, 무릎선 위 스커트 입었을 때 다리 부위에 보이는 것은 최대한 가리고 가도록 한다. 하지만 면접관이 보기에도 뚜렷한, 안 가려진 상처나 모반에 대해서는 간단히 설명을 해주도록 한다. 굳이 위에 언급한 부위 외에 보이지도 않는 상처에 관해 확인받을 필요는 없다.

* 주의할 점 국내, 국외 항공사 모두 문신에는 민감한 편이니 작은 문신이라도 있다면 이른 시일 안에 지울 수 있도록 한다.

**A1** No, I don't have any of them.

아니요, 없습니다.

**A2** Yes, I'm afraid I have. (상처 가리키면서) This scar is from a little bicycle accident when I was a child.

유감스럽지만 있습니다. 이 상처는 어렸을 때 자전거 타다가 다친 상처입니다.

**You**

# Chapter 2

# Personal Data

## 개인 신상

# 02 Personal Data

Chapter. 2

개인신상

## Questions

**11.** What is your name? / May I have your full name?

이름 좀 말씀해 주실래요?

**12.** How old are you?

몇 살인가요?

**13.** When is your birth day? /What is the date of your birth? / When were you born?

생일이 언제인가요?

**14.** How tall are you? / What is your height?

키가 몇인가요?

**15.** Where are you from? /Where were you born? / Where is your hometown?

고향이 어디인가요?

**16.** Advertise your hometown, please. / Please introduce your hometown.

고향 소개 좀 해주세요.

**17.** Where do you live?

어디 사세요?

**18.** What is your e-mail address?

이메일 주소가 어떻게 되세요?

**19.** How's your health condition? / Are you in good health?

건강 상태가 어떤가요?

**20.** What is your eyesight / How good is your eyesight/What's your vision / What is your corrected eyesight(vision)?

시력이 어떻게 되나요?

**21.** What do you do at the moment/What do you do for a living? What is your job / occupation / profession / current title?

현재 무슨 일을 하나요?

**22.** How many are there in your family / How large (big) is your family?

가족이 몇 명인가요?

**23.** Tell me about your family. / Would you introduce your family members?

가족 소개 좀 부탁합니다.

**24.** Do you have any siblings? (Brother or sister)

형제 나 자매가 있나요?

**25.** What is your birth order? Where are you in the family?

형제 중 몇째인가요?

**26.** How do your parents feel about your becoming a flight attendant?

부모님께서 승무원 되려는 것에 대해 어떻게 생각하시나요?

**27.** What do your parents say about your living in Hong Kong / Dubai / Germany / Singapore?

부모님께서 홍콩/두바이/독일/싱가포르에 사는 것에 대해 뭐라고 말씀하시나요?

**28.** Which of your parents has had the most profound influence on you?

부모님 중에 어느 분의 영향을 많이 받았나요?

**29.** Do you spend a lot of time talking to your family?

가족들과 함께 시간을 많이 보내세요?

**30.** What age do you want to get married/When do you hope to get married?

몇 살쯤 결혼하고 싶은가요?

**31.** Who do you respect the most?/Whom do you look up to?/Tell us about the inspiring figures in your life.

가장 존경하는 사람이 누구인가요?

# 11. What is your name? May I have your full name?

이름 좀 말씀해 주실래요?

TIP

이름을 얘기할 때는 성 따로 이름 따로 이야기할 필요는 없다. 하지만 성과 이름을 영어로 구별할 수는 있어야 한다. 성 last name, surname, family name 이름 first name, given name. 가끔 우리나라 이름들 중 발음하기 힘들 때 면접관이 'How do you pronounce your first name?"이라고 물어보면 first name이 이름이라는 것 정도는 알고 있어야 한다.

A1 My name is Sung Kyu Choi, but you can call me SK.

제 이름은 최성규인데 SK 로 불러 주세요.

A2 I am Soon Hee Kwon. Please call me Kate.

저는 권순희입니다. 케이트 라고 불러 주세요.

A3 Hello. my full name is Chi Won Choi, but please just call me Colin.

안녕하세요. 제 이름은 최치원입니다, 그런데 그냥 콜린 이라고 불러주세요.

You

# 12. How old are you?

몇 살인가요?

TIP

만 나이로 이야기한다. 생일이 지났으면 한 살, 지나지 않았으면 두 살 어려진다. 국내 항공사의 면접관들은 한국 나이에 익숙해 있는 분들이 계실 수 있다. 그래서 한국 나이로 하든, 만 나이로 하든 별 무리는 없을 듯하다. 하지만 외국 항공사 면접에서 외국 면접관들에게는 만 나이로 이야기한다. 그리고 뒤에 이렇고 저렇고 이야기할 필요가 없다. 만약 면접관이 그래도 의심스러워서 "Is it international age?"라고 물어보면 "Yes, it is."라고 답변한다.

만약 너무 긴장해서 한국 나이로(많게는 두 살이나 많아짐) 답변했는데 면접관이 "Is it international age?"라고 물으면 "No, ma'am. I am sorry, I am 22 in international age."라고 웃으면서 얼른 만 나이로 답변해준다. 외국인 면접관 중에 실제로 필자에게 '왜 자꾸 지원자들이 한국 나이를 얘기하는지 이해가 되지 않고 계산도 어렵다고 토로한 적 있다. 한국을 잘 모르는 외국인 면접관들을 위해 쉽게 이해할 수 있도록 답변하는 것 또한 배려라고 생각한다.

**면접 중** 답답한 사람은 누구냐 하면 생각보다 많은 분들이 이런 식으로 답변한다.

Q: How old are you?
A: I am 29 years old.
Q: In western age?
A: No, in Korean age.
Q: Then how old are you in western age?
A: 27.

나이 하나 질문했을 뿐인데 세 번씩이나 묻게 하면 면접관은 피곤하다. .

**A1** I just turned 28 years old last week/month.

지난주/달에 막 28살이 되었습니다.

**A2** I am 25 years old.

25살입니다.

→ Q : Is it an international age?
외국나이 인가요?

A : Yes, it is.
네 그렇습니다.

**You**

# 13. When is your birth day? What is the date of your birth? When were you born?

생일이 언제인가요?

**TIP**

나와 관련된 숫자들(나이부터, 생일, 키, 시력, 고향의 인구, 기타 등등) 또는 물건의 가격을 묻는 말들도 자주 받는 질문 중 하나다. 숫자를 이야기할 때 지원자가 영어를 잘하는지 아닌지 평가하기 쉽다. 물론, 당연히 지원자의 정보 수집을 위함이기도 하다.

**면접 중** 현지 면접관이 지원자에게 전 직장에서 급여 얼마 받았느냐는 질문에 200만 원을 영어로 얘기할 줄 몰라 어물어물하다 "two hundred won"이라고 답변해 면접관들이 몇 번을 되물으며 의아해 한 적도 있다. 면접관이 한국 돈으로 묻지 않았는데도 안 되는 한국 돈 이야기로 어물거리지 말고 그냥 이해하기 쉽게 "about two thousand us dollars."라고 순발력 있게 계산해서 답변해주는 정도의 센스와 영어 실력을 갖출 수 있도록 준비해야겠다.

**A1** I was born on December 25th, 1992.

1985년 12월 25일입니다.

**A2** My birth day is 5th of January in 1992.

1988년 1월 5일입니다.

**A3** My birth date is February 13th(the 13th of February). I just turned to 26 years old last week.

2월 13일입니다. 지난주에 막 26살 되었습니다.

**You**

# 14. How tall are you? What is your height?

키가 몇인가요?

TIP

혹시 모르니 Feet로도 키가 몇인지 준비해보자. 162센티미터(cm)=5.314961 피트(ft) 얘기할 때는 파이브 뜨리 또는 5피트 3인치스.

* **주의할 점** cm는 센티미터스(복수로)로 발음한다. height의 발음은 하잍이다. 헤잍이 아니다.

**A1** I am 165cm tall.

165센티미터입니다.

**A2** My height is 170cm and it is about 5.4 feet.

170센티미터이며 5.4 피트입니다.

**You**

# 15. Where are you from? Where were you born? Where is your hometown?

고향이 어디인가요?

**TIP**

특별시나 광역시에는 city를 붙이지 않아도 된다. 나머지 도시는 붙이거나 안 붙이거나 크게 상관은 없다. 도는 province로 이야기한다. 단답형으로 '고향이 어디다'라고만 끝내지 말고 자연스럽게 위치나 약간의 부연설명을 덧붙여준다. 외국인 면접관은 내가 고향이 어디라고 얘기해도 잘 모를 테니, 서울에서 걸리는 시간 정도나 간단하게 위치 정도 덧붙여 주는 것이 더 친절하게 들릴 수 있다.

*** 주의할 점** 면접관이 고향이 어디냐고만 질문했는데, 갑자기 너무 길게 바로 소개를 들어가는 것이 상황에 따라서는 약간 부자연스러울 수 있다. 그리고 한국에서 한국인 대상으로 승무원을 채용하고 있는데 이 질문을 받으면 "I am from Korea." 또는 "I am from South Korea."라고 답변하지 않길 바란다. 한국 어디 출신인지 묻는 질문이다. 물론, 지원자 중에 중국 여권을 가지고 있거나 일본 여권을 가진 사람이 있다면 얘기는 달라진다.

**A1** I'm from Seoul. I was born and raised in Seoul.

서울입니다. 서울에서 나고 자랐습니다.

**A2** I was born in Suwon city, Gyungi province and have lived there until now. I takes about an hour by car from here.

경기도 수원에서 태어나서 지금까지 살고 있습니다. 여기서 한 시간 정도 걸립니다.

**A3** I was born in Busan but I grew up in Incheon. It is located in the Southeastern part of Korea and it takes about 4 hours by car from Seoul.

부산에서 태어났지만 인천에서 자랐습니다. 한국의 동남쪽에 위치해 있으며, 서울에서 차로 4시간 정도 걸립니다.

**A4** I'm originally from Daejon, but now live in Seoul because of my school/job. Daejeon is South Korea's fifth largest city and located in the center of the country and it takes about 2 hours from Seoul.

원래는 대전 출신인데 학교/직장 때문에 서울에서 거주하고 있습니다. 대전은 한국의 다섯 번째 큰 도시이고, 서울에서 2시간 정도 걸리는 한국의 중심에 위치해 있습니다.

**A5** I am from Chun Cheon, the capital of Gangwon Province but I grew up in Seoul. Chun Cheon is located in the northeast.

강원도 수도인 춘천 출신입니다. 하지만 서울에서 자랐습니다. 춘천은 북동쪽에 위치해 있습니다.

**A6** My hometown is Gunsan city, Jeonla province. It takes about 3 and a half hours from Seoul.

제 고향은 전라도 군산입니다. 서울에서 약 3시간 정도 걸리는 곳입니다.

**A7** I was born and lived in Jeon Ju until I moved to Bundang when I was in high school. Do you know Bibimbap? Bibimbap is Jeon Ju's signature dish.

전주에서 태어나서 살다가 고등학교 때 분당으로 이사 왔습니다. 혹시 비빔밥 아세요? 비빔밥은 전주의 대표적인 음식이랍니다.

**You**

# 16. Advertise your hometown, please. Please introduce your hometown.

고향 소개 좀 해주세요.

**TIP**

서울이 고향인 지원자들은 서울뿐 아니라 서울에서 갈 만한 곳 또는 본인이 친구들과 가장 잘 가는 장소도 함께 준비해보자. 샘플은 약간 길 수도 있다. 다음 샘플들은 답변을 다 하기엔 약간 길 수 있으니 내용을 참고하고 어렵다고 생각하는 것은 빼고 본인이 할 수 있을 만큼 만들어 보자.

---

*** 주의할 점** 고향소개나 고향 자랑, 또는 고향에서 유명한 정소나 유명한 것이 무엇이냐고 물어보면 '별거 없는데….' 이런 마음으로 답변하지 말고, 전혀 나의 고향에 대해서 모르는 사람이 물어보는 것이니만큼 적극적으로 좋은 내용을 골라서 이야기한다. 아무리 유명한 것이 없다 하더라도 시작은 어…, 별로 유명한 거 없는데…. 그냥 공기 좋다. 이런 식이 아니라, 굉장히 작은 곳이지만 공기도 아주 좋고 사람들도 친절해서 모두들 가족처럼 지내는 아주 정겨운 곳이다. 그리고 ◌◌이라는 곳이 있는데 그곳은 우리 고장 사람들뿐 아니라 외부에서 많이 찾아오는 명소이다. 특히, 시원한 계곡물 때문에 여름에 더위를 피하러 많이들 놀러 오곤 한다. 뭔가 큰 것이 아니더라도 대화를 이어가고 상대방에게 친절하게 설명해주는 성의를 보여 주어야 한다.

**A1** I was born in ◌◌, ◌◌ province. It is located in the eastern/western/southern part of Korea. It takes about 0 hours by car/train/express bus from Seoul. It is famous for ◌◌. It's a beautiful city.

저는 ◌◌도 ◌◌시에서 태어났습니다. 그곳은 한국의 동쪽/서쪽/남쪽에 위치해 있습니다. 서울에서 자동차/기차/고속버스로 ◌◌시간 걸립니다. 그곳은 ◌◌으로 유명합니다. 아름다운 도시입니다.

---

**A2** 서울 Seoul is the capital and largest metropolis of South Korea. It is the center of economy, finance, culture and many other things(commerce, industry, technology). The population of Seoul is more than 10 million which is about a quarter /25% of the total national population. Seoul hosted the 1986 Asian Games, 1988 Summer Olympics, 2002 FIFA World Cup and the 2010 G-20 Seoul summit. There are many invaluable cultural assets including several beautiful palaces. Also, Seoul has many great restaurants, theaters, and cultural events. Seoul is one of the most interesting cities in the world because we can enjoy traditional Korean things and modern things at the same time.

서울은 한국의 수도이고 가장 큰 도시입니다. 경제, 금융, 문화와 많은 것들(상업, 산업, 기술)의 중심입니다. 서울의 인구는 한국 전체 인구의 약 4분의 1인 천만 명이 넘습니다. 서울은 1986년 아시안 게임, 1988년 하계 올림픽, 2002년 피파 월드컵과 2010년 G-20 정상회담을 개최하였습니다. 다수의 아름다운 궁궐을 포함하여 가치를 따질 수 없는 문화 자산이 많이 있습니다. 또한, 서울은 훌륭한 음식점들과 영화관과 문화 행사가 많이 있습니다. 서울은 전통적인 한국의 것과 현대의 것을 동시에 즐길 수 있기 때문에 세계에서 가장 흥미로운 도시 중의 하나입니다.

**A3** 대전 Daejeon is South Korea's fifth largest city and located in the center of the country and it takes about 2 hours from Seoul. Daejeon is known as the Silicon Valley of Korea(the science and technology capital of Korea) because there are many research institutes of science and technology. It is famous for Daedeok Science Town, an area with more than 200 research institutes. Daejeon is also famous for it's national park and natural hot springs. Gyeryongsan national park is full of rare animals and plants, beautiful waterfalls and cultural treasures. This park is very popular among many visitors from other cities and it is my family's favorite place too.

대전은 한국의 다섯 번째 큰 도시이고, 서울에서 2시간 정도 걸리는 한국의 중심에 위치해 있습니다. 대전은 과학기술 연구소들이 많이 있기 때문에 한국의 실리콘 밸리(한국의 과학과 기술의 중심)로 잘 알려져 있습니다. 대덕연구단지로 유명하고, 이곳은 200개가 넘는 연구소들이 있습니다. 대전은 국립공원과 자연 온천으로 유명합니다. 계룡산 국립공원은 희귀 동물과 식물, 아름다운 폭포 그리고 문화유산으로 가득 차 있습니다. 이 공원은 다른 도시로부터 온 많은 방문객들에게 매우 인기가 높으며 우리 가족도 가장 좋아하는 장소입니다.

**A4** 대구 My hometown is Daegu in Gyungsan province. It is the third largest metropolitan area in South Korea, with over 2.5 million people. There are many nicknames for Daegu including "Apple City", "Beautiful City", "Textile City", and "Fashion City". Daegu is also well known as the hottest city in Korea and the city's highest record temperature was 40.0℃. I live in Seoul at the moment but my parents still live there so I visit very often to see them.

저의 고향은 경상남도 대구입니다. 한국에서 세 번째로 큰 도시이며 이백오십만이 넘는 인구를 가지고 있습니다. 대구는 사과의 도시, 아름다운 도시, 섬유의 도시, 그리고 패션의 도시라는 많은 별명이 있습니다. 대구는 한국에서 가장 더운 도시이며 40도의 기록적인 온도를 가진 도시입니다. 저는 지금은 서울에 살고 있지만, 저의 부모님은 아직도 그곳에 살아서 종종 찾아뵈러 갑니다.

**A5** 부산 I was born in Busan. It is located in the Southeastern part of Korea. It takes about 4 hours by car from Seoul. It is the second largest city in Korea with a population of 3.6million. It is a beautiful harbor city. Busan is famous for its fish market and film festival. Many tourist attractions, such as beautiful beaches and resorts are very popular not only among locals but also many tourists from all over. Busan is increasing its reputation as a city of tourism and culture.

저는 부산에서 태어났습니다. 한국의 동남쪽에 위치해 있습니다. 서울에서 차로 4시간 정도 걸립니다. 한국에서 두 번째로 큰 도시이며, 삼백육십만 정도의 인구를 가지고 있습니다. 아름다운 항구도시입니다. 부산은 어시장과 영화제로 유명합니다. 많은 관광객들이 아름다운 해변과 리조트에 매료되고, 이는 지역사람들뿐만 아니라 곳곳에서 온 관광객들에게도 인기가 많이 있습니다. 부산은 관광과 문화의 도시로 그 명성을 높여나가고 있습니다.

**A6** **춘천** Chun Cheon is the capital of Gangwon Province and called city of lake. It is located in the northeast. There are some large lakes around the city, which makes Chun Cheon more beautiful. I think Chuncheon is a very beautiful city. And, it is famous for "dak galbi", which translates as chicken ribs. It is spicy chicken ribs mixed with a lot of vegetables and a spicy sauce, gochujang(red pepper paste). It is very delicious.

춘천은 강원도의 중심도시며 호반의 도시로도 불립니다. 북동쪽에 위치해 있습니다. 도시의 주변에 있는 호수는 춘천을 더 아름답게 합니다. 춘천은 정말 아름다운 도시라고 생각합니다. 또한, 춘천은 닭갈비로 유명합니다. 닭갈비는 고추장인 매우 소스로 많은 채소와 함께 버무린 것입니다. 매우 맛이 있습니다.

**A7** **인천** I was born and raised in Incheon. It is on the coast directly to the west of Seoul and it takes/is about an hour from Seoul. Both the second largest seaport in Korea and the country's largest airport, Incheon International Airport, are very well known and are located here. Incheon is famous for its many tourist attractions such as the beautiful islands, parks, art center and Chinatown, the only Chinatown in South Korea. And, this city has many famous fish markets and you can have various kinds of seafood. I think Incheon is a very interesting place to visit.

저는 인천에서 태어나 자랐습니다. 서울에서 서쪽 해변에 자리 잡고 있고 서울에서 약 한 시간 정도 걸립니다. 한국에서 부산과 함께 두 번째로 큰 항구도시이며, 한국의 가장 큰 공항인 인천공항이 여기에 있습니다. 인천은 아름다운 섬들과 공원, 아트센터와 한국에서 유일하게 있는 차이나타운과 같은 관광객들을 매료시킬 만한 것들이 많이 있습니다. 그리고 이 도시는 유명한 어시장이 많이 있는데, 그곳에서는 다양한 종류와 해산물을 맛볼 수 있습니다. 인천은 가볼 만한 흥미로운 도시라고 생각합니다.

**A8** **광주** Gwangju lies in the southwest of the county and it is the sixth largest city in South Korea. It takes about 2 hours from Seoul. Gwangju is a city of the arts and food. It is famous for the Gwangju Biennale which is an internationally renowned modern art festival and the Gwangju World Kimchi Culture Festival. People love to visit Gwangju to taste different kinds of delicious food.

광주는 남서쪽에 위치해 있고 한국에서 6번째로 큰 도시입니다. 서울에서 2시간 정도 걸립니다. 광주는 예술과 음식의 도시입니다. 국제적으로 명성이 있는 현대 예술 축제인 광주비엔날레와 세계 김치 문화축제로 유명합니다. 사람들은 광주에 맛있는 음식 먹으러 오기를 좋아합니다.

A9 전주 My home town is Jeonju in Jeola province. It takes about 3 hours by car from Seoul. Jeonju may be known around Korea for its excellent food, and specifically its famous dish of bibimbap. Bibimbap is the city's signature dish. Jeonju's hanok village is also very popular among many tourists, Korean or international. Hanok is a traditional Korean house and this is the perfect place to experience and learn about the traditions of old Korea.

저의 고향은 전라도 전주입니다. 서울에서 차로 3시간 정도 걸리는 곳입니다. 전주는 한국에서 훌륭한 음식으로 유명한데, 특히 비빔밥으로 유명합니다. 비빔밥은 전주의 대표 음식입니다. 전주의 한옥마을은 내국인은 물론, 외국인들에게도 매우 유명한 곳입니다. 한옥은 한국의 전통 가옥입니다. 옛 한국의 전통을 배우고 경험하기에는 완벽한 장소라고 생각합니다.

You

# 17. Where do you live?

어디 사세요?

**TIP**

단답형으로 살고 있는 동네만 얘기하고 끝내지 말고 자연스럽게 위치나 약간의 부연설명을 덧붙여준다. 외국인 면접관은 내가 어디라고 얘기해도 잘 모를 테니 서울에서 걸리는 시간 정도나 간단하게 위치 정도 덧붙여 주는 것이 더 친절하게 들릴 수 있다.

**A1** I live in Sinchon, Seoul near/ around Yonsei University. It takes about 30 minutes by subway from here. The famous shopping area called Hongdae is very near from my home.

서울 연세대학교 근처인 신촌에 살고 있습니다. 지하철로 여기서 30분 정도 걸립니다. 쇼핑으로 유명한 홍대 지역이 집에서 아주 가깝습니다.

**A2** I live in Incheon, the west of Seoul and it takes about an hour from here.

서울 서쪽에 있는 인천에 살고 있고 여기서 한 시간 정도 걸립니다.

**A3** I live in Suwon city, Gyunggi province. It's near Seoul. It only takes 20 minutes by car from here.

경기도 수원에 살고 있습니다. 서울에서 가깝습니다. 여기서 자동차로 20분밖에 안 걸립니다.

**You**

# 18. What is your e-mail address?

이메일 주소가 어떻게 되세요?

**TIP**

이메일 주소를 영어로 읽을 줄 모르는 지원자들이 생각보다 많다. 본인의 이메일 주소를 한번 읽어 보자.

*** 주의할 점** 메일 주소를 읽을 때 @는 앳(at)으로, 점은 닷(dot)으로 읽는다.

**A** My e-mail address is chois@hanmail.net.

제 이메일 주소는 chois@hanmail.net 입니다.

**You**

# 19. How's your health condition? Are you in good health?

건강 상태가 어떤가요?

**TIP**

당연히 건강하다고 답변해야 한다. 그냥 건강상태 아주 양호하다. 그리고 부연설명으로 약간의 자기관리에 대해 설명해준다.

*** 주의할 점** 어렸을 땐 많이 약하고 자주 아팠는데 지금은 좋다던가, 얼마 전에 교통사고가 났는데 많이 회복되었다던가 하는 불필요한 이야기는 할 필요 없다.

**A1** I am in good health. And I am always taking good care of myself. I exercise every day and I especially love to go jogging or swimming.

건강합니다. 항상 관리도 잘하고 있습니다. 매일 운동을 하며 특히 매일 아침에 조깅이나 수영을 합니다.

**A2** I have an excellent health condition. In fact, I have never had a illness before. I try to keep healthy by eating healthy food and exercising regularly.

아주 건강한 상태입니다. 사실은 심각하게 아파본 경험이 없습니다. 건강한 음식 먹고 규칙적인 운동으로 건강관리를 잘하고 있습니다.

→ Q: What do you eat? (Chapter.5 참고)
어떤 음식을 먹나요?

Q: What kind of exercise do you usually do? (Chapter.5 참고)
어떤 운동을 하나요?

**You**

# 20. What is your eyesight? How good is your eyesight? What's your vision? What is your corrected eyesight(vision)?

시력이 어떻게 되나요?

**TIP**

시력에 대한 질문을 받는다면 일단 교정시력을 답변해준다. 나안 시력(naked eyesight)을 묻지 않았다면 굳이 얘기할 필요는 없다.

*** 주의할 점** 1.0은 '원 포인트 지로'로 읽는다

**A1** My left eyesight is 1.0 and my right eyesight is 1.2.

왼쪽 눈 1.0, 오른쪽 눈 1.2입니다.

**A2** I have 1.5 visions in both eyes.

양쪽 눈 모두 1.5입니다.

**You**

# 21. What do you do at the moment? What do you do for a living? What is your job/occupation/profession/current title?

현재 무슨 일을 하세요?

## 학생

A1 I am a senior at ○○ University and majoring in 전공, I will be graduating in 졸업예정년도.

○○ 대학교 ○○학과 4학년에 재학 중입니다. 0000년도에 졸업예정입니다.

A2 I am majoring in 전공 at ○○ College and this is my last semester/year.

○○전문대학 ○○과에 재학 중이며 이번이 마지막 학기/년도입니다.

A3 I am currently studying at the University and will graduate with a degree in Economics in February next year.

현재 대학 재학 중이며 내년 2월에 경제학 학사학위로 졸업 예정입니다.

## 학생이면서 아르바이트

A I work part-time as well as studying full-time at the university.

학교에 다니면서 아르바이트하고 있습니다.

## 졸업 후 승무원 준비

A I've graduated from university in February and I've been preparing for this job.

2월에 졸업한 후 승무원 준비해 왔습니다.

→ Q: How have you prepared yourself?

어떤 준비를 하였나요?

A: **영어공부, 서비스 경험** I understand that English is one of the important requirements to work in your airline so I studied for the TOEIC test and practiced speaking for a daily basis. And, to exercise and understand better about customer service I had a part time job in a restaurant, coffee shop, hotel and department store. I feel very confident in interacting with customers.

귀사에서 근무하는 데 영어가 중요하다고 알고 있어서 토익과 영어 실력을 위해 노력했습니다. 그리고 고객 서비스 분야를 더 잘 이해하고 훈련하기 위해서 음식점, 커피숍, 호텔 그리고 백화점에서 아르바이트를 하였습니다. 고객과의 응대에 있어서 아주 자신 있습니다.

## 2/8월에 졸업 후 아르바이트나 직장

**A1** I completed a degree in English Literature at ○○ University last February and currently I am working at a family restaurant as a part-time waitress.

지난 2월에 ○○ 대학교 영문학 학위를 받았으며 현재는 패밀리 레스토랑에서 아르바이트를 하고 있습니다.

**A2** I've graduated from university in August and currently I'm teaching English to children at a private academy in Seoul.

지난 8월에 대학 졸업 후 학원에서 아이들에게 영어를 가르치고 있습니다.

## 직장

**A1** I am working part-time at a coffee shop.

커피숍에서 아르바이트하고 있습니다.

**A2** I am working as a part-time waitress at a family restaurant. I am working only on the weekends.

패밀리 레스토랑에서 아르바이트하고 있습니다. 주말에만 근무하고 있습니다.

➜ Q: Then how do you spend your weekdays? 그럼 주중에는 무엇을 하나요?

**A3** I work as a banquet service manager at the Hilton hotel.

힐튼호텔 연회장 서비스 매니저로 근무하고 있습니다.

**A4** I'm teaching English to children at a private academy in Seoul.

학원에서 아이들에게 영어를 가르치고 있습니다.

**A5** Currently, I am working at the customer service department of KT telecom.

KT 텔레콤 고객 서비스 부서에서 근무 하도 있습니다.

➜ 직장에 관련된 질문으로 진행될 가능성

## 무직 상태

**A1** I am in between jobs at the moment. I am preparing to be cabin crew.

현재는 직장이 없습니다. 승무원 준비를 하고 있습니다.

→ Q: What was your previous job? 전 직장은 무엇인가요?

A2 I used to work at 회사이름 until last month but at the moment I am preparing for this position.

지난달까지 ○○ 회사에서 근무했으나, 현재는 승무원 준비를 하고 있습니다.

→ Q: 전 직장에 관련된 질문으로 진행될 가능성

Q: How have you prepared to work as cabin crew? 승무원 준비를 어떻게 해왔나요?

A1 **건강관리, 영어 공부** I understand that health condition is important to work as a cabin crew. I work out every day at the gym and take care of my health. I am also aware that English speaking and listening ability is one of the important qualifications to work in your airline so I have studied English very hard/vigorously.

승무원 직업을 하려면 체력이 좋아야 한다고 알고 있습니다. 매일 운동하며 체력관리에 힘쓰고 있습니다. 또한, 귀사에서 근무하려면 영어실력도 중요하기에 영어 말하기와 듣기연습도 아주 열심히 해 왔습니다.

A2 **영어 말하기, 듣기 연습** I understand that English speaking and listening ability/ being able to speak English fluently is very important to work for your airline so I attended an English language institute and studied for 2 hours every day. I also participated in a study group and practiced English conversation with the other members. Practicing and working hard was very helpful in improving my English speaking and listening ability.

귀사에서 근무하려면 영어실력이 중요하다고 알고 있기에 매일 두 시간씩 영어 학원에 다니면서 공부하였습니다. 또한, 스터디 그룹에 참여하여 조원들과 함께 영어로 연습했습니다. 연습하고 열심히 공부해서 영어 실력이 많이 향상 되었습니다.

A3 **서비스 분야 경험** To understand better and expand my customer experience knowledge, I worked at a restaurant/hotel as a waitress to excercise my service skills. Through this work experience I learned how to interact with customers and work with others. I have gained invaluable insight that will be very useful in the future.

고객 체험 지식의 더 좋은 이해와 확장을 위하여 레스토랑/호텔에서 서비스 경험을 쌓기 위하여 근무했습니다. 이 경험을 통해 고객을 대하는 방법, 동료들과 함께 일하는 방법에 대해 배웠습니다. 미래에 아주 유용한 소중한 성찰을 얻었습니다.

A4 영어공부, 서비스 경험 I understand that English is an essential skill to work in your airline so I studied for the TOEIC test and tried to improve my speaking ability. And, to exercise and understand better about customer service I had a part time job in a restaurant, coffee shop, hotel and department store. I feel very confident in interacting with customers.

귀사에서 근무하는 데 영어가 중요 하다고 알고 있어서 토익과 영어 실력을 위해 노력했습니다. 그리고 고객 서비스 분야를 더 잘 이해하고 훈련하기 위해서 음식점, 커피숍, 호텔 그리고 백화점에서 아르바이트를 하였습니다. 고객과의 응대에 있어서 아주 자신 있습니다.

**You**

# 22. How many are there in your family. How large (big) is your family?

가족이 몇 명인가요?

**TIP**

구체적인 가족 소개보다는 조금 간단하게 답변해도 좋을 듯하다. 하지만 면접관이 바로 소개를 해 보라고 한다면 구성원들에 대한 구체적인 소개로 이루어지면 될 것이다. 만약 면접관이 다음과 같이 짧게 답변했는데, 계속 듣기를 원하는 것처럼 보인다면 바로 가족 소개를 해주는 것이 좋다.

**A1** My family consists of 5 members, my parents, two elder brothers, and me.

부모님, 오빠 두 명, 그리고 저, 이렇게 5명입니다.

**A2** There are 4 members in my family. They are my parents, my younger brother and me.

우리 가족은 4명입니다. 부모님, 남동생, 그리고 저입니다.

**A3** There are 3 members in my family. They are my parents and me. I am the only daughter.

우리 가족은 3명입니다. 부모님 그리고 저입니다. 저는 외동딸입니다.

**A4** I grew up in a large family. There are 8 in my family. They are my grand parents, parents, two younger brothers, one younger sister and me. I am the eldest daughter.

저는 대가족에서 자랐습니다. 총 8명입니다. 조 부모님, 부모님, 남동생 두 명, 여동생 한 명, 그리고 저입니다.

**You**

# 23. Tell me about your family. Would you introduce your family members?

가족 소개 좀 부탁합니다.

**TIP**

가족 소개는 가족 구성원의 직업을 얘기하든, 취미를 얘기하든 별 상관은 없다고 생각한다. 단, 긍정적이고 밝은 얘기를 하는 것이 좋다. 그리고 가족 행사나 이벤트 같은 특별한 일이 있다면 이야기해주는 것이 더 흥미롭게 들릴 수 있다. 예를 들어, 언니가 다음 달에 결혼한다든가 오빠가 지난달에 취업해서 부모님이 무척 좋아하신다거나 등의 가족의 생일, 여행, 부모님의 은혼식 등의 스토리가 있겠다.

**A1** There are 4 members in my family. My father is a businessman and he is a very friendly man. My mother is a homemaker and she is an excellent cook. She used to run a Korean restaurant before. My younger brother goes to ○○ University and he is a freshman. He is such a comedian and always makes us laugh. My family is very excited about this opportunity for me and I really appreciate their support.

우리 가족은 4명입니다. 아버지는 사업하시며 아주 자상하십니다. 어머니는 가정주부이시고 요리를 아주 잘하십니다. 전에 한국식당을 운영 하셨습니다. 저의 남동생은 ○○ 대학 1학년에 재학 중입니다. 남동생은 정말 재미있습니다. 그래서 항상 저희를 웃게 합니다. 우리 가족은 이번 기회에 대해 굉장히 기대가 많으며 그들의 지지에 감사하게 생각하고 있습니다.

**A2** My family consists of 5 members. My father is a government officer/civil servant and my mother is a teacher. My parents love to go hiking every weekend and sometimes I go along with them. My eldest brother is working at a bank and he's a hard worker. My second oldest brother is attending ○○ University and majoring in architecture. He wants to be the best architect in Korea. I am very proud of my family. My eldest brother is getting married next month and I am very happy for him.

우리 가족은 5명입니다. 아버지는 공무원이시고 어머니는 선생님이십니다. 부모님 두 분 다 주말마다 등산하는 것을 좋아하시며 가끔 저도 함께합니다. 큰 오빠는 은행에서 근무하며 아주 성실합니다. 둘째 오빠는 ○○ 대학교 건축학과에 재학 중입니다. 한국 최고의 건축가가 되는 것이 꿈입니다. 저는 우리 가족들이 매우 자랑스럽습니다. 그리고 큰오빠가 다음 달에 결혼하는데 아주 좋습니다.

You

# 24. Do you have any siblings? (Brother or sister)

형제나 자매가 있나요?

**TIP**

가족 전체를 질문할 때도 있지만, 이렇게 형제·자매가 있는 지만을 질문하는 경우도 있다. 가족 소개만 준비한 지원자들은 부모님 얘기 빼고 바로 형제·자매 이야기를 준비하도록 한다.

**A1** Yes, I do. I have one younger brother. He was attending ○○ University, but he is serving in the army at the moment.

네, 남동생 한 명 있습니다. 대학교 다니다가 현재는 군 복무 중입니다.

**A2** I have one older sister. She studied business in university and currently she is working in ○○ company. she and I hang out very often and she is my best friend.

언니 한명 있습니다. 대학에서 경영학 전동하고 현재는 ○○회사에 근무하고 있습니다. 언니랑 저는 잘 어울려 다니며 저희 언니는 저와 아주 좋은 친구입니다.

→ Q: What does she say about your becoming cabin crew in this airline?
(아래 질문 참고)

언니가 본인이 승무원 되려고 하는 것에 대해 뭐라고 말하나요?

A: She is always telling me that because of my kind and positive personality I would make a great cabin crew. She is especially very excited about my opportunity to work in the best airline company.(또는 지원하는 항공사 이름).

저희 언니는 항상 저에게 친절하고 긍정적인 저의 성격 때문에 훌륭한 승무원이 될 거라고 말합니다. 특히, 귀사와 같이 최고의 항공사에서 일할 수 있는 기회에 대해서 아주 기대가 많습니다.

**A3** No, I don't have any siblings. I am the only child.

아니요, 형제자매가 없습니다. 저는 외동입니다.

→ Q: Is it good or bad being an only child? What do you think?
외동이 좋은가요? 나쁜가요?

A1: I enjoy being an only child because I am given love and attention. It has

made me really dependable/reliable and independent.
사랑과 관심을 듬뿍 받아서 아주 좋습니다. 저를 신뢰할 수 있고 독립적인 사람으로 만들어 주었습니다.

A2: I am so close to my parents because of this. All my friends were jealous of the relationship I have with them. My mother is my best friend. Although when I was little, sometimes I thought to myself 'I wish I had a sister'. Other than that, I think it is fine. I was fortunate to have a lot of good friends to keep me company.
외동이어서 부모님과 아주 가깝게 지내고 있습니다. 제 친구들은 보모님과 저의 관계에 대해 질투했습니다. 저희 어머니는 저의 아주 좋은 친구입니다. 비록 어릴 때 가끔씩 '나도 자매가 있었으면 좋겠다.'라고 생각한 적은 있었습니다. 그것 빼고는 괜찮습니다. 그리고 잘 지낼 수 있는 좋은 친구들이 많아서 좋습니다.

→ Q: What do your parents think about you living in Doha/Hong Kong….?
부모님께서 도하/홍콩에 사는 것에 대해 어떻게 생각하시나요?

A: 아래 질문 참고

**You**

# 25. What is your birth order? Where are you in the family?

형제 중 몇째인가요?

**TIP**

가족 구성원을 묻는 또 다른 형태의 질문이다. 몇째인지 그리고 형제·자매 누가 있는지 간단히 이야기해주고 다음 질문을 기다리는 것도 좋겠다.

**A1** I'm an only child.

외동입니다.

**A2** I'm the youngest of three children. I have two older sisters.

3형제 중 막내입니다. 언니 두 명이 있습니다.

**A3** I'm the second of four children in my family. I have older brother, younger sister and younger brother.

4형제 중 둘째입니다. 저는 오빠, 여동생, 남동생이 있습니다.

**A4** I am the eldest daughter and I have one younger brother.

제가 장녀고 남동생이 한 명 있습니다.

**You**

# 26. How do your parents feel about your becoming a flight attendant?

부모님께서 승무원 되려는 것에 대해 어떻게 생각하시나요?

**TIP**

부모님께서 승무원 되는 것에 어떻게 생각하느냐 또는 우리 항공사에 지원하신 것에 대해서 어떻게 생각하시느냐는 질문은 당연히 긍정적으로 생각하시고, 아주 좋아하신다는 말과 함께 내가 승무원으로서 잘할 수 있을 것이라는 나의 장점을 간접적으로 표현한다. 그리고 승무원에 대해서만 질문했다 하더라도 마지막 부분에, 특히 승무원 되는 것을 좋아하는 것뿐만이 아니라 지원하는 항공사의 승무원이 된다는 것을 무척 좋아하신다는 식으로 회사의 이야기를 해주는 것이 훨씬 더 적극적으로 보일 수 있다.

**면접 중** '부모님께서 격려해주신다.'라고만 짧게 답변한 지원자가 있었다. 그래서 어떻게 격려해주시냐고 질문하니 우물우물…. 이러한 답변을 들으면 면접관으로서는 영어만 평가하는 것이 아니라 의사소통 능력, 순발력, 사교성까지 부족하다고 느끼게 된다.

*** 주의할 점** 부모님께서 반대하신다거나 걱정을 많이 하신다거나 하는 솔직하지만, 부정적인 답변은 면접에 도움이 되질 않는다.

**A1** My parents are very supportive on this and they are very happy with my decision to be cabin crew. They told me that I should go for it and I can make it. I really appreciate their full support.

저희 부모님은 제가 승무원 되는 것에 대해 아주 많이 지지해 주시고 기쁘게 생각하십니다. 저에게 꼭 도전해 보라고 할 수 있다고 말씀해 주셨습니다. 보모님의 전적인 지지에 아주 감사하게 생각하고 있습니다.

**A2** My parents are very supportive on this because they know how much I want this job and your airline is my dream company. They always tell me that I have to try hard if I want something. I really appreciate their support and it helps me work harder to prepare for this job.

저희 부모님께서는 제가 승무원을 얼마나 하고 싶어하는지 아시고 귀사가 저의 꿈의 회사라는 걸 잘 아시기 때문에 굉장히 적극적으로 지지해 주십니다. 원하는 것이 있다면 최선을 다해야 한다고 늘 말씀하십니다. 부모님의 지지에 감사하며 제가 승무원 준비하는 데 더 열심히 하게 되었습니다.

**A3** My parents are the biggest supporter to me. They are always telling me that because of my <u>kind and responsible personality</u> I would make a great cabin crew. And, they are especially very excited about a great chance to work in one the best companies like your airline.

저의 부모님은 저의 가장 큰 지지자이십니다. 저희 부모님께서는 저의 친절하고 책임감 있는 성격 때문에 훌륭한 승무원이 될 거라고 항상 말씀하십니다. 특히, 귀사와 같은 최고의 항공사에서 근무할 수 있는 기회에 대해 아주 기대가 크십니다.

→ 밑줄 그은 my kind and responsible personality 대신에 본인의 성격 중 장점을 넣어서 만들어 보자

예) my sociable and positive personality
my friendly attitude and bright smile

A4 Actually, I was recommended to be cabin crew by my mother. She always says that I would make a great cabin crew because I am very friendly and good at taking care of other people. Most of all, my parents have a very good impression about your airline and they told me that they will be very happy and proud if I become cabin crew in your airline.

사실은, 저희 어머니께서 저에게 승무원 해보라고 권해 주셨습니다. 제가 친절하고 다른 사람들 돌보는 것을 잘하니 훌륭한 승무원이 될 거라고 말씀하십니다. 무엇보다도, 저희 부모님께서는 귀사에 대해 아주 좋은 인상을 가지고 있어서 제가 귀사에 입사한다면 아주 자랑스럽게 생각하실 거라고 말씀해 주셨습니다.

You

# 27. What do your parents say about your living in Hong Kong/Dubai/Germany/Singapore?

부모님께서 홍콩/두바이/독일/싱가포르에 사는 것에 대해 뭐라고 말씀하시나요?

**TIP**

외항사 면접에서 특히 외국이 베이스인 경우 꼭 받는 질문. 긍정적인 답변과 앞으로 살아야 할 도시나 나라 이름을 언급해주면 더 효과적이다. 외항사 면접에서 특히 외국이 베이스인 경우 꼭 받는 질문. '부모님께서 ◯◯에 사는 것에 대해 허락하셨나? 어떻게 생각하시느냐고 자주 물어본다. 당연히 답변은 '허락하셨다. 무척 좋아하신다.'로 답변을 시작하며 뒤에는 왜 좋아하시는 지, 그 항공사나 나라에 대한 칭찬을 덧붙여 주어도 좋다.

예를 들어 '우리 부모님께는 홍콩을 무척 좋아하시고 내가 캐세이 항공/드래곤 항공/홍콩 항공이라는 훌륭한 곳에서 일하게 된다니 무척 좋아하신다…'라고 당연히 긍정적으로 답변해야 면접관들은 여러분들을 선택하는데 고민하지 않는다.

---

*** 주의할 점** 부정적인 답변은 하지 않는다. '사실 내가 외동딸이라 외국사는 걸 원하지 않으신다. 걱정도 많이 하시고…' 이런 식으로 답변한다면 뽑을 확신이 들지 않을 것이다. 최종합격했는데 부모님이 허락 안 해서 못 갈 수도 있고 홍콩에 와서 부모님 걱정에 적응을 잘 못 할 수도 있을 거라 추측할 가능성이 있다. 면접관은 우리가 답변하는 내용 그리고 표정으로 우리를 판단한다는 것을 명심하자.

**A1** They are very positive and excited about me living in 도시나 나라 이름. They told me that this is going to be a great opportunity for me to have a professional career and a wonderful life in your country. Plus, they have a very good impression of 도시나 나라 이름.

저희 부모님은 제가 ◯◯에서 살 것이라는 것에 대해 아주 긍정적이시고 기대하고 계십니다. 제가 ◯◯에서 살면서 전문직을 가지고 멋진 인생을 가질 수 있는 아주 좋은 기회라고 말씀하십니다. 더군다나, 저희 부모님은 ◯◯에 대해 아주 좋은 인상을 가지고 있습니다.

---

**A2** They are very positive about this opportunity. They said that this will be a great chance for me to become an international/a global person working with many different co-workers and seeing the world. In fact, they are very excited for me living in 도시나 나라 이름.

저희 부모님은 이 기회에 대해 아주 긍정적이십니다. 이번 기회가 저에게 다양한 동료들과 함께 일하며 세상을 보면서 더욱더 국제적인 사람이 될 수 있는 아주 좋은 기회라고 말씀하셨습니다. 사실 부모님께서는 제가 ◯◯에서 사는 것에 대해 굉장히 좋아 하십니다.

→ Q: What does 'international/global person' mean to you?
국제적인 사람이라는 것이 본인에겐 어떤 뜻인가요?

A: To me, an 'international' person is someone who is positive and open-minded towards cultural differences. It's not just about how much I know about many different places. I think it's more about having a willingness to understand other people or culture.
저에게 '국제적인' 사람이란 문화의 다른 점에 대해서 긍정적이고 열린 마음을 가진 사람이라고 생각합니다. 내가 얼마나 많은 다른 곳에 대해 아는 것이 중요한 것이 아니라고 생각합니다. 다른 사람이나 문화에 이해하려고 하는 적극적인 마음가짐이라고 생각합니다.

**A3** Living apart from family isn't a pleasant thing to do, but we already talked it over and I have their full support. Actually, my mother is very excited about your airline's recruitment because she knows that your airline is the best and 도시나 나라 이름 is a great/safe/beautiful country to live in.

가족과 떨어져 산다는 것이 유쾌한 일은 아니겠지만, 이미 논의했고 적극적으로 지지해 주십니다. 실은, 저희 어머니께서 귀사가 최고의 항공사이며 ○○이 살기에 아주 멋진/안전한/아름다운 나라라는 것을 알기 때문에 귀사의 채용에 대해 아주 기대가 많으십니다.

**A4** My parents fully support me with my decision again this time because they trust me and they believe that I can manage my own life well in 도시나 나라 이름. And, I already have an experience living abroad. In fact, they are very excited for me having a career in your airline and living in 도시나 나라 이름.

저희 부모님께서는 이번에도 저의 결정에 대해 적극 지지해주시고 제가 ○○에서 아주 잘해낼 거라는 것을 믿고 계십니다. 이미 외국에서 살아본 경험이 있습니다. 실은, 저희 부모님은 제가 ○○에서 직업을 가지고 살 수 있을 거라는 것에 대해 아주 기대가 크십니다.

→ Q: Tell me about your overseas experience. (Chapter. 7 참고)
해외 경험을 얘기해보세요.

**You**

# 28. Which of your parents has had the most profound influence on you?

부모님 중에 어느 분의 영향을 많이 받았나요?

TIP

어떤 분이라도 상관없으니 누구의 영향을 많이 받은 것 같다고 답변한 뒤 영향받은 점을 긍정적으로 이야기해준다.

*** 주의할 점** 영향받은 분이 없다고 답변하거나 부정적인 면의 영향은 이야기하지 않는다.

**A1** 어머니 Well, I can say that would be my mother. She runs her own business and she is a hard worker. She taught and showed me through her good example that honesty and hard work always pays off. I am really grateful for what she has done for me and I want to repay her as much as I can.

어머니라고 말씀드리고 싶습니다. 어머니께서는 사업을 하고 계시며 아주 부지런하십니다. 저희 어머니께서는 정직하게, 그리고 열심히 일하면 항상 대가가 주어진다는 것을, 좋은 모범을 보여주시며 저를 가르치셨습니다. 저희 어머니께서 저에게 베풀어준 것에 대해 너무 감사드리며 최대한 꼭 돌려 드리고 싶습니다.

**A2** 어머니 Well, I can say that would be my mother. She taught me and showed me through her good example that helping each other in society is very important to make the world better to live in. She has been volunteering for our community for more than 20 years and I have a great respect for her.

제 어머니입니다. 저희 어머니께서는 세상을 더 살기 좋게 만들기 위해서는 항상 서로 돕고 살아야 한다는 것을 손수 모범을 보이시며 가르쳐 주셨습니다. 어머니께서는 지역 봉사활동을 20년 넘게 해오고 계시며 저는 저희 어머니를 매우 존경합니다.

**A3** 아버지 I would say that my father was a great influence on my character especially, being optimistic under any circumstance. He always encourages me that I can do whatever I want to do. If I really want and try hard to reach my goal I can make my dreams come true. I believe I became a very enthusiastic and strong–willed person thanks to my father's encouragement.

저는 저의 성격 형성에 있어서, 특히 어떠한 상황에서도 긍정적일 수 있는 것은 저희 아버지 영향이 아주 크다고 생각합니다. 저희 아버지께서는 제가 원하는 일이면 다할 수 있다고 용기를 주셨습니다. 정말 원하는 것이 있어 목표를 향해 열심히 노력하면 꿈을 이룰 수 있다고 하셨습니다. 저는 저희 아버지의 격려 때문에 제가 열정적이고 의지가 강한 사람이 된 것 같습니다.

You

# 29. Do you spend a lot of time talking to your family?

가족들과 함께 시간을 많이 보내세요?

TIP

가족들과 시간을 많이 보내는지 아닌지, 답변 후 본인의 환경을 설명해주면 되겠다. 영어와 소통 능력을 평가하기 위함이다 하더라도 매사의 답변은 항상 긍정적으로 해야 한다는 것을 명심하도록 한다.

A1 Yes, I try to. I now live with my whole family. Even though all my family is busy with work and study we try to have breakfast together every morning and dinner at least twice a week to spend time together.

네 그러려고 노력합니다. 현재 가족 모두와 함께 살고 있습니다. 비록 가족들이 일이나 학교 때문에 바쁘더라도 적어도 매일 아침식사를 함께 하려고 하고 적어도 일주일에 두 번은 저녁식사를 함께 하려고 노력합니다.

A2 At the moment I live alone in Seoul because of school, so I usually talk on the phone with my family. And, I try to spend some time with my family at least once a month.

현재 학교 때문에 혼자 서울에서 살고 있어서 주로 사족들과 전화로 통화합니다. 그리고 적어도 한 달에 한 번은 가족들과 시간 보내려고 노력합니다.

A3 I try to spend as much time as possible with my family because they are very important to me. I have a good relationship with them and they are the best reason for me to succeed in my career.

가족들은 저에게 너무 소중하기 때문에 되도록 많은 시간을 보내려고 노력합니다. 저는 가족들과 아주 좋은 사이고 우리 가족은 제가 성공해야 할 가장 큰 이유입니다.

You

# 30. What age do you want to get married? When do you hope to get married?

몇 살쯤 결혼하고 싶은가요?

TIP

사적인 자리가 아니라 프로페셔널 한 자리임을 다시 한 번 기억하고 간단하게 생각을 답변해준다.

* **주의할 점** 너무 결혼에 대한 환상이나 구체적인 계획을 이야기하지 않는다.

**A1** Well, I don't have specific ideas but I want to get married maybe in my mid-thirties. At the moment, my career is all I want to focus on.

글쎄요, 구체적인 계획은 없지만 30대 중반쯤 하고 싶습니다. 현재는 저에게 직업이 가장 중요합니다.

**A2** Since I am 25 years old now I hope to get married at the age of 30~33 if I meet the right person at the right time.

현재 25살이니 30에서 33살쯤 하고 싶습니다. 물론 좋은 사람이 그때 나타난다면요.

**You**

# 31. Who do you respect the most? Whom do you look up to? Tell us about the inspiring figures in your life.

가장 존경하는 사람이 누구인가요?

**TIP**

'who's your mentor'라는 질문과 비슷하다. 가끔은 면접관이 부모님을 제외하고 누구를 존경하는지를 질문하기도 한다. 일단 존경하는 사람이 누구인지 이름과 그 사람에 대한 간단한 소개를 한 뒤 왜 존경하는지에 대해 답변해준다.

**A1** **어머니** I can proudly say that I respect my mother. She has brought me and my sister up on her own since my father passed away 8 years ago. She had two jobs to support us and she took care of the household. Of course my sister and I helped her, but I knew doing both jobs alone for her was very difficult. I am really grateful for what she has done for us and I want to repay her as much as I can.

저는 저의 어머니를 가장 존경한다고 말씀드릴 수 있습니다. 저희 어머니는 8년 전에 아버지가 돌아가신 후 혼자서 저와 제 여동생을 보살펴 주셨습니다. 어머니께서는 두 개의 일을 하시며 집안일까지 다 하셨습니다. 물론, 저희들이 돕기는 했지만, 어머니께서 직장과 집안일 둘 다 하는 것이 어려웠을 거란 걸 압니다. 저는 어머니께서 저희에게 해주신 것에 대해 너무 감사드리며 꼭 그 은혜에 보답하고 싶습니다.

**A2** **아버지** I look up to my father the most. He is my advisor and my best friend. He has taught me everything I know about life, and made me believe that I can do anything if I just put my mind to it. That was a great lesson to me. He is a wonderful example of how I can be successful in my life. I respect him very much and he is my mentor.

저는 저희 아버지를 가장 존경합니다. 저희 아버지는 저의 스승이자 최고의 친구입니다. 제가 아는 모든 것을 가르쳐 주셨고, 제가 최선을 다해 노력한다면 무엇이든 할 수 있다는 것을 믿게 하여 주셨습니다. 정말 훌륭한 교훈이었습니다. 저희 아버지는 제가 인생에서 어떻게 성공할 수 있을지를 보여주는 아주 멋진 모델입니다. 저는 아버지를 매우 존경하며 저의 최고의 스승이십니다.

**A3** **대학교 때 교수님** I have great respect for Professor Kim in my university. She taught English in my department. I think she's a very fair person and gives thanks and compliments to us when we have done a good job, yet will also give good advice when needed. I became much more interested in English and studied English very diligently thanks to her class.

저는 저의 대학 때 은사이신 김 교수님을 존경합니다. 교수님은 저희 과에서 영어를 강의하셨습니다. 저는 교수님이 아주 공정한 사람이었다고 생각하며, 저희가 잘하면 고마움과 칭찬을 주셨고 필요할 땐 충고도 해주셨습니다. 저는 그 교수님 덕택에 영어에 더 관심이 생겼고, 더욱더 열심히 공부했습니다.

A4 전 직장 보스 I have great respect for my former boss. She runs all her staff very well so the entire team functioned well. She is responsible for so much, however everything runs very smoothly because of her. I think she is a great leader and I want to be like her when I become a leader.

저는 전 직장 상사를 존경합니다. 그분은 직원들을 잘 다루셔서 전체 팀이 아주 잘 운영되도록 하였습니다. 그분께는 할 일이 굉장히 많았지만, 그분 덕분에 모든 것이 순조롭게 진행되었습니다. 그분은 아주 훌륭한 리더였다고 생각하며 저도 그분과 같은 리더가 되고 싶습니다.

A5 월트 디즈니 I majored in Animation at university and I have a great influence from Mr. Walt Disney who is American cartoonist and director. He made many wonderful animated films which I grew up watching. I believe all the films he made have entertained not only children but adults. I respect him because he had worked hard during his youth and made works which have given dreams to everyone. Now, my 5-year- old niece loves to watch these films which I grew up watching. I believe it is really interesting because I can share something in common with her.

저는 대학에서 만화를 전공했는데 미국의 만화가이자 감독인 월트 디즈니 씨에게서 아주 큰 영향을 받았습니다. 그분은 제가 성장하면서 보아온 많은 만화영화를 만들었습니다. 디즈니 영화는 어린이뿐 아니라 어른들도 즐겁게 만들었다고 생각합니다. 제가 그분을 존경하는 이유는 젊어서 열심히 노력하여 훌륭한 영화를 만들어 많은 이들에게 꿈을 주었다는 것입니다. 지금은 5살 된 저의 조카가 저도 보고 자란 디즈니 영화를 무척 좋아합니다. 저와 저의 조카가 무언가 공통된 점을 나눈다는 것이 굉장히 흥미로운 일이라고 생각합니다.

**You**

# Chapter 3
# Interests & Special Skills
## 관심사&특기

Chapter. 3

# 03 Interest & Special Skills

관심사 & 특기

## Questions

32. What is your hobby? / What do you like to do for fun when you have free time?

취미가 무엇인가요?

33. What do you like to do when you have free time/spare time?

여가를 어떻게 보내세요?

34. How do you spend your weekends?

주말은 어떻게 보내세요?

35. What kind of movies do you like?

어떤 영화를 좋아하세요?

36. Are you interested in cooking?

요리 좋아하세요?

37. What's your favorite dish?

제일 좋아하는 음식이 무엇인가요?

38. Can you recommend me a delicious Korean food?

맛있는 한국 음식 좀 소개해주시겠어요?

39. Do you like to read/What kind of books do you like?

어떤 책을 좋아하나요?

**40.** What kind of music do you like / Who is your favorite singer?

어떤 음악을 좋아하나요?

**41.** What programs do you usually watch on TV?

어떤 TV 프로를 좋아하나요?

**42.** What are your current interests? / What are you interested in recently?

최근의 관심사는 무엇인가요?

**43.** What is your favorite color / What color do you like the most?

제일 좋아하는 색이 무엇인가요?

**44.** What makes you happy?

무엇이 본인을 행복하게 만드나요?

**45.** Do you have any special ability / skill / talent / specialty / long suit?

특기가 무엇인가요??

**46.** How many languages can you speak? / What foreign language can you speak?

몇 개 국어 할 줄 아나요?

**47.** Where did you study English?

영어공부 어떻게 했나요?

**48.** Can you read English novels?

영어 소설 읽을 수 있나요?

**49.** What do you think of your English?

본인의 영어실력에 대해 어떻게 생각하나요?

**50.** Do you have any special qualification, license or Certificate?

자격증이나 수료증 있나요?

# 32. What is your hobby? What do you like to do for fun when you have free time?

취미가 무엇인가요?

**TIP**

취미 활동이나 관심사는 종종 그 사람의 성격이나 생활방식을 나타내주기도 한다. 주말이나 여가를 적극적이고 활동적으로 보내고 있다는 답변과 자기 계발적인 면을 보여주는 답변이 지원하는 업무에 적성이 잘 맞는 듯한 좋은 이미지를 줄 수 있다. 취미나 여가 활동, 주말 활동 질문은 다 비슷한 맥락의 질문이다. 질문의 형태도 여러 가지이며 질문을 이해해야 답변할 수 있으니 질문들도 꼼꼼하게 살펴보자. 운동이 취미인 경우 그냥 exercise라고만 하는 것보다는 "운동이 취미인데 요즘은 테니스를 배우기 시작했다. 특히, 요즘은 날씨가 너무 시원해서 밖에서 테니스를 하는 것이 나에겐 아주 큰 기쁨이다…" 건강한 운동을 해서 좋기도 하지만 굉장히 작은 것에 만족해하고 기뻐할 수 있는 긍정적인 사람처럼 보일 수 있다.

혼자 하는 것 외에 단체 클럽활동을 하고 있다면 언급해주는 것도 적극적인 사람으로 보일 수 있다.
예를 들어, 바이올린이나 피아노 첼로 연주가 취미인 지원자들은 답변할 때 면접관이 느끼기에 훌륭한 연주보다는, 단 한 번의 경험이라도 오케스트라나 밴드에서 다른 사람들과 연주한 경험을 얘기해 줌으로써 훨씬 더 사교적이고 적극적으로 보일 수 있다. 또한, 독서가 취미인 경우도 인텔리해 보일 수도 있고 좋은 취미라고 생각한다. 하지만 답변 내용에 너무 밖에도 안 나가고 친구들도 안 만나고, 혼자서 책만 읽는 것처럼 들리는 것보다는 고등학교 또는 대학 시절 독서 동아리 회원으로 매달 또는 매주 친구들과 독서 토론도 하고 매우 유익했다고 이야기한다면 훨씬 더 사교적으로 보일 수 있다는 것이다.

그리고 자전거 타기나 야외 활동을 이야기할 때는 면접 보는 시점의 계절을 이용하면 더 효과적으로 어필할 수 있다. 예를 들어, 내 취미는 자전거 타기인데, 일주일에 두세 번 타고 건강에 좋아 아주 좋은 운동이다라고만 이야기하는 것보다는 만약에 시원한 계절 봄이나 가을에 면접을 본다면 마지막에 한마디 더, "특히 요즘 같은 날씨에 자전거를 탄다는 것은 너무 유쾌한 일이다. 정말 야외 활동을 즐기기에 완벽한 날씨다."라고 하는 이런 말들은 듣는 사람으로 하여금 훨씬 더 성의 있게 답변하는 것처럼 들릴 수 있다.

---

**면접 중** 취미가 뭔지 물어봤는데 쇼핑을 이야기한 지원자가 있었다. 그래서 주로 어디로 쇼핑 가느냐고 하니까 백화점으로 간다고 했다. 그래서 다시 지금 직장 다니느냐고, 월급 많이 받나 보다라고 하니까, 직장 다니진 않고 부모님께서 용돈을 주신다고 했다. 필자는 얼른 지원자의 이력서에 있는 나이를 확인했는데 한국 나이로 28살이었다. 무능력해 보이고 책임감 없어 보이는 답변이었다. 물론 다시 한 번 반복하지만, 취미 답변 하나로 이 사람을 절대 다 알 수는 없다. 하지만 이 지원자에 대해서 특별히 더 알고 싶지도 않다.
차라리 똑같이 쇼핑이 취미라고 약간 불안한 답변으로 시작했다 하더라도 "싸고 좋은 물건 파는 곳을 많이 알고 있다. 그래서 친구들이랑 구경도 가고 맘에 드는 물건이 있으면 사곤 한다. 용돈은 아르바이트해서 벌어 놓은 돈으로 지출하고 있다."라고 한다면 알뜰하게 들리고, 야무지게 들릴 수도 있다.

* 주의할 점 취미라는 것이 본인이 좋아서 하는 여가 활동이긴 하지만 아무래도 면접이다 보니, 건강하게 들리지 않는 취미 활동은 언급하지 않는 것이 좋다. 예를 들어, 쇼핑, 술 마시기, 경마, 클러빙 등등은 처음 만난 면접관에게 좋은 인상을 주기 힘들다.

| 자연스럽게, 적극적으로 보이게 시작하기 좋은 문장들 |

- I love to do many things for fun such as A, B and C. I especially love C. + 부연설명
- My favorite hobby is….
- I love to….

A1 독서, 영화, 운동 I love to do many things for fun. My hobbies are reading books, watching movies, working out and many more. All of these really provide me with a great deal of entertainment and rejuvenation.

취미로 여러 가지가 있습니다. 제 취미는 독서, 영화감상, 운동, 그리고 더 많이 있습니다. 제 취미는 저에게 많은 여흥과 활기를 줍니다.

A2 음악 감상 I'm interested in music. I love to listen to all kinds of music, especially K-pop. My favorite singer is 가수이름. Sometimes I sing too. I'm a choir member of our church and it's a great way to mingle with people.

저는 음악에 관심이 많습니다. 모든 음악을 좋아하며 특히 한국가요를 좋아합니다. 제가 가장 좋아하는 가수는 ○○입니다. 그리고 저는 노래도 합니다. 저희 교회 합창단원이며 사람들과 어울리기에 아주 좋습니다.

A3 음악 감상, 콘서트공연 관람 My favorite hobby is listening to music and going to concerts. I especially like rock/hip hop/Jazz. Last month, I went to ○○○'s concert and it was so much fun!.

* much fun 대신에 사용 할 수 있는 단어 amazing, great, fantastic….

저의 취미는 음악 감상과 콘서트 가는 것입니다. 특히, 저는 락/힙합/재즈를 좋아하고 지난달에는 ○○○의 콘서트에 다녀왔습니다. 정말 좋았습니다.

A4 드럼연주 My favorite hobby is playing the drum. In fact, I am a member of my school band and we often play for many schools and local cultural events as well. I've been playing it for more than 3 years. It is so much fun to play with other people and participate in interesting events.

제 취미는 드럼연주입니다. 저는 학교 밴드부원이어서 학교나 지역 행사 때 연주를 자주 했습니다. 저는 3

년 넘게 연주를 했으며, 다른 사람들과 어울려서 연주하고 재미있는 행사에 참여할 수 있어서 정말 재미있습니다.

**A5** 영화감상 I really enjoy watching movies. I love to watch all kinds of movies. Whenever a good movie is released, I go to a theatre and watch it as soon as possible. This is something that I enjoy very much during weekends. I think watching many different movies provides me a chance to think differently and widen my viewpoint toward our life.

저는 영화감상을 참 좋아합니다. 모든 장르의 영화를 좋아합니다. 좋은 영화가 상영될 때마다 저는 가능한 한 빨리 영화를 보곤 합니다. 이것이 제가 주말을 즐기는 것입니다. 다양한 영화를 보는 것은 저에게 생각의 다변화와 인생을 보는 관점을 더 폭넓게 도와준다고 생각합니다.

→ Q: Have you watched a movie lately?
최근에 영화 본 적 있나요?

A: Yes, I have. I watched 영화제목 last weekend and it was very fun and interesting.
네 있습니다. 저는 지난주에 ○○○을 보았는데 매우 재미있고 흥미로웠습니다.

**A6** 영화감상 My favorite hobby is watching movies. I especially like to watch movies based on true stories. I think sometimes it's more exciting and more dramatic than fiction. I think this kind of movie is also very helpful to understand about the historical events.

저의 취미는 영화감상입니다. 특히, 저는 실화를 바탕으로 한 영화를 좋아합니다. 제 생각에는 실화를 바탕으로 한 영화가 오히려 허구의 것보다 더 극적이고 흥미로운 것 같습니다. 이런 영화가 역사적 사건들을 이해하는 데 도움이 된다고 생각합니다.

**A7** 미국, 영국 드라마 When I have free time at home, I like to watch English TV show/American and English dramas as these days there are so many interesting series and they are good for my English listening skills and learning new vocabulary. They also help me to understand about other cultures.

저는 집에서 시간이 나면 요즘에 나온 재미있는 시리즈의 영어방송/미드를 보는데요, 영어 듣기와 새로운 단어를 배우는데 아주 유용하다고 생각합니다. 또한, 다른 문화를 이해하는데도 도움이 많이 됩니다.

**A8** 요리 I enjoy cooking and I think I am a good cook. As my parents are working I often cook for my family and it makes me feel good when I see them enjoying my cooking. I sometimes invite my friends for lunch or dinner so we can spend time together.

저는 요리를 좋아하고 전 요리를 잘합니다. 저의 부모님은 일하시기 때문에 저는 종종 우리 가족을 위해 요리를 합니다. 제가 한 요리를 맛있게 먹는 모습을 볼 때 보람을 느낍니다. 저는 가끔 친구들을 점심이나 저녁에 초대해 시간을 함께 보내기도 합니다.

**A9** 요리 My favorite hobby is cooking. I love to cook homemade meals for my family because they are healthy and nutritious to eat. And my favourite things that I like to cook are general Korean food like bulgogi and 삼계탕. 삼계탕 is ginseng chicken soup. Recently, I've started learning Italian cuisine through online cooking lessons. For me cooking is very fun.

제가 가장 좋아하는 취미는 요리입니다. 저는 가족들을 위해 집에서 직접 만든 식사를 준비하기를 좋아합니다. 왜냐하면, 그것이 영양도 많고 건강하기 때문입니다. 저는 보통 한국 요리인 불고기와 인삼을 넣고 삶은 삼계탕 요리를 만드는 것을 좋아합니다. 최근에는 인터넷 강의를 통해 이탈리안 요리를 배우기 시작했습니다. 저에게 요리는 재밌는 것입니다.

**A10** 빵, 케이크, 쿠키 만들기 My favorite hobby is baking. I am very interested in baking all kinds of cookies and cakes. Recently, I've started learning the most popular desserts online. I've just learned how to make Hong Kong style egg tarts last week. And, I am in charge of making cakes for my family's anniversaries. For me baking is very delightful.

저의 취미는 제빵입니다. 저는 모든 종류의 쿠키나 케이크 만드는 것을 좋아합니다. 저는 최근에 인터넷을 통해 요즘 인기 있는 후식 만들기를 배우고 있습니다. 지난주에는 홍콩 에그 타르트 만드는 것을 배웠습니다. 가족 기념일에는 제가 케이크를 만드는 것이 저의 임무가 되었습니다. 제빵은 저에게 아주 즐거운 일입니다.

**A11** 기차, 배, 비행기 모형 모으기 My hobby is collecting model trains, ships and aircraft. I also love to assemble the model aircraft and fly them. For now, I have more than 100 pieces.

저의 취미는 모형 기차나 배, 그리고 비행기 수집하는 것입니다. 또한, 비행기 모형 조립을 하고 날리는 것도 좋아합니다. 지금은 100개 이상 가지고 있습니다.

**A12** 식물, 채소 기르기 I grow plants and vegetables for a hobby. My family has a small farm in the suburbs of Seoul and we mostly spend weekends there. Gardening is my favorite spare time activity. Currently, I am growing 채소나 식물 이름.

저의 취미는 화초 가꾸기입니다. 우리 가족은 서울 근교에 작은 농장이 있어서 주말에는 대부분 거기서 시간을 보냅니다. 원예는 제가 여가를 보내는 데 가장 좋은 활동입니다. 요즘에는 ○○를 기르고 있습니다.

**A13** 만들기 I like arts and crafts. I think it's a good way to learn something new plus to relax. I think I'm a creative person, and like doing things with my hands. Currently, I am into making accessaries. I make necklaces, bracelets and earrings for myself, family and friends. My friends tell me that I have a very unique style.

저는 만들기를 좋아합니다. 긴장을 풀 무언가를 배우기엔 좋은 방법이라고 생각합니다. 요즘엔 액세서리 만들기에 빠져있습니다. 저 자신이나 가족, 그리고 친구를 위해 목걸이나 팔지, 그리고 귀걸이를 만듭니다. 제 친구들은 제가 아주 독특한 스타일이라고 말합니다.

**A14** 사진 찍기 My favorite hobby is taking pictures. I was interested in taking pictures, so I joined the photography club in my university. We often visited beautiful spots in Korea and took nice pictures. What I love about photos is that photos keep our memories and special moments alive. Whenever I have free time, I love to go out and take pictures of my friends or beautiful landscapes.

저의 취미는 사진촬영입니다. 저는 사진촬영을 좋아해서 대학에서는 사진동아리에 가입했습니다. 우리는 한국의 아름다운 곳에 종종 가서 사진을 찍었습니다. 제가 사진을 좋아하는 것은 우리의 추억과 특별한 순간을 간직하게 해주기 때문입니다. 저는 시간이 날 때마다 제 친구들이나 아름다운 장면을 카메라에 담기 위해 나가는 것을 즐긴답니다.

**A15** 독서 I love to read. I try to finish at least 2 to 3 books a month from fiction to nonfiction stories. My favorite genre is mysteries. I especially love to read Agatha Christie mysteries. I've read most of her works. In fact, I was a member of a book club in my university. We gathered once a week and talked about our books we read. It was really interesting to learn about different views and it was a great way to meet people.

저는 책 읽기를 좋아합니다. 저는 소설이나 실화를 최소한 한 달에 2권이나 3권을 읽으려고 합니다. 저의 가장 좋아하는 장르는 미스터리물입니다. 저는 특히 아가사 크리스티의 미스터리물을 읽는 것을 좋아합니다. 아가사 크리스티의 작품은 대부분 읽었답니다. 사실 저는 대학 때 독서 동아리의 회원 이었습니다. 우리는 일주일에 한 번씩 만나서 자신이 읽은 책에 관해서 토론을 하였습니다. 작자 다른 시점에서 이야기하는 것을 듣는 것이 참 재미있었고, 이는 제게 사람을 만나는 좋은 방법이 되었습니다.

**A16** 독서-에세이, 자기 계발서 I like reading, visiting art galleries and historic sites in my free time. I particularly enjoy reading essays or self development books(또는 self-help books) because I can learn many indirect experiences and valuable lessons from many different kinds of people.

저는 독서와 미술관과 역사관 방문을 좋아합니다. 저는 특히 에세이집이나 자기 계발 관련 서적 읽는 것을 좋아합니다. 왜냐하면, 많은 사람으로부터 얻은 가치 있는 교훈과 다양한 간접적인 경험을 배울 수 있기 때문입니다.

→ Q: What is your favorite book?

가장 좋아하는 책은 무엇인가요?

**A17** 독서-판타지 소설 I love reading very much. I spend some of my free time reading novels, especially fantasy because of its imaginative scope. I love a story which involves something surreal or different like magic, angels, or super heros. While I am reading a book, I enjoy letting my imagination run wild. I love the 'Harry Potter' series the most.

저는 독서를 좋아합니다. 저는 여가 시간에 소설을 읽는데 시간을 보내는데, 특히 상상력의 나래를 펼 수 있는 판타지 소설을 좋아합니다. 저는 초현실적이거나 마술이나 천사 또는 영웅이 나오는 이야기를 좋아합니다. 저는 책을 읽는 동안 저의 상상이 나래를 펼치게 합니다. 저는 해리포터 시리즈를 제일 좋아합니다.

**A18** 독서 -영문으로 된 책 Recently, I enjoy reading books. I often choose English books to read because I believe that reading can improve my writing skills. My English has improved a lot after I had forced myself to read as much as possible.

요즘 저는 독서를 즐깁니다. 저는 종종 제 영작실력의 향상을 위하여 영문 책을 선택합니다. 영문 책을 읽은 후 제 영어실력이 현저히 나아졌다고 느낍니다.

**A19** 야구경기 관람 I love to watch baseball games. I often watch the games on TV with my family or friends cheering on my favorite team. Sometimes, I go to the stadium/ball park to enjoy the games with my friends. It is always exciting.

저는 야구경기 관람을 즐깁니다. 저는 종종 제가 가장 좋아하는 팀을 응원하면서 친구들이나 가족과 함께 티브이로 야구 중계를 봅니다. 가끔은 친구들과 직접 경기장에 가기도 합니다. 정말 재미있습니다.

**A20** 걷기 Walking along the roadside is my favorite hobby. Whenever I have free time, I walk along the river near my house. I try to walk at least 4km a day. Currently, I've decided to walk to my work place now that the weather is nice. The weather is beautiful and perfect for a walk.

길을 걷는 것이 저의 취미입니다. 시간이 생길 때마다 저는 우리 집 가까이에 있는 강가를 따라 걷는답니다. 저는 최소한 하루에 4Km를 걸으려고 합니다. 요즘에는 날씨가 좋으면 현재 다니는 직장까지 걷기 시작했습니다. 날씨가 걷기에 참 좋고 아름답습니다.

**A21** 자전거 타기 I am a very active person and I love outdoor activities. Riding a bicycle is my favorite hobby. Every Sunday I ride a bicycle on the nice bike road along the Han river. I mostly ride from 잠실 to 여의도 for about 1 hour and it offers a very beautiful landscape when I traverse on bike. It is very refreshing.

저는 굉장히 활동적인 사람이라 야외활동을 좋아합니다. 자전거 타기는 제가 가장 좋아하는 취미입니다. 매주 일요일마다 저는 한강 자전거 도로를 따라 자전거를 탑니다. 저는 대개 잠실에서 여의도까지 약 1시간 정도 자전거를 타고 다니는데 경치가 정말 좋습니다. 아주 상쾌합니다.

**A22** **재즈댄스** I majored in dance in college. I love to dance, especially to jazz music. Every Saturday, I practice and learn new moves/techniques. It requires a lot of movements and really helps me stay fit. And, I think it's a great way to meet people.

저는 대학에서 무용을 전공했습니다. 저는 춤추는 것을 좋아하는데, 특히 재즈댄스를 좋아합니다. 매주 토요일 저는 새로운 기술을 배우고 연습합니다. 이는 매우 많은 운동이 요구되고, 덕분에 저는 몸 관리를 잘 할 수 있습니다. 그리고 사람들을 만나는 좋은 방법이라고 생각합니다.

**A23** **달리기** My favorite hobby is exercising. I am a very active person and I love outdoor activities. My biggest interest in running or power walking. I jog every morning in the park near my house. I try to run at least 5km a day. I think running is a very good exercise for my health and I've been told that running is the best exercise for losing weight and getting fit.

저의 취미는 운동입니다. 저는 굉장히 활동적인 사람이라 야외활동을 좋아합니다. 저의 가장 큰 관심사는 달리기와 파워워킹입니다. 저는 집 가까운 공원에서 매일 아침 조깅을 합니다. 저는 하루에 최소한 5km는 달리려고 합니다. 저는 달리기는 제 건강을 위해서 매우 좋은 운동이라고 생각합니다. 그리고 저는 달리기는 체중 감량과 몸매 유지에 가장 좋은 운동이라고 들었습니다.

**A24** **볼링** I'm an outgoing person and like hanging out with friends. I especially like to go bowling with my friends. I think bowling is a very good sport because I can have fun and exercise at the same time. My average score is about 120.

저는 외향적이고 친구들과 어울리기를 좋아합니다. 저는 특히 친구들과 볼링 치러 가는 것을 좋아합니다. 볼링은 재미있는 동시에 운동도 할 수 있어서 아주 좋은 스포츠라고 생각합니다. 저의 평균점수는 120 정도 됩니다.

**A25** **축구** I enjoy being physically active, and spend a lot of time playing sports and team games. I am actively involved in a soccer team. I play soccer every weekend with my club members. I've been playing soccer since I was little and I think it's a very interesting sport. I can surely say I am a team player who enjoys working with others rather than doing something alone. I love the team work.

저는 신체적인 활동을 좋아하고 스포츠와 팀 경기를 하는 데 많은 시간을 보냅니다. 저는 축구팀에서 활발하게 활동 하고 있습니다. 저는 주말마다 클럽 회원들과 축구를 합니다. 저는 어렸을 때부터 축구를 해왔고 매우 재미있는 스포츠라고 생각합니다. 저는 혼자서 하는 것보다는 사람들과 함께하는 것을 즐기는 팀 플레이어라고 확실하게 말할 수 있습니다. 저는 팀워크를 좋아합니다.

**A26** **야구/축구/농구** I like to play baseball/soccer/basketball or any other game that involves teams and I am a positive team player who enjoys working with others rather than being alone. Further, I am very active in achieving results in a team.

저는 야구/축구/농구 또는 팀 경기를 하는 운동을 좋아합니다. 혼자 하는 것보다는 사람들과 어울려서 함께 하는 것을 즐기는 적극적인 팀 플레이어입니다. 좀 더 말하자면 저는 팀에서 좋은 결과를 얻는데 매우 적극적입니다.

A27 **태권도** I like Taekwondo, which is a Korean martial art. I have taken lessons when I was a child and I still go to the gym and practice every week. Now I hold a third-degree black belt. I think Takwondo is a good sport both physically and mentally.

저는 한국의 무술인 태권도를 좋아합니다. 저는 어렸을 때부터 배워왔고 지금까지도 매주 연습을 하러 도장에 갑니다. 현재는 검은 띠 3단 보유자입니다. 저는 태권도는 신체적으로나 정신적으로나 훌륭한 운동이라고 생각합니다.

A28 **테니스** I love to do many things for fun such as watching movies, reading and exercising. I especially love tennis. I play tennis every Sunday. There is a nice tennis court near my house. I think tennis is a great sport because I can enjoy it and exercise at the same time. I've been playing for more than 5 years and it is still a lot of fun.

저는 영화감상이나 독서 그리고 운동하는 것을 좋아합니다. 저는 매주 일요일에는 테니스를 합니다. 제 집 근처에는 좋은 테니스 코트가 있습니다. 저는 테니스는 운동과 동시에 재미도 있어서 좋은 운동이라고 생각합니다. 저는 5년 동안 테니스를 하고 있는데 여전히 굉장히 재미있습니다.

A29 **등산** I love to go hiking. I am a member of a mountain climbing club and spend my weekends climbing new mountains with the other club members. It's very fun to be with people. Most of all, it refreshes my mind and body. I think that's the best part. (last week/month, I climbed 산 이름) Especially at this time in Korea, it is perfect to enjoy/go hiking.

저는 등산을 좋아합니다. 저는 등산 회원이고 다른 클럽 회원들과 주말마다 새로운 산을 등반하는데 시간을 보냅니다. 사람들과 함께하면 참 재미있습니다. 무엇보다도, 등산은 저의 마음과 몸을 상쾌하게 해줍니다. 그것이 제가 등산을 좋아하는 제일 큰 이유입니다. 지난주/지난달에는 ○○○을 등반했습니다. 특히, 한국에서 요즘은 등산하기에 완벽한 날씨입니다.

A30 **운동, 수영** I can say my hobby is exercising. I love to play sports like basketball, badminton and swimming. I especially enjoy swimming whenever I have spare time because I think for me swimming is the best exercise because it helps me to stay fit and be healthy.

저의 취미는 운동입니다. 저는 농구, 배드민턴 그리고 수영과 같은 운동을 좋아합니다. 저는 시간이 날 때마다 수영을 즐기는데, 수영은 몸매를 유지하는 데 아주 좋은 운동이라고 생각합니다. 수영 후에는 제가 더 건강해진 것 같아 좋습니다.

→ Q: How far can you swim?/ Are you a good swimmer?

수영 잘하나요?

A: I think I am a good swimmer. I can swim about 100m free style without a break.

저는 수영을 잘합니다. 저는 자유형으로 100m를 쉬지 않고 갈 수 있습니다.

**You**

# 33. What do you like to do when you have free time/spare time?

여가를 어떻게 보내세요?

**TIP**

Hobby 답변으로 연결하되 한가한 시간에 주로 무엇을 하느냐고 면접관이 질문했으니, 여가에 무엇을 하는지가 포인트가 되어야 한다. 예를 들어, 여가가 있을 때 내 취미인 ○○을 하는 것을 좋아한다고 질문에 맞게 답변한다.

*** 주의할 점** 항상 면접관의 질문을 잘 듣고 답변한다. 여가에 주로 무엇을 하느냐고 질문했는데, 취미 질문에 외운 답변대로 "my hobby is···."라고 한다면 소통능력이 좋게 들리지 않는다.

**A1** **친구들 만나서 시간 보내기** I mostly meet my friends and do lots of the things we enjoy like watching movies, eating, and chatting. Being with my closest friends makes me feel comfortable and relaxed. I believe that I am very lucky to have many friends who I can share my leisure/spare time with.

저는 대개 친구들을 만나서 영화감상이나 식사, 수다 떨기 같이 재미있는 것들을 많이 합니다. 친한 친구들과 함께 있는 것만으로도 편안해집니다. 저는 저와 함께 여가를 보낼 수 있는 그런 친구들이 많이 있어서 참 행운이라고 생각합니다.

**A2** **독서-에세이, 자기 계발서** Since I am busy with my work these days, relaxed/laid-back time is really useful for me. I like reading, visiting art galleries and historic sites in my free time. I particularly enjoy reading essays or self development books(또는 self-help books 자기 계발서) because I can learn many indirect experiences and valuable lessons from many different kinds of people.

요즘 직장에서 매우 바빠서 여유 있는 시간을 보내는 것이 참 좋습니다. 저는 독서와 미술관과 역사관 방문을 좋아합니다. 저는 특히 에세이집이나 자기 계발 관련 서적 읽는 것을 좋아합니다. 왜냐하면, 많은 사람으로부터 얻은 가치 있는 교훈과 다양한 간접적인 경험을 배울 수 있기 때문입니다.

**You**

# 34. How do you spend your weekends?

주말은 어떻게 보내세요?

TIP

Hobby 답변으로도 연결하되, 주말에 주로 무엇을 하는지가 포인트가 되어야 한다.

A1 테니스 I love to do many things on my weekends such as watching movies, reading and exercising. I especially love tennis. I play tennis every Sunday with my friend. There is a nice tennis court near my house. I think tennis is a great sport because I can enjoy it and exercise at the same time. I've been playing for more than 5 years and it is still a lot of fun.

저는 주말에 영화감상이나 독서, 그리고 운동과 같은 것들을 하는 것을 좋아합니다. 저는 특히 테니스 하는 것을 좋아합니다. 저는 친구와 함께 매주 일요일 테니스를 합니다. 제집 근처에는 좋은 테니스 코트가 있습니다. 저는 테니스는 운동과 동시에 재미도 있어서 좋은 운동이라고 생각합니다. 저는 5년 동안 테니스를 하고 있는데 여전히 굉장히 재미있습니다.

A2 외식하거나 집에 식사 초대하기 On weekends I usually spend time with my family or my friends going to the movies or going out to eat. Since I enjoy cooking I like to invite my friends for lunch or dinner and I cook for them. I relish the time with my friends.

주말에 저는 친구들이나 가족들과 나가서 영화를 보거나 외식을 하는 데 시간을 보냅니다. 제가 요리하는 것을 좋아해서 친구들을 점심이나 저녁에 초대하는 것을 좋아합니다. 저는 친구들과 시간 보내는 것을 좋아 합니다.

A3 집안일 하기, 친구 만나기 I do many things on the weekends. I usually do laundry and cleaning my house because I always try to help my mother with her housework. I also meet my friends and go to the movies or go to the gym to work out. It's a lot more fun going with friends than going by myself

저는 주말에는 많은 일을 합니다. 엄마를 도와 드리기 위해 빨래나 청소 같은 집안일을 합니다. 저는 또한 친구들과 만나 영화를 보거나 운동을 하기 위해 체육관에 갑니다. 저 혼자보다는 친구들과 함께할 때 훨씬 더 재미있습니다.

You

# 35. What kind of movies do you like?

어떤 영화를 좋아 하세요?

**TIP**

언어능력이나 소통능력을 평가하는 것이니 단답형으로 하지 않고, 좋아하는 영화의 장르를 먼저 말한 뒤에 부연설명을 덧붙여 준다. 영어와 소통 능력을 평가하기 위함이다 하더라도 매사의 답변은 항상 긍정적으로 해야 한다는 것을 명심하도록 한다.

**A1** 실화바탕 영화 I like to watch movies based on true stories. I think sometimes it's more exciting and more dramatic than fiction.

저는 실화에 근거한 영화를 보는 것을 좋아합니다. 때론 이런 것이 소설보다 더 재미있고 극적이라고 생각합니다.

**A2** 할리우드 블록버스터 I love Hollywood blockbusters. One of my favorites is 영화제목 which I watched last Christmas. It was just fantastic! For me going to movies with friends is always fun.

저는 할리우드 블록버스터를 좋아합니다. 저의 가장 좋아하는 영화는 지난 크리스마스에 봤던 ○○○입니다. 정말 환상적이었습니다. 친구들과 극장에 가는 것은 언제나 즐거운 일입니다.

**A3** 로맨틱 코미디 When it comes to movies, I don't have likes and dislikes. I love to watch all kinds of movies. I especially love romantic comedies and my favorite movie is 영화제목.

영화를 고를 때 저는 특별히 싫어하는 것 없이 영화면 다 좋아합니다. 저는 특히 로맨틱 코미디 영화를 좋아하는데, 가장 좋아하는 영화는 ○○○입니다.

**You**

# 36. Are you interested in cooking?

요리 좋아하세요?

**TIP**

마찬가지로 언어능력이나 소통능력을 평가하는 것이니 단답형으로 하지 말고, 요리하는 것에 관심 있는지 먼저 이야기해주고 부연설명을 덧붙여 준다. 영어와 소통 능력을 평가하기 위함이다 하더라도 매사의 답변은 항상 긍정적으로 해야 한다는 것을 명심하도록 한다.

**A1** Yes, I am. I learned how to cook when I lived alone in Australia. Now, it has become one of my hobbies.

네, 좋아합니다. 저는 혼자서 호주에 살았을 때 요리를 배웠습니다. 지금은 저의 취미가 되었습니다.

**A2** Yes, I am. I enjoy cooking and I think I am a good cook. I often cook for my family whenever I have time. I feel very happy when they enjoy eating dishes that I make. My specialty is 음식이름.

네, 그렇습니다. 요리를 좋아하고 요리도 잘합니다. 저는 시간 날 때마다 가족들을 위해 요리를 자주 합니다. 제가 만든 음식을 맛있게 먹을 때 정말 행복해집니다. 제가 가장 잘하는 요리는 ○○○입니다.

**A3** Well, I am not very much interested in cooking but I can cook some simple Korean foods like kimchi fried rice and 된장찌개 which is Korean bean paste soup.

글쎄요, 저는 요리에 그다지 관심이 있지는 않습니다만, 김치 볶음밥과 된장찌개와 같은 간단한 한국요리는 할 수 있습니다.

**You**

# 37. What's your favorite dish?

제일 좋아하는 음식이 무엇인가요?

**TIP**

마찬가지로 언어능력이나 소통능력을 평가하는 것이니 단답형으로 하지 말고, 좋아하는 음식 먼저 이야기해주고 부연설명을 덧붙여 준다. 한국 음식을 이야기할 때는 외국 사람이 모르는 음식일 수 있다는 배려로 간단한 설명이 필요할 때가 있다. 한국 음식의 종류는 너무 많다. 이 음식이 떡인지, 밥인지, 국수인지, 고기인지, 국인지, 무엇인지를 이야기해 주는 것이 가장 기본이 된다고 생각한다.

**면접 중** 외국인에게 추천하고 싶은 한국 음식으로 순두부를 이야기한 지원자가 있었다. 순두부가 어떤 음식이라는 설명은 없이 계속 맛있고, 채소도 넣고 해서 건강한 음식이라 외국인들이 좋아할 것이라고만 했다. 우리는 순두부를 알지만, 외국인은 모를 수 있다. 그래서 순두부가 무엇이냐라고 질문했는데 계속 'traditional Korean food'이라고 반복하여 답답하게 들린 적이 있다.

**A1** 회, 굴 Actually, I'm not picky on food but my favorite foods are raw fish and oysters. I heard that they are good for our health and skin.

사실, 저는 음식에 까다로운 사람은 아닙니다만, 저의 가장 좋아하는 음식은 회와 굴입니다. 이런 음식들은 건강과 피부미용에 좋다고 들었습니다.

**A2** 삼계탕 I love all kinds of chicken dishes. And one of my favorite foods is Samgyetang which is called ginseng chicken soup. I know it is a really healthy dish/soup and very popular among Koreans during the summer time and gives a lot of energy and strength.

저는 닭요리라면 다 좋아합니다. 저의 가장 좋아하는 음식 중 하나는 삼계탕입니다. 여름철에 한국 사람들에게 매우 인기 있는 삼계탕은 정말 건강한 음식이고 많은 에너지와 힘을 준다고 알고 있습니다.

**A3** 비빔밥 My favorite is bibim-bap. It's very healthy food with a lot of vegetables and rice. It especially looks nice with a fried egg on top of the rice. I heard that some Hollywood actresses eat bibim-bap as their special diet.

저의 가장 좋아하는 음식은 비빔밥입니다. 이는 다양한 채소와 밥으로 매우 건강한 음식입니다. 특히, 밥의 맨 위에 계란 프라이를 올리면 정말 보기 좋습니다. 비빔밥이 할리우드 여배우들의 특별한 식단이라는 이야기를 들었습니다.

→ Q: Can you explain how to eat bibim-bap?

비빔밥 먹는 방법 좀 말해보세요.

A: First of all, use your spoon to put "gochujang" which is Korean red pepper paste onto your bibim–bap. It is up to you to decide how much you want to put in. If you like spicy food, put more. Then use your spoon or chopstick to mix and stir all the ingredients in your bibim–bap until well–blended. And lastly, adding one drop of sesame oil will make it taste better. When your bibim–bap is ready get a spoonful of it and indulge yourself in the taste of bibim–bap, the taste of Korea.

먼저, 수저로 고추장을 비빔밥에 덜어서 넣으세요. 원하시는 만큼 양을 조절해서 넣으세요. 매운 것을 좋아하시면 더 넣으셔도 돼요. 그런 다음 수저나 젓가락을 사용해서 비빔밥의 음식물들이 잘 섞이게 저어 주세요. 마지막으로 참기름을 넣으시면 맛이 더 좋아집니다. 비빔밥을 수저 가득 떠서 먹을 준비가 되면 비빔밥의 맛, 한국의 맛을 마음껏 즐기시면 됩니다.

→ Q: Can you tell me how to make bibim–bap?

비빔밥 만드는 법 좀 알려 주시겠어요?

A: Sure. First you need a bowl of boiled rice, vegetables, gochujang which is Korean hot pepper paste, and sesame oil. All you have to do is mix all the ingredients together. Adding a fried egg on top of the rice makes bibim–bap look more delicious and taste better. Using a hot stone bowl to serve bibim–bap keeps it warm during the meal.

물론이지요. 우선 밥과 채소, 고추장, 그리고 참기름이 필요해요. 모두가 준비되면 재료들을 함께 넣어서 섞어 주세요. 맨 위에 계란 프라이를 올리면 더 맛있어 보이고 맛도 더 좋습니다. 돌솥 비빔밥은 식사하는 동안 식지 않고 따듯하게 해줍니다.

**You**

# 38. Can you recommend me a delicious Korean food?

맛있는 한국 음식 좀 소개해 주시겠어요?

**TIP**

* 주의할 점 면접하고 있는 면접관에 대한 문화배경의 이해가 필요할 때가 있다. 예를 들어 카타르 항공사 면접을 하면서 돼지고기 소개를 한다든가 인도에서 온 면접관에게 한우 갈비 바비큐를 얘기하는 것은 영어의 문제나 소통의 의미보다는 타 문화에 대한 이해와 배려가 부족 하게 들릴 수 있느니 주의한다. 배려가 없는 것이 아니라 떨려서 아무 생각이 없어서 그랬다고 이해한다기보단 긴장해서 제대로 생각 못 한다면 그것 또한 승무원으로 근무하는데 도움되지 않을 것으로 생각할 수 있다.

A1 파전 I'd like to suggest haemul pajeon which is seafood green onion pancake. If you don't like seafood, you can have just green onion pancake. This pancake is not hot at all so it's a good choice for those who can not eat spicy food.

저는 해물 파전을 추천해드리고 싶습니다. 해물을 좋아하지 않으면 그냥 파만 넣어서 만들 수도 있습니다. 파전은 전혀 맵지 않아서 매운 음식을 못 먹는 사람도 먹을 수 있습니다.

A2 칼국수 I'd like to recommend 'kalguksu'. It is chopped noodle soup with a broth that is made from chicken, seafood or other types meat. It is very popular during the cold days because of the hot broth with a variety of vegetables.

저는 칼국수를 추천해 드리고 싶습니다. 닭고기나 해산물, 또는 고기로 육수를 내서 먹는 국수입니다. 이는 다양한 채소로 육수를 뜨겁게 내서 먹기 때문에 추운 날에는 특히 인기가 많습니다.

A3 감자탕 I would recommend 'Gamjatang' if you can take a little spice. Gajatang is potato stew with pork. The soup is a little spicy and pork is really tender and goes well with the potatoes. Gamjatang is one of the most popular Korean dish.

조금 매운 음식을 좋아한다면 저는 감자탕을 추천해 드리고 싶습니다. 감자탕은 감자와 돼지고기를 넣은 탕요리입니다. 이 탕은 조금 맵고, 돼지고기는 정말로 부드러우며 감자와 아주 잘 어울립니다. 감자탕은 한국의 인기 있는 요리 중 하나입니다.

**You**

# [Korean Food]

TIP

더 많은 한국 음식에 대한 설명이다. 쉽게 설명할 수 있도록 해보자.

## 1. Can you explain what 비빔밥(bibim-bap) is?

A Bibim-bap literally means "mixed rice" and is one of the most popular Korean dish among not only Koreans but foreigners. Bibim-bap is served as a bowl of boiled rice topped with vegetables and gochujang (red pepper paste). It can be served either cold or hot. Fried egg and minced beef are common additions. You should stir together thoroughly before eating.

비빔밥은 말 그대로 '비빈 밥'이란 뜻이고, 한국인뿐 아니라 외국인에게도 가장 인기 있는 한국 음식 중 하나입니다. 비빔밥은 밥 위에 채소와 고추장이라는 소스가 얹혀서 나옵니다. 비빔밥은 차갑게도 먹고 따뜻하게도 먹습니다. 달걀 프라이와 다진 소고기는 흔하게 넣어서 먹습니다. 먹기 전에 골고루 섞어서 먹어야 합니다.

→ Q: Can you tell me how to make bibim-bap?

비빔밥 만드는 법 좀 알려 주시겠어요?

## 2. What is 쌈밥(ssam-bap)?

A Ssam-bap is rice wrapped in greens such as lettuce, cabbage, or sesame leaves. And inside the ssam, meat(beef or pork) can be added. We usually use ssamjang as sauce. Ssamjang is a mixture of bean and red pepper paste.

쌈밥은 상추, 배추 또는 깻잎 같은 채소에 밥을 싸 먹는 것을 말합니다. 그리고 쌈 안에 고기(소고기나 돼지고기)를 넣어서 먹습니다. 보통 쌈밥을 먹을 때는 쌈장을 먹습니다. 쌈장은 고추장과 된장을 혼합한 소스입니다.

→ Q: Could you tell me how to eat Ssam-bap?

쌈밥 먹는 방법 좀 설명해 주시겠어요?

A: First, Choose one or two green leaves and place them on your palm. You may use a plate to place your ssam on instead of your hand. Second, put rice, followed by meat (pork, beef, etc) and put a little bit of ssamjang on the leaf. You can also put some sides dish such as kimchi, spring onion kimchi and so on. And lastly, wrap them together well because you don't want any of the contents fall out. Now, open your mouth very wide, and enjoy.

우선 채소를 한 개나 두 개 골라서 손바닥 위에 올려놓습니다. 손을 사용하는 대신에 접시를 사용하여 쌈을 놓아도 좋습니다. 그다음 밥을 넣고, 고기 넣고 약간의 쌈장을 넣습니다. 원한다면 김치나 파김치 같은 반찬을 넣어도 좋습니다. 그리고 마지막으로, 안에 있는 내용물이 떨어지지 않도록 잘 쌉니다. 자, 그리고 입을 크게 벌리고 맛있게 먹습니다.

### 3. What is 막걸리(makgeolli)?

A Makgeolli is a traditional type of Korean liquor made from fermented rice. It has a sweet taste and a milky color. It's easy to drink because it has a low alcohol content and often goes very well with "pancakes" called pajeon. Recently, makgeolli is becoming more and more popular in Asian countries like Japan and China.

막걸리는 발효된 쌀로 만든 한국 전통주이다. 단맛을 내며 우윳빛 색입니다. 알코올 농도가 낮아 마시기에 부담 없으며, 파전이라고 하는 한국 팬 케이크과도 잘 어울립니다. 최근에는 막걸리가 일본이나 중국과 같은 아시아에서 인기가 점점 많아지고 있습니다.

### 4. What is 된장찌개(doenjang jjigae)?

A Doenjang jjigae is a Korean stew made with doenjang, Korean soybean paste and many ingredients such as vegetables(potato, green pumpkin, onion, mushroom, green pepper, etc.) seafood, or tofu. It is regarded as one of the representative Korean dishes.

막된장찌개는 콩으로 만든 양념인 된장과 야채(감자, 호박, 양파, 버섯, 고추 등)와 해산물이나 두부와 같이 많은 재료로 만든 찌개입니다. 한국음식의 대표 중 하나로 알려져 있습니다.

### 5. What is 파전(pajeon)?

A Pajeon is a pancake-like Korean dish with green onions as its major ingredient. Beef, pork, kimchi, and other seafood are mostly used. Pajeon goes very well with rice wine makgeolli and Korean people like to eat 파전 especially on rainy days.

파전은 파를 주재료로 해서 만드는 팬 케이크 같은 음식입니다. 소고기, 돼지고기, 또는 해산물을 상용하기도 합니다. 파전은 막걸리라는 한국 전통주와 잘 어울리며 특히 한국 사람들은 비 오는 날 파전 먹는 것을 좋아합니다.

## 6. What is 삼겹살(samgyeopsal)?

A Samgyeopsal is one of the most popular and common Korean dish. 삼겹살 is pork belly meat. (similar to uncured bacon) It is known as Korean barbecue and commonly served as an evening meal. We, Korean love to eat Samgyeopsal with ssam which is a lot of vegetable leaves such as lettuce, sesame leaves and Korean sauce.(called ssamjang, mixture of bean and red pepper paste)

삼겹살은 한국 음식 중에서 가장 인기 있는 음식 중 하나입니다. 삼겹살은 돼지의 배 부분의 고기입니다(가공하지 않은 베이컨과 비슷함). 저녁에 주로 먹으며 한국의 바비큐로 많이 알려져 있습니다. 우리 한국 사람들은 상추나 깻잎 그리고 한국 소스와 함께 삼겹살 먹는 것을 좋아합니다.

## 7. What is 김치(kimchi)?

A Kimchi is a traditional fermented Korean dish, made of napa cabbage with varied seasonings(such as red pepper powder, garlic, fish sauce, salt, etc.) There are hundreds of varieties of kimchi, made with a main vegetable ingredient such as napa cabbage, radish, green onions or cucumber. Kimchi is the most common side dish, in Korean cuisine. Kimchi is also a main ingredient for many popular Korean dishes such as kimchi stew, kimchi fried rice and kimchi pancake.

김치는 배추에 갖은 양념(고춧가루, 마늘, 젓갈, 소금 등)을 넣어 만든 한국 전통의 발효음식입니다. 김치에는 배추김치, 무김치, 파김치, 오이김치와 같이 각종 채소가 주재료가 되는 많은 종류가 있습니다. 김치는 한국음식에서 가장 기본이 되는 음식입니다. 김치는 가장 인기 많은 한국 음식 중 김치 볶음밥, 김치찌개, 김치 전과 같은 음식의 주재료이기도 합니다.

## 8. What is 김밥(gim-bap)?

A Gim-bap, literally means seaweed-rice, is a very popular snack in Korea. It's very convenient to eat and very healthy. It is made from boiled rice and seasoned beef or fish cakes, spinach, and cucumber, rolled in dried seaweed. Gim-bap is a popular snack during picnics or outdoor activities. Today, there are many kinds of gim-bap such as kimchi, cheese, tuna, bulgogi, vegetable, and more.

말 그대로 김에 싼 밥을 말하는 김밥은 한국에서 아주 인기 많은 간식입니다. 먹기 아주 편리하며 매우 건강한 음식입니다. 김밥은 밥에 양념 된 소고기, 어묵, 시금치, 그리고 오이를 김 안에 말아 넣어 만든 음식입니다. 김밥은 소풍이나 야외 활동에 아주 인기가 많은 간식입니다. 요즈음에는 김치, 치즈, 참치, 불고기, 채소 등 더 많은 재료를 이용한 정말 많은 종류의 김밥이 있습니다.

## 9. What is 떡볶이(ddeokbokki)?

A Ddeokbokki is a spicy rice cake and it is the most popular Korean snack which is commonly purchased from street vendors. It is a dish which is made with sliced rice cake, fish cakes, and vegetables. It is flavored with gochujang(red pepper paste).

떡볶이는 매운 쌀 떡이며, 거리에서 쉽게 사 먹을 수 있는 한국의 대표적인 간식거리입니다. 떡볶이는 쌀 떡, 어묵, 그리고 채소를 넣어 만든 음식입니다. 고추장으로 양념을 한 음식입니다.

## 10. What is 순대(soondae)?

A Soondae is Korean sausage made with a mixture of boiled sweet rice, oxen or pig's blood, potato noodles stuffed in a pig's casing. It's also one of the popular Korean snacks which is commonly purchased from street vendors.

순대는 돼지 창자 안에 찹쌀, 소나 돼지 피, 당면을 섞어 넣어서 만든 한국 소시지입니다. 떡볶이와 같이 길거리에서 사 먹을 수 있는 인기 있는 한국 간식거리 중 하나입니다.

# 39. Do you like to read? What kind of books do you like?

어떤 책을 좋아하나요?

**TIP**

마찬가지로, 언어능력이나 소통능력을 평가하는 것이니, 단답형으로 하지 말고 좋아하는 책의 장르를 먼저 이야기한 뒤 부연설명을 덧붙여 준다. 영어와 소통 능력을 평가하기 위함이다 하더라도 매사의 답변은 항상 긍정적으로 해야 한다는 것을 명심하도록 한다.

**A1** 추리소설 My favorite genre is mysteries. I especially love to read Agatha Christie mysteries. I've read most of her works.

저는 추리소설을 좋아합니다. 저는 특히 아가사 크리스티의 작품을 좋아합니다. 그 작가의 대부분 작품을 읽었습니다.

**A2** 추리소설 Yes, I do. I'm interested in things going on around us so I read the newspaper every day. I also love to read a mysteries because it's very interesting to imagine or guess what would happen in them.

네, 저는 우리 주변에서 일어나는 일들에 관심이 많아서 매일 신문을 읽습니다. 저는 또한 앞으로 일어날 일을 추측하고 예상하는 것을 좋아해서 추리소설 읽는 것을 좋아합니다.

**A3** 에세이/자기 계발서 Yes, I do. I particularly enjoy reading essays/self improvement books because I can learn many indirect experiences and valuable lessons from many different kinds of people's lives.

네, 그렇습니다. 저는 특히 다른 많은 사람들의 삶에서 가치 있는 교훈과 간접적인 경험을 많이 배울 수 있어서 에세이/자기 계발서 읽는 것을 좋아합니다.

**A4** 소설 I love to read fiction and my favorite book is Le Jour Des Fourmis (English: The Day of the Ants) It is a 1992 science fiction novel by French writer Bernard Werber.

네, 그렇습니다. 저는 소설을 좋아하고 제가 제일 좋아하는 책은 베르나르 베르베르의 개미입니다. 프랑스 작가가 1992년에 쓴 과학소설입니다.

**A5** 고전, 소설, 논픽션, 긴장소설 I enjoy a wide range of books. I read classics, fictions, nonfictions, and suspense novels. When I have free time, I love to go to the library near my home, which is one of the biggest libraries in Seoul. I can read any books I like/choose. It's one of my favorite hobbies.

저는 다양한 장르의 책을 좋아합니다. 저는 고전, 소설, 논픽션과 탐정소설을 읽습니다. 시간이 생기면, 집 근처의 도서관에 가서 책 읽기를 좋아하는데, 그 도서관은 서울에서 가장 큰 도서관입니다. 제가 좋아하는 책은 뭐든 읽을 수 있습니다. 이것이 제가 가장 좋아하는 취미입니다.

A6 자서전 I like biographies. It's interesting to read about the background of people who have become famous. And many times, I learn valuable lessons from either their success or failure. (One of my favorites is 'Memoirs of Nho, Moo Hyun', the story of the former president of Korea.)

저는 자서전을 좋아합니다. 유명한 사람들의 배경에 대해 읽은 것은 재미있습니다. 저는 종종 그분들의 성공과 실패를 통해 유용한 교훈을 배웁니다. (한국 전 대통령의 이야기인 『노무현의 회고록』은 제가 가장 좋아하는 책 중의 하나입니다.)

You

# 40. What kind of music do you like? Who is your favorite singer?

어떤 음악을 좋아하나요?

**TIP**

마찬가지로, 언어능력이나 소통능력을 평가하는 것이니 단답형으로 하지 말고 좋아하는 음악 장르/가수 먼저 이야기해주고 부연설명을 덧붙여 준다. 영어와 소통 능력을 평가하기 위함이다 하더라도 매사의 답변은 항상 긍정적으로 해야 한다는 것을 명심하도록 한다.

**A1** My favorite singer is 가수 이름 who is a Korean R&B singer. I think she has the most beautiful voice in the world and she is very talented.

제가 제일 좋아하는 R&B 가수는 ○○○입니다. 그녀는 타고난 재능을 가졌고, 세계에서 가장 아름다운 목소리의 소유자라 생각합니다.

**A2** My favorite is O.S.T. music from movies or TV series. I think the best part of listening to O.S.T. is that I can enjoy the music and story at the same time.

제가 텔레비전이나 영화에서 가장 좋아하는 O.S.T 음악은…. O.S.T를 들을 때 가장 좋은 것은 음악과 이야기를 동시에 즐길 수 있다는 것입니다.

**A3** My favorite singer is 가수 이름. He/She is a Korean singer. I think he is not only a good singer but a great dancer. And, he/she is very popular among Korean fans because of his/her effort and hard work in the music industry.

제가 가장 좋아하는 가수는○○○입니다. 그는/그녀는 한국가수인데 노래도 잘하지만, 춤도 아주 잘 춰서 좋아합니다. 그 가수는 음반업계에서 많은 노력과 성과를 얻었기에 한국 팬들에게는 인기가 아주 좋습니다.

**You**

# 41. What programs do you usually watch on TV?

어떤 TV 프로를 좋아하나요?

**TIP**

마찬가지로, 언어능력이나 소통능력을 평가하는 것이니, 단답형으로 하지 말고 좋아하는 프로그램을 먼저 이야기해 주고 부연설명을 덧붙여 준다. 영어와 소통 능력을 평가하기 위함이다 하더라도 매사의 답변은 항상 긍정적으로 해야 한다는 것을 명심하도록 한다.

**A1** 코미디 프로그램 I don't watch TV much during weekdays, but on Sunday, I like the comedy show called 'Gag concert'. It's funny and makes me laugh.

저는 일요일을 제외하고는 주중에는 텔레비전을 그다지 보지 않습니다. 저는 개그콘서트라는 코미디 프로를 좋아합니다. 재미있고 웃을 수 있어서 좋습니다.

**A2** 스포츠 채널 I like sports and my favorite sport is basketball. I try to watch my favorite team's games as much as possible during KBL–Korean basketball league and sometimes I watch games on the ESPN.

저는 운동을 좋아하고 제가 제일 좋아하는 것은 농구입니다. 저는 한국 프로농구 리그 동안은 가능한 한 자주 제가 좋아하는 팀을 응원하기 위해서 텔레비전을 봅니다. 그리고 때때로는 ESPN에서도 경기를 봅니다.

→ Q: What is your favorite team?

제일 좋아하는 팀은?

Q: Who is your favorite player?

제일 좋아하는 선수는?

**A3** 미국, 영국 드라마 When I have free time at home, I like to watch American and English dramas as these days there are so many interesting series and they are good for my English listening skills and learning new vocabulary. It also helps me to understand about other cultures. These days, my favorite is 미국 드라마 제목.

저는 시간이 나면 집에서 미국이나 영국의 드라마를 보는 것을 좋아합니다. 요즘에 재미있는 시리즈가 많이 있는데, 그것들을 보면 제 영어 듣기 실력이 늘고 새로운 단어들도 배울 수 있어서 좋습니다. 또한, 제게 다른 문화를 이해하는 데 많은 도움이 되기도 합니다. 요즘에 제가 제일 좋아하는 미국 드라마는 ○○○입니다.

**You**

# 42. What are your current interests? What are you interested in recently?

최근의 관심사는 무엇인가요?

TIP

새롭게 배우는 것도 좋고 운동도 좋고 날씨 이야기도 좋으니, 무엇인가 흥미로운 이야깃거리를 생각해보도록 하자. 관심사만 fact 로 답변 하지 말고 관심을 가지게 된 계기나 배경에 대해 간단히 설명해 주어서 본인만의 답변으로 만들어 보도록 한다.

* 주의할 점 승무원 되는 것은 너무 많은 지원자가 얘기할 수 있고, 사실 약간 지루하게 들릴 수 있으니 피하는 것이 좋겠다.

A1 중국어 배우기 Recently, I've just started learning Chinese. because I met very nice Chinese friend at my university. She is from Shanghai and came to Korea as an exchange student. I go to a private academy twice a week and she is helping me as well. I think it's challenging but worth the time and effort once I grasp the new language.

최근에, 학교에서 좋은 중국인 친구를 사귀게 되어서 중국어 공부를 시작했습니다. 그 친구는 상하이 출신으로 한국에 교환학생으로 왔습니다. 일주일에 2번 학원에 가고 그 친구도 도와줍니다. 새로운 언어를 이해하기 위한 시간과 노력은 도전하기에 가치가 있다고 생각합니다.

A2 재즈댄스 배우기 I have always been interested in exercising. Recently, I took up jazz dance. It was a means to get some exercise and stay fit I love how one can express so much by the movement of the body and it's a great way to meet people.

저는 운동에 항상 관심이 있었습니다. 최근에 재즈댄스를 배우기 시작했습니다. 운동도 하고 몸매를 가꾸기 위해서입니다. 몸동작으로 많은 표현을 할 수 있다는 것이 매력이 있다고 생각합니다. 또한, 사람들을 만나는 좋은 방법이라고 생각합니다.

**You**

# 43. What is your favorite color? What color do you like the most?

제일 좋아하는 색이 무엇인가요?

**TIP**

마찬가지로, 언어능력이나 소통능력을 평가하는 것이니 단답형으로 하지 말고, 좋아하는 색깔 먼저 이야기해주고 부연설명을 덧붙여 준다. 영어와 소통 능력을 평가하기 위함이다 하더라도 매사의 답변은 항상 긍정적으로 해야 한다는 것을 명심하도록 한다.

**A1** **빨간색** I like the color red. People say that red is the color of passion and love. I love the color and its symbolization.

빨간색을 좋아합니다. 흔히 사람들은 빨강은 정열과 사랑의 색이라고 합니다. 저는 그 색을 좋아하는 상징하는 것도 좋아합니다.

**A2** **초록색** My favorite color is green. The color green always reminds me of beautiful, fresh, and healthy things. For example, green leaves, vegetables and valleys.

제가 가장 좋아하는 색은 초록입니다. 저에게 초록은 아름답고, 신선하고 건강한 것을 생각하게 합니다. 예를 들면, 초록 잎들이나 채소들, 그리고 계곡이 그러합니다.

**A3** **오렌지색** I love the color orange. The color orange looks especially beautiful before the moon, sun set or rise. It is a vibrant color. And my friends say that I look pretty on the color orange so today I am wearing this blouse.

저는 오렌지색을 좋아합니다. 오렌지색은 달이 뜨기 전에, 일몰이나 일출 때 특히 아름다운 색을 냅니다. 생기 있는 색이라 생각합니다. 그리고 친구들이 제가 오렌지색이 잘 받는다고 해서 오늘 이렇게 오렌지색 블라우스를 입고 왔습니다.

**A4** **노란색** My favorite is the color yellow. It is a color almost brighter in mood than white. I feel it is the color of life energy.

저는 노란색을 가장 좋아합니다. 노란색은 흰색보다 더 밝은 분위기를 냅니다. 저는 활력이 넘치는 색이라는 느낌이 들어 좋습니다.

**You**

# 44. What makes you happy?

무엇이 본인을 행복하게 만드나요?

**TIP**

평상시 나를 행복하게 만드는 것 외에 최근에 생긴 일이나 화젯거리로 나만의 이야기를 덧붙여 보자. 취미로 연결해서 행복하게 만드는 부분에 대해 조금 더 강조하여 답변을 준비해도 효과적이다. 면접관이 궁금한 것은 여러분의 생각이고, 어떻게 이야기를 풀어나가느냐 하는 소통의 능력을 평가하는 것이다. 행복에 관한 질문이니만큼 더 많이 웃으면서 답변하는 것이 더 효과적이다.

**A1** 좋은 친구, 가족, 조카 I am happy because I have a good family and good friends. I always feel elated/overjoyed when I have a meal and have a chat with them. Theses days especially, my 4-year-old niece makes me smile and brings me happiness. She is just adorable.

저는 훌륭한 가족과 좋은 친구가 있어서 행복하다고 생각합니다. 저는 그들과 함께 식사하고 이야기를 나눌 때 항상 기쁨이 넘친답니다. 요즘은 4살 난 제 조카 때문에 많이 웃고 더 행복하다고 느낀답니다. 그녀는 정말 너무 귀엽답니다.

**A2** 영화관람, 일 마치고 커피 한 잔 There are so many things that make me happy. I can be very happy with little things such as watching blockbusters in a cool cinema on hot summer days and having a cup of coffee with good company after long hours of work. Recently, many good movies are released and I love to go to the theatre with my friends. That makes me happy. I think I am very easy to please.

절 행복하게 하는 것들은 많이 있습니다. 더운 여름에 시원한 극장에서 블록버스터 영화를 본다든가 오랜 업무 후에 친구와 함께 커피를 마시는 것과 같이 작은 일에도 전 행복해질 수 있답니다. 최근에 재미있는 영화가 많이 개봉되어서 친구들과 함께 가서 보는 것을 좋아합니다. 절 행복하게 해줍니다. 저는 쉽게 행복해지는 사람이라고 생각합니다.

**A3** 좋은 날씨에 걷기 There are so many things that make me happy such as fine weather, nice people, good books and delicious food. Currently, I've decided to walk to my work place now that the weather is nice. The weather is beautiful and perfect for a walk.

좋은 날씨, 좋은 사람들, 좋은 책, 그리고 맛있는 음식들과 같이 저를 행복하게 해주는 것은 참 많습니다. 요즘에 저는 날씨가 좋을 땐 지금의 직장까지 걷기로 마음먹었습니다. 요즘 날씨는 걷기에 정말 아름답고 좋은 날씨랍니다.

A4 정원 가꾸기 These days watching my garden grow makes me really happy. My family has a small farm in the suburbs of Seoul and we mostly spend the weekends there. Gardening is my favorite spare time activity. I think it is not too much work but gives me great pleasure.

요즘에 저는 정원에서 식물들이 자라는 것을 보면 행복해집니다. 우리 가족은 교외에 조그만 텃밭이 있어서 주말에는 대부분 그곳에서 시간을 보냅니다. 원예는 제가 가장 좋아하는 취미생활입니다. 제 생각에 원예는 하는 일에 비해 즐거움 크다고 생각합니다.

**You**

# 45. Do you have any special ability / skill / talent / specialty / long suit?

특기가 무엇인가요?

**TIP**

특기를 질문하는 목적은 당연히 지원자들이 잘하는 것이 무엇인지 직접적으로 알 수 있는 가장 빠른 방법이기도 하다. 또한, 지원자 자신이 얼마나 자신 있게 어필 할 수 있는지도 평가할 수 있는, 면접관들이 자주 물어보는 질문이다.

특기에 대해 얘기할 때는 무엇을 잘하는지 먼저 얘기해주고, 그 뒤에 부연설명으로 얼마나 잘하는지에 대해 정도를 이야기해주면 듣기 좋을 것이다. 예를 들면, 태권도를 잘한다면 몇 단인지, 몇 년 동안 배웠는지 등등이 좋은 예가 될 수 있다. 특기 설명에 자격증이나 공인된 점수가 있다면 덧붙여서 얘기하는 것도 면접관이 여러분의 실력을 이해하는 방법이 될 수 있다. 잘하는 것에 대한 답변인 만큼 더욱더 자신 있게 얘기해보자. 승무원이란 직업과 관련되거나 유용한 특기라면 더 효과적이다. 특기에 관해 이야기하고 부연설명으로는 얼마큼 잘할 수 있는지 설명을 덧붙인다. 특히, 영어 외에 또 다른 언어 구사능력은 큰 장점이 될 수 있다. 더 많은 skill은 Chapter 7. Personality의 'strength' 참고.

항공사 채용 시에 특기 우대라는 조건을 공고할 때도 있다. 예를 들어, 중국어 가능자 우대, 휴대 가능한 악기 연주자 우대, 어린이 잘 다룰 수 있는 자 우대 등. 이럴 때는 본인이 가지고 있는 능력이 있다면 당연히 언급하는 것이 좋다.

---

*** 주의할 점** 특기가 있는가 하는 질문에 특별한 것 없다고 단정적으로 답변하는 것은 대화의 흐름을 깰 수 있다. 특별한 것이 없다고 하더라도 조금이라도 관심 있고 잘하는 것에 대해서 대화를 이어갈 수 있도록 몇 문장 더 얘기해주는 것도 부드럽게 들릴 수 있다.

**A1** 수영 I think I am very good at swimming. I've been swimming since I was young and I can swim about 1km without break. And because of this I have an excellent health condition.

저는 수영을 잘한다고 생각합니다. 어릴 때부터 수영해 왔고, 1킬로미터 정도는 쉬지 않고 할 수 있습니다. 그리고 수영 덕분에 훌륭한 건강 상태를 가지고 있습니다.

**A2** 언어능력 My linguistic capabilities are my strengths. I am fluent in English, Chinese and my mother tongue, Korean. I have good command of both spoken and written skills.

저의 언어능력은 탁월하다고 생각합니다. 저는 영어와 중국어가 유창하고 저의 모국어는 한국어입니다. 저는 구술과 서술에 능숙합니다.

→ Q: How well can you speak Chinese?

중국어 얼마나 잘하나요?

A: I can communicate in Chinese without any difficulties. I studied in Shanghai for 1 year as an exchange student. My Chinese is as good as my English.
저는 어떤 어려움 없이 중국어로 대화가 가능합니다. 저는 교환학생으로 1년 동안 상해에서 공부하였습니다. 저는 영어만큼 중국어도 잘합니다.

A3 **언어 능력** Well, I can say that my language skills are my strengths. I speak English and Chinese. I've been studying English for more than 6 years and I am majoring in English at a university at the moment. Plus, I can make myself understood in Chinese without difficulties. My Chinese is as good as my English.

언어는 저의 강점이라고 생각합니다. 저는 중국어와 영어를 할 수 있습니다. 저는 현재 대학에서 영어를 전공하고 있고 6년간 영어공부를 하고 있습니다. 또한, 중국어로도 어려움 없이 소통할 수 있습니다. 저는 중국어를 영어만큼 잘할 수 있습니다.

A4 **중국어** I can speak Chinese(fluently/very well). I majored in Chinese at university and studied in China for two year as an exchange student. I can communicate in Chinese without any difficulties.

저는 중국어를 (유창하게/잘)할 수 있습니다. 저는 대학에서 중국어를 전공했고, 교환학생으로 중국에서 2년간 공부했습니다. 저는 중국어로 어려움 없이 소통할 수 있습니다.

A5 **일본어** I am fluent in written and spoken Japanese. I majored in Japanese and Japanese Literature at college and had studied in Japan for 2years. I also acquired 1st level of the JLPT which is short for Japanese Language Proficiency Test. In fact, my Japanese is better than my English.

저는 일본어를 구술과 서술에 능하게 할 수 있습니다. 저는 대학에서 일어일문학과를 전공했고, 일본에서 2년간 공부를 했습니다. 저는 또한 일본어 능력 평가인 JLPT 1급 자격을 소지하고 있습니다. 사실은 저는 영어보다 일어를 더 잘합니다.

**| 마무리하기 유용한 표현 |**

- **영어와 중국어의 실력이 비슷한 경우**– My Chinese is as good as my English.
- **중국어를 영어보다 잘할 경우**– My Chinese is better than my English.
- **중국어를 영어보다 훨씬 더 잘할 경우** My Chinese is a lot better than my English.
- **기본적인 실력인 경우** I can speak basic Chinese.

A6 **시간 엄수** Punctuality is one of my strengths. I normally prefer to be on time. During my college days also, I have never been late or absent for my classes and I used to get good assessment from my professors for this quality.

시간을 잘 지키는 것이 저의 강점입니다. 저는 정확한 시간을 좋아합니다. 대학 시절에 저는 수업에 늦거나 결석한 적이 한 번도 없습니다. 그래서 교수님들로부터 좋은 평가를 받았습니다.

**A7** 리더십 I believe I have good leadership skills. During my university days, I had great opportunities to lead many team projects. Due to the great team work we had excellent results from our projects. My team mates complemented that I was fair and easy to work with.

저는 뛰어난 리더십을 가지고 있다고 생각합니다. 대학 시절에 저는 많은 팀 프로젝트를 이끌어야 하는 좋은 기회를 가졌습니다. 팀워크를 훌륭히 수행했기에 우리는 프로젝트에서 괄목할 만한 결과를 얻었습니다. 팀원들은 제가 공정하고 함께 하기에 편한 사람이라고 저를 칭찬해 주었습니다.

**A8** 남의 말을 잘 들어주는 사람 I think I am a good listener. I am the kind of person who is inclined to accept, understand or tolerate rather than to criticize and judge people. I believe sometimes just listening to people is very helpful to them even though I don't have a good advice to offer. I think that's why people find me very easy and comfortable to talk to.

저는 남의 말을 잘 들어주는 사람이라고 생각합니다. 저는 사람을 비판이나 판단하기보다는 수용하고 이해하고 또는 관대한 경향이 있는 사람입니다. 제가 좋은 충고를 굳이 하지 않아도 단지 들어주는 것만으로도 때로는 사람들에게 큰 도움이 될 수 있다고 생각합니다. 그래서 사람들이 이야기상대로 저를 편하게 찾고 대한다고 생각합니다.

**A9** 의사소통 능력 I think one of my specialties is my communication skills. Working in the customer service field more than 3 years really helped me build up better communication and interpersonal skills. I work very well with all kinds of people and understand that everyone has different views and opinions about work or other things. I always bear this in mind and try to communicate with people with positive supports.

저의 특기 중의 하나는 의사소통 능력이라고 생각합니다. 3년 넘게 고객 서비스 분야에서 일한 경험은 대인관계기술과 소통을 잘할 수 있도록 저에게 많은 도움이 되었습니다. 저는 다른 사람들과 어울려 일하는 것에 능하고 누구든 업무나 다른 일에 각각 다른 시각과 의견의 있다는 것을 잘 이해하고 있습니다. 저는 이 점을 항상 명심하고 긍정적인 지원으로 사람들과 소통하려고 노력하고 있습니다.

**A10** 단체 작업을 잘하는 I think I am a great team player. I have an ability to work effectively in a team, communicate positively with co-workers and contribute to the team goals. I mostly worked in a team at my previous job and my co-workers liked working with me. I believe that it makes work easier when I have a good relationship with my co-workers.

저는 훌륭한 팀플레이어라고 생각합니다. 저는 팀에서 효과적으로 일을 수행하는 능력을 가졌고, 동료들과 긍정적으로 소통하며, 팀의 목표를 위해 헌신을 다합니다. 저는 전 직장에서 대부분 팀에서 함께 일을 하였으며, 저의 동료들은 저와 함께 일하는 것을 매우 즐거워하였습니다. 저는 동료들과 좋은 관계를 가질 때 일하는 것이 더 쉬워질 수 있다고 생각합니다.

**A11** 고객 서비스 기술 I think I have good customer skills. Working in the customer service field more than 3 years really helped me build up communication skills. Definitely, my customer service experience gives me a clear competitive advantage to become cabin crew. Since I will be working in front of passengers offering service and assisting them I understand that I will always be representing the company. I feel very confident in giving a positive vibe to passengers.

저는 고객 서비스 기술이 뛰어나다고 생각합니다. 3년 넘게 고객 서비스 분야에서 일한 경험은 소통을 잘할 수 있도록 저에게 많은 도움이 되었습니다. 특히, 이 경험은 승무원이 되는데 확실히 경쟁력 있는 이점을 저에게 준다고 생각합니다. 직접 승객들에게 앞에서 서비스하고 도와주는 일을 하기에 저는 항상 회사를 대표한다는 것을 잘 알고 있습니다. 손님들에게 편안한 느낌을 드릴 수 있다고 자신할 수 있습니다.

→ Q: How can you produce a positive vibe to your passengers?
어떻게 승객들을 위해 긍정적인 분위기를 만들건가요?

(더 많은 답변 Chapter 13. the Job of Cabin Crew 참고)

A: I will always respond to my passengers in a warm, friendly and professional manner. I will provide what they need without delay and I will always try to meet their expectations with a courtesy and positiveness

저는 항상 따듯하고 친절하며 프로다운 태도로 승객들에게 대할 것입니다. 지체 없이 필요한 것을 제공해 드릴 것이며, 공손하고 긍정적으로 승객의 기대에 부응하도록 항상 노력할 것입니다.

**You**

# 46. How many languages can you speak? What foreign language can you speak?

몇 개 국어 할 줄 아나요?

TIP

외국 항공사의 기본은 영어이다. 영어만 한다고 해서 기죽지 말고 답변하도록 한다. 하지만 지금 배우고 있는 것이나 기본만 할 수 있더라도 이야기해 주는 것이 좋다.

A1 I can only speak Korean and English. But I am willing to learn another language.

저는 한국어와 영어만 할 수 있습니다. 하지만 다른 언어도 기꺼이 배우고 싶습니다.

A2 I can speak English well and I speak a little Chinese. I majored in Chinese at university.

저는 유창한 영어를 구사할 수 있고 중국어도 조금 할 수 있습니다. 저는 대학에서 중국어를 전공했습니다.

A3 I can speak English and Japanese fluently. I don't have any problems expressing myself and understanding others both in English and Japanese.

저는 영어와 일어를 유창히 할 수 있습니다. 표현하는 데 아무 문제가 없으며, 영어와 일어로 다른 사람들과 소통할 수 있습니다.

A4 Besides English and Korean I speak a little bit of French. These days I am attending an institute to improve my oral French.

영어와 한국어 외에 불어도 조금 할 수 있습니다. 요즘에는 저의 불어 구사를 위해서 학원에 다니고 있습니다.

A5 I speak Japanese because I had lived in Japan for 3 years when I was a child. Now in Korea I still practice at home so I won't forget.

저는 어렸을 때 일본에서 3년 동안 살아서 일어를 할 수 있습니다. 지금은 한국에 살고 있어서 잊어버리지 않으려고 집에서 연습을 합니다.

You

# 47. Where did you study English?

영어공부 어떻게 했나요?

**TIP**

영어를 잘하는 지원자에게 질문할 확률이 높다. 적극적으로 공부한 방법에 대해서 답변해 주도록 한다. 다음 답변 샘플들 중 해당하는 것을 조합해서 만들어 본다.

1 **대학교 영어수업** I took English class at university.

대학에서 영어수업을 수강했습니다.

2 **전공** I majored in English at university.

대학에서 영어를 전공했습니다.

3 **영어 학원** I attended an English language institute and studied for 2 hours daily.

영어학원에 다녔고, 하루에 2시간씩 공부를 하였습니다.

4 **영어 학원** I attended a private academy. I have had chances to talk to native English teachers and it has been very helpful to improve my speaking and listening skills.

저는 영어학원에 다녔습니다. 원어민 선생님과 대화할 기회가 많이 있어서 말하기와 듣기에 많은 도움이 되었습니다.

5 **스터디 그룹** I am participating in a study group every weekend. I think practicing and speaking frequently are the best way for me to improve my English orally.

저는 매주 주말에 스터디 그룹에서 연습을 하였습니다. 저는 영어구사 향상을 위하여 자주 말하고 연습하는 것이 가장 좋은 방법이라고 생각합니다.

6 **어학연수** I went to Australia to improve my speaking ability. I finished a six month course there. I enjoyed learning English and their culture. The most interesting thing was that I could meet many people from different countries.

저는 영어 능력향상을 위하여 호주에 연수를 다녀왔습니다. 저는 거기서 6개월 코스를 마쳤습니다. 저는 영어와 문화를 배우는 것이 즐거웠습니다. 제일 좋았던 것은 여러 나라에서 온 많은 사람을 만날 수 있었던 것입니다.

## 〈Sample Answers〉

**A1** I took English class at university and I attended a private academy. I have had chances to talk to native English teachers and it has been very helpful to improve my speaking and listening skills.

대학에서 영어 수강을 했고, 학원도 다녔습니다. 원어민 선생님과 대화할 기회가 많이 있어서 말하기와 듣기에 많은 도움이 되었습니다.

**A2** I majored in English at university and I went to Australia to improve my speaking ability. I finished a six month course there. I enjoyed learning English and their culture. The most interesting thing was that I could meet many people from different countries.

대학에서 영어를 전공했고 영어구사 향상을 위하여 호주에 연수를 다녀왔습니다. 저는 거기서 6개월 코스를 마쳤습니다. 저는 영어와 문화를 배우는 것이 즐거웠습니다. 제일 좋았던 건 여러 나라에서 온 많은 사람을 만날 수 있었던 것입니다.

**A3** I attended an English language institute and studied for 2 hours every day. I am also participating in a study group every weekend. I think practicing and speaking frequently are the best way for me to improve my English.

저는 영어학원에 다녔고 하루에 2시간씩 공부를 하였습니다. 저는 또한 매주 주말에 스터디 그룹에서 연습을 하였습니다. 저는 영어구사 향상을 위하여 자주 말하고 연습하는 것이 가장 좋은 방법이라고 생각합니다.

**You**

# 48. Can you read English novels?

영어 소설 읽을 수 있나요?

TIP

영어 실력의 정도를 평가하기 위해 외국 항공사 최종면접에서 질문한 적이 있다. 전혀 이해를 못 한다는 답변만 하지 않으면 괜찮을 것이다.

A I enjoy reading novels and essays because it is a useful way to improve my English. However, I have to consult a dictionary from time to time.

저는 영어를 향상시키기에 유용한 방법이라서 영어 소설과 에세이 읽는 것을 좋아합니다. 하지만 가끔은 사전의 도움이 필요하기도 합니다.

**You**

# 49. What do you think of your English?

본인의 영어실력에 대해 어떻게 생각하나요?

**TIP**

영어를 유창하게 잘해야만 승무원 면접에 합격하는 것은 아니다. 하지만 기내에서 영어로 외국인 승객과 동료와의 의사소통에 문제없다는 것을 면접관이 인식할 수 있도록 답변해야 한다. 국내 항공사 경우는 A1 답변도 무난하겠지만, 외국 항공사는 적어도 A2나 A3번 정도로 답변하길 권한다.

A1 For now, I don't think I am excellent in English but I am trying hard to improve my English skills every day. I am confident that I will be much better soon.

지금은 저는 저의 영어가 훌륭하다고 생각하진 않습니다만 매일 영어실력 향상을 위해 열심히 하고 있습니다. 조만간 제 실력이 더 좋아질 거라고 자신합니다.

A2 I think there is no big difficulty for me to understand and communicate in English. And I am continuously studying hard to improve my English skills every day.

저는 영어로 이해하고 의사소통하는 데 큰 어려움이 없다고 생각합니다. 그리고 영어실력 향상을 위해 꾸준히 노력하고 있습니다.

A3 I think I am quite fluent in English. I got a score of 800 on the TOEIC and I studied English conversation at a school in L.A for one year.

저는 영어를 꽤 유창히 한다고 생각합니다. 토익 800점을 받았고, LA에서 일 년 동안 영어회화 공부를 하였습니다.

You

# 50. Do you have any special qualification, license or Certificate?

자격증이나 수료증 있나요?

TIP

승무원 직무에 도움이 될 만한 자격증뿐 아니라 현재 보유하고 있는 자격증을 알려 주도록 한다. 하지만 꼬리 질문이 왔을 때 답변할 수 있는 내용으로 준비하도록 한다.

**A1** 운전 면허증 Yes, I have a driver's license. I obtained it last year.

네, 저는 운전면허증이 있습니다. 저는 작년에 면허를 받았습니다.

**A2** 교사 자격증 Yes, I have a teacher's license. I majored in education.

네, 저는 교사자격증을 가지고 있습니다. 저는 교육학을 전공했습니다.

**A3** 요가, 밸리댄스 자격증 I have a teacher of yoga and belly dance license. And currently, I am working as a part time yoga instructor.

저는 요가와 발리댄스 교사 자격증을 가지고 있습니다. 그리고 최근에 요가 시간강사로 일하고 있습니다.

**A4** 태권도 Yes, I acquired the 2nd level of Taekwondo. I've taken it for about 10 years when I was a child.

네, 저는 태권도 2단 보유자입니다. 저는 어렸을 때부터 10년 동안 태권도를 해왔습니다.

**A5** 컴퓨터 관련 자격증 Yes, I have computer related licenses. I acquired the certificate of qualification for the 1st level of Word Processor and Information Processing. And, I have a CRS license.

네, 저는 컴퓨터 자격증을 가지고 있습니다. 저는 워드 프로세스와 정보처리사 1급 자격증을 가지고 있습니다. 그리고 CRS 자격증도 가지고 있습니다.

**A6** 영어 어학연수 수료증 Yes, I have an English Language Institute certificate. I finished a year language course successfully at University of Texas.

네, 저는 영어 수료증을 가지고 있습니다. 저는 텍사스 대학에서 1년 동안 성공리에 영어 어학코스를 마쳤습니다.

**A7** 일본어 시험 JLPT Yes, I acquired the 1st level of JLPT which is short for Japanese Language Proficiency Test. I majored in Japanese Language at university. Actually, my Japanese is better than my English.

네, 저는 일어 능력 시험인 JLPT 1급 자격증이 있습니다. 저는 대학에서 일어를 전공했습니다. 사실 저는 영어보다 일어를 더 잘합니다.

**A8** 응급구조대원 자격증 Yes, I got a CPR(cardiopulmonary resuscitation) license as a life guard from the Korean Red Cross. I took a course because I wanted to learn something that can be helpful to become a cabin crew.

네, 저는 한국적십자에서 인명구조원으로서의 자격증인 CPR 자격증을 취득 했습니다. 저는 제가 승무원이 되는 데 도움이 될 수 있는 것을 하기를 원해서 이 교육을 들었습니다.

**You**

승무원 영어면접 Answer

# Chapter 4

# Health care

## 건강관리

Chapter. 4

# 04 Health care

건강관리

## Questions

**51.** What do you do to stay healthy / How do you keep yourself in good physical condition?

건강관리를 어떻게 하나요?

**52.** Tell me about your eating habits. Tell me how you eat.

식습관에 대해 얘기해주세요.

**53.** Do you exercise/Do you work out/Do you like to play sports/What is your exercise routine?

운동 하나요?/ 어떤 운동을 제일 좋아하나요?

**54.** How do you manage stress in your daily work?

직장에서 오는 스트레스 해소는 어떻게 하나요?

**55.** How do you release your stress/How do you cope with stress?

스트레스 해소 어떻게 하나요?

**56.** Do you handle pressure well?

중압감을 잘 견딜 수 있나요?

**57.** After a difficult day, how do you handle stress?

힘든 일과 후 스트레스 해소는 어떻게 하나요?

**58.** Can you swim/Are you a good swimmer/How far can you swim?

수영할 줄 아나요?

**59.** How often do you go swimming/skiing/bowling···Etc?

얼마나 자주 수영/스키/볼링 하나요?

**60.** Are you athletic?

운동 잘하세요?

**61.** Do you like to watch sports/What kind of sports do you like to watch?

운동경기 관람 좋아하나요?

# 51. What do you do to stay healthy? How do you keep yourself in good physical condition?

건강관리를 어떻게 하나요?

**TIP**

승무원이라는 직업은 신체 건강 또한 아주 중요한 자질이다. 일하면서도 꾸준히 체력 관리와 자기 관리를 필요로 하는 일이니만큼 답변에서 지원자 여러분이 관심을 가지고 관리한다는 이미지를 심어 주어야 좋은 점수를 받을 수 있을 것이다.
건강관리에 대해 질문하는 내용도 다양할 수 있으니 잘 듣고 포인트를 맞추어서 답변해보자. 건강관리에 대한 여러분만의 방법을 다음에 있는 많은 예문 중에서 해당 사항들을 참고해서 만들어 본다. 취미가 운동인 경우 비슷한 답변이 될 수 있겠지만, 이 질문의 포인트인 건강관리를 다시 한 번 언급해 주도록 한다. 그리고 만약 전공이 체육이나 건강보건 쪽이라면 조금 더 연결해주어도 좋을 것이다.

**A1** I always try to stay positive, eat healthy and rest as much as I can. And, I go for jogging for about an hour every morning before breakfast. I think it really keeps me in good condition.

저는 항상 긍정적이고, 건강한 음식을 섭취하고 할 수 있는 한 많이 쉬려고 노력합니다. 그리고 매일 아침 식사 전 한 시간 정도 조깅을 합니다. 저는 이것이 좋은 컨디션을 유지하는 데 참 좋다고 생각합니다.

**A2** Well, I try to keep healthy by eating well and exercising regularly. I do yoga and swim at least three times a week. And I think staying positive and trying not to have stress is important as well.

글쎄요, 저는 잘 먹고 규칙적으로 운동하면서 건강을 유지하기 위해 노력합니다. 저는 일주일에 최소한 세 번은 요가와 수영을 합니다. 그리고 긍정적으로 생각하고 스트레스를 안 받으려고 노력하는 것이 또한 중요하다고 생각합니다.

**A3** I think eating nutritious food and exercising regularly helps me stay healthy. I try to eat various fruits, fresh vegetables, and fish. And, I take a walk for about half an hour after dinner with my dog every evening.

영양가 있는 음식을 먹고 규칙적으로 운동하는 것이 건강할 수 있는 방법이라고 생각합니다. 저는 다양한 과일과 신선한 채소 그리고 생선을 먹으려고 노력합니다. 그리고 저는 매일 저녁 저녁 식사 후에 강아지와 함께 30분 정도 산책을 합니다.

**A4** I am very interested in health care. I think that the two main elements in a healthy lifestyle are diet and exercise. I try to eat food with lower calories such as fresh vegetables and fruits and I try to cut down on fats and carbohydrates. Plus, I take vitamin supplements.

저는 건강관리에 매우 관심이 많이 있습니다. 건강한 생활에서 두 가지 주요 요인은 음식조절과 운동이라고 생각합니다. 저는 신선한 채소와 과일과 같은 저열량 음식을 먹으려고 노력하고 지방과 탄수화물의 섭취를 줄이려고 노력합니다. 거기다가 비타민 보충제를 복용합니다.

**A5** I think a balanced diet and an active life help me stay healthy. I try to eat various fruits, fresh vegetables, and fish(instead of red meats). I go to the gym and work out for 2 hours almost every day. That's why I always have a lot of energy.

균형 잡힌 식사와 활력 있는 생활이 저를 건강하게 유지해 준다고 생각합니다. 저는 다양한 과일과 신선한 채소, 그리고 고기 대신 생선을 먹으려고 노력합니다. 거의 매일 두 시간 동안 헬스를 합니다. 그래서 제가 항상 활기찬 것 같습니다.

**A6** Whenever I have spare time, I go swimming at least twice a week and I do yoga at home for about an hour everyday. I also try to have enough sleep because I understand that good sleep restores energy to the tired body. These are the ways that I say healthy. Not only that, but I have a regular medical checkup every year. I always believe that prevention is better than a cure.

시간이 날 때마다, 일주일에 최소한 두 번은 수영하고, 매일 집에서 한 시간 정도 요가를 합니다. 또한, 숙면은 지친 몸을 회복시키는 데 좋다고 생각해서 충분히 자려고 노력합니다. 이것이 제가 건강을 유지하는 최고의 방법입니다. 그뿐만 아니라, 저는 매년 정기검진을 합니다. 저는 치료보다 예방이라는 말을 항상 믿습니다.

**You**

# 52. Tell me about your eating habits. Tell me how you eat.

식습관에 관해 얘기해주세요.

**TIP**

먹거리가 우리 몸에 얼마나 많은 영향을 주는지는 누구나 알고 있을 것이다. 건강을 위한 자기 관리를 보여줄 수 있도록 답변하도록 한다. 다음 답변을 참고하고, 마지막 문장으로 외국인 면접관이 흥미를 가지고 들을 만한 본인들만의 한국적인 건강 비결 음식 하나 덧붙여 줘도 흥미로운 답변이 될 수 있을 것이다. 예를 들어, 아침마다 갈아서 마시는 녹즙, 물 대신 마시는 홍삼 달인 물, 텃밭에서 길러서 먹는 채소 등등. 그리고 만약 전공이 음식 관련이나 건강보건 쪽이라면 조금 더 연결해주어도 좋을 것이다.

**A1** I mostly eat healthy food, a lot of fruits, vegetables, and fish. I try not to eat too much junk food like hamburgers or instant food. I also drink a lot of water to restore moisture to my skin and body.

저는 대체로 건강한 음식과 많은 과일, 채소, 생선을 먹습니다. 저는 햄버거나 즉석요리와 같은 군것질은 먹지 않으려고 노력합니다. 저는 또한 피부와 몸에 충분한 수분을 주기 위해서 많은 물을 마십니다.

---

**A2** I am very interested in health care especially diet. I try to eat lower calorie and healthier food such as many different types of fresh vegetables and fruits of all sorts of colors. And I try to cut down on fats and carbohydrates.

저는 건강관리 특히 다이어트에 매우 관심이 많이 있습니다. 저는 다양한 종류의 신선한 채소와 여러 가지 색의 과일과 같이 건강하고 저열량 음식을 먹으려고 노력합니다. 지방과 탄수화물의 섭취를 줄이려고 노력합니다.

**You**

# 53. Do you exercise? Do you work out? Do you like to play sports? What is your exercise routine?

운동 하나요?/ 어떤 운동을 제일 좋아하나요?

**TIP**

운동이 식습관과 더불어 건강관리에 얼마나 중요한지는 우리는 아주 잘 알고 있다. 운동을 잘하고 못 하는 것의 문제가 아니라, 적극적으로 자기관리를 하고 있는지를 알고 싶어하는 것이다. 승무원이라는 직업이 꼭 운동을 해야 하는 것은 아니지만, 건강하고 활기찬 사람처럼 보일 수 있도록 자주 하는 운동이든 가끔 하는 운동이든 답변하여 대화를 이어 갈 수 있도록 한다. 현재 아무 운동도 하고 있지 않은데 면접관에게 거짓말은 하고 싶지 않다면 오늘부터라도 동네 한 바퀴 산책해 보도록 한다.

**A1** 요가 Yes, I do. I mostly do yoga at home before I go to bed. I like doing yoga because it helps my body become more flexible and keeps it in good shape.

네, 있습니다. 저는 집에서 잠들기 전에 요가를 합니다. 요가가 유연성을 길러주고 몸매관리에 좋아서 요가를 좋아합니다.

**A2** 수영, 배드민턴 I go swimming at least three times a week and sometimes I play badminton with my mother at the park near my home. It gives me a chance to be healthier and enjoy quality time with my mother.

저는 최소한 일주일에 세 번을 수영을 합니다. 그리고 때론 집 근처에서 엄마와 함께 배드민턴을 합니다. 저를 더 건강하게 만들어주고 엄마와 함께 좋은 시간을 보낼 수 있어서 좋아합니다.

**A3** 테니스, 조깅 I love all kinds of sports like tennis, jogging and mountain climbing. I play tennis every weekend with my father and I jog every morning for half an hour. This helps me have a stronger heart and uplifting energy.

저는 테니스나 조깅, 등산과 같은 모든 스포츠를 좋아합니다. 저는 매주 아빠와 함께 테니스를 하고, 매일 아침 30분 정도 조깅을 합니다. 이는 저의 심장을 더 튼튼하게 해주고 활력을 주는 데 도움이 됩니다.

**A4** 등산 I go hiking with my family at least once a week for our health and bonding time. I think health always comes first and I take care of my health by doing regular exercise. Last weekend, we climbed Dobong mountain near my house and we had a great time.

## 건강관리

저는 일주일에 최소한 한번은 건강과 유대관계를 위하여 가족과 함께 등산합니다. 건강이 최우선이라고 생각하고 규칙적으로 운동함으로써 건강을 돌봅니다. 지난 주말에, 우리 가족은 집 근처의 도봉산을 등반했고 정말 좋은 시간을 보냈습니다.

**You**

# 54. How do you manage stress in your daily work?

직장에서 오는 스트레스 해소는 어떻게 해소 하나요?

TIP

현재 직장이나 학교에서 과제나 업무로 인한 스트레스 해소 방법을 묻는 질문이다. 승무원의 업무가 육체적으로나 정신적으로나 굉장히 힘든 일이기 때문에 건강관리나 스트레스 해소 방법에 대한 질문들을 자주 받을 수 있다. 스트레스 해소 방법은 다음 예문들과 같이 건강한 방법으로 이야기해준다. 이 질문의 답변 샘플 두 개 외에 직장을 마친 후 스트레스 해소하는 방법을 얘기하고 싶다면 55번 질문의 답변 샘플을 참고하도록 한다.

* 주의할 점 건강하게 들리지 않는 방법은 피하는 것이 좋다. 물론 효과가 좋을 수 있겠지만, 술을 마신다거나(술 좋아해서 많이 마시고 비행 못 갈 것 같은…), 운다(무언가 문제가 있을 것 같은…), 쇼핑을 한다(사치스러울 것 같은…)는 답변은 면접관에게 긍정적으로 들리지 않을 수 있으니, 솔직한 답변이더라도 항상 주의한다.

A1 점심시간 이용 I try to get out for lunch and spend some time to clear my head. I also have a personal rule that I don't react to a problem until I feel calm about it.

저는 외부에서 점심 식사를 하며 머리를 식히는 시간을 가지려고 합니다. 저는 또한 저만의 개인 규칙이 있는데 제가 평온해질 때까지 문제에 반응하지 않으려 합니다.

A2 커피 브레이크 When I feel stressed, I practice taking long and deep breaths. This really helps me to calm and relaxed. And, taking a few minutes for a coffee or tea break from my work is very effective for me.

저는 스트레스를 받으면, 깊고 긴 호흡을 합니다. 이것은 제가 평온하고 편안해지는 데 도움을 줍니다. 그리고 몇 분간의 커피나 티타임을 갖는 것은 저에게 매우 효과적입니다.

You

# 55. How do you release your stress? How do you cope with stress?

스트레스 해소 어떻게 하나요?

**TIP**

취미로 연결해 주어도 효과적인 답변이 될 수 있다. 하지만 이 질문의 포인트는 스트레스를 어떻게 해소하느냐는 방법에 대한 질문이니 포인트를 맞추어서 답변하도록 한다. 마지막 문장으로 "It always makes me feel better."를 넣어주면 스트레스가 쉽게 풀릴 수 있는 것처럼 긍정적으로 들릴 수 있다.

**A1** 운동 For me exercising is the best way to renew/refresh myself. I like going to the gym and working out. I think it's a great stress reducer.

저의 경우에는 운동이 기분전환에 가장 효과적인 방법입니다. 체육관에 가서 운동하는 것을 좋아합니다. 운동은 스트레스 억제하는데 훌륭한 방법이라고 생각합니다.

**A2** 음악 듣기 For me, music works really well. I really like to just lay down and relax, turn on my music and just listen to the beat. That is something that always helps me relax.

저에게는 음악이 정말로 효과적입니다. 저는 그냥 누워서 쉬면서 음악을 듣는 것을 정말로 좋아합니다. 이것이 제가 항상 느긋이 쉬는 데 도움을 주는 것입니다.

**A3** 친구들과 시간 보내기 For me, spending time with my friends is the best way. We love to do many things together, chat, eat, and listen to music. It always makes me feel better.

저에게는 친구와 함께 시간을 보내는 것이 제일 좋은 방법입니다. 우리는 함께 수다 떨고, 먹고, 음악 듣는 것을 좋아합니다. 이것은 저의 기분을 항상 좋게 해줍니다.

**A4** 향초 켜고 목욕하기, 차 마시기 For me, lighting up some scented candles, playing soft music and taking a hot bath are great ways to relax after a hard day. Drinking hot herb tea is also one of my own ways to relax and empty my mind.

저는 향초를 켜고 음악을 틀고, 목욕을 하는 것이 힘든 하루 뒤에 휴식을 취하는 가장 좋은 방법입니다. 따뜻한 허브차를 마시는 것도 편안해지고 마음을 비우는 좋은 방법입니다.

**A5** 여러 가지 방법; 심호흡, 달리기, 음악 감상, 피아노 연주 In fact, there are many wonderful ways for me to relax. A few of my favorites are meditating, going for a run at the park, listening to music and playing the piano. Even doing just one of my favorite activities works all the time.

사실 저에게 편안해지는 데는 많은 방법이 있습니다. 그중 제가 좋아하는 것은 명상, 공원에서 달리기, 음악 감상, 피아노 치는 것입니다. 심지어 이중 하나만 해도 스트레스가 해소된답니다.

A6 요가, 명상 For me, Yoga, as many people probably already know, is a great way to relieve stress because of it's emphasis on breathing. Breathing deeply even just three to five minutes is very helpful to relax and soothe tense or tired muscle. Recently, I'm into meditation and I think it is a great way to relax.

많은 사람들이 알고 있듯이 호흡을 강조하기 때문에 요가가 스트레스를 해소하는 데 좋습니다. 단지, 3분에서 5분 정도만 숨을 깊게 쉬는 것만으로도 편안해지는 데 매우 도움이 되고, 지친 근육이나 긴장을 완화하는 데 도움이 됩니다. 최근에 저는 명상에 빠져있고, 이는 스트레스 해소하는 데 아주 좋은 방법이라고 생각합니다.

A7 명상 These days I am very much into yoga. Mediation especially is the best method to freshen up my mind and relaxes me. I often meditate in the morning or evening. It's very helpful when I do it the right way, which is to take 20~40 minutes a day. It's very refreshing.

저는 요즘에 요가에 빠져있습니다. 특히, 명상은 마음을 환기시키고 나를 평온해지게 하는 데 정말로 좋은 방법입니다. 저는 주로 아침과 저녁에 명상을 합니다. 제대로 하면 정말 도움이 많이 되는데, 하루에 20~40분 정도 소요됩니다. 명상을 하면 정말 상쾌해집니다.

A8 규칙적인 운동, 숙면 Well, I understand that stress is not a good thing. Stress leaves people feeling emotionally and physically drained. For me, regular exercise and good sleep are very helpful to relieve my stress.

스트레스는 좋은 것이 아니라는 걸 알고 있습니다. 스트레스는 사람들을 정신적이든 육체적이든 기운 빠지게 합니다. 규칙적인 운동과 숙면은 제가 스트레스를 해결하는데 많은 도움을 줍니다.

A9 좋은 스트레스와 나쁜 스트레스 균형 만들기 I think the appropriate way to deal with stress is to make sure I have the correct balance between good stress and bad stress. I need good stress to stay motivated and productive. To relax from bad stress, I like to take a walk in the park. It always makes me feel better.

저는 스트레스를 다루는 적절한 방법은 좋은 스트레스와 나쁜 스트레스의 올바른 균형을 확실하게 하는 것이라고 생각합니다. 저는 동기부여와 생산적인 상태를 유지하기 위해서는 좋은 스트레스가 필요하다고 생각합니다. 나쁜 스트레스를 해소하기 위해서, 저는 공원을 산책하는 것을 좋아합니다. 항상 기분이 좋아집니다.

You

# 56. Do you handle pressure well?

중압감을 잘 견딜 수 있나요?

**TIP**

기내에서 서비스를 하다 보면 예상치 못한 상황도 발생하게 되고, 제한된 시간과 공간에서 근무하다 보면 중압감이 느껴질 상황도 많이 발생하게 된다. 그러므로 이 질문에 대한 답변은 반드시 잘할 수 있다고 시작하며, 부연설명은 지난 직장에서의 경험이나 성격으로 뒷받침해 주도록 한다.

**A1** Yes. I always believe that everything can become better when it's balanced. In order to deal with pressure I go to the gym and work out. That helps me to relax from my work and daily life.

네, 균형이 잘 이루어질 때 모든 일이 더 잘 될 것이라고 항상 믿고 있습니다. 부담감을 잘 조절하기 위해서 저는 체육관에 가서 운동합니다. 이는 제가 일과 일상생활에서 긴장을 완화할 수 있게 도움을 줍니다.

**A2** Yes, I do. I don't have any difficulties handling pressure. I always push myself to do my best because I know what I want, even in the worst of circumstances.

네, 그렇습니다. 저는 중압감을 조절하는데 어려움이 없습니다. 저는 최악의 상황에서도 제가 무엇을 원하고 있다는 것을 잘 알고 있기 때문에 항상 최선을 다하도록 저 자신을 다그칩니다.

**You**

## 57. After a difficult day, how do you handle stress?

힘든 일과 후 스트레스 해소 어떻게 하나요?

**TIP**

위의 스트레스 해소 방법 질문에 대한 답변으로 준비한 것을 참고한다.

**A** I usually go for a ten-minute walk. This is adequate and allows me to relax and unwind. For me walking is really beneficial.

저는 보통 10분 정도 걷습니다. 이것이 긴장을 풀고 완화할 수 있는 적당한 방법입니다. 저에게 산책은 정말 도움이 됩니다.

**You**

# 58. Can you swim? Are you a good swimmer? How far can you swim?

수영할 줄 아나요?

**TIP**

수영테스트를 진행하는 항공사들이 있다(아시아나 항공, 타이 항공 등). 물론 수영 테스트가 있다가도 없어지고, 없다가도 생길 수 있다는 점을 이해하도록 한다. 그리고 테스트하지 않더라도 받을 수 있는 질문이다. 승무원을 하려면 수영을 잘해야 하는 것은 아니지만, 적어도 물에 대한 공포는 없어야 하겠다.

A1 Yes. I've just started learning how to swim although I can swim about 25 meters.

네. 수영을 막 배우기 시작했지만 25미터는 수영할 수 있습니다.

A2 I am quite good at swimming. I can swim about 100 meters free style.

저는 수영을 잘합니다. 자유형으로 100미터를 할 수 있습니다.

**You**

# 59. How often do you go swimming/skiing/bowling···Etc?

얼마나 자주 수영/스키/볼링 하나요?

**TIP**

언어능력이나 소통능력을 평가하는 것이니 단답형 하지 말고 친절하게 답변하도록 한다. 빈도를 묻는 질문이니 먼저 얼마나 자주 가는지 답변하고 부연설명을 덧붙여 준다. 영어와 소통 능력을 평가하기 위함이다 하더라도 매사의 답변은 항상 긍정적으로 해야 한다는 것을 명심하도록 한다.

A I usually go twice a week. When I am not busy, I try to go as often as possible.

저는 일주일에 2번 합니다. 제가 바쁘지 않으면, 가능한 한 자주 가려고 합니다.

**You**

# 60. Are you athletic?

운동 잘하세요?

TIP

언어능력이나 소통능력을 평가하는 것이니 단답형으로 하지 말고 친절하게 답변하도록 한다. 운동을 잘하느냐고 물었으니 잘한다, 아니다로 먼저 답변하고 부연설명을 덧붙여 준다. 잘할 필요까진 없겠지만, 전혀 움직이는 것을 싫어하는 게으른 사람처럼 보일 필요는 없겠다. 영어와 소통 능력을 평가하기 위함이다 하더라도 매사의 답변은 항상 긍정적으로 해야 한다는 것을 명심하도록 한다.

A Yes, I think I am. I can swim very well and I can also play tennis. I do a lot of exercises for fun and for my health.

네, 그렇다고 생각합니다. 저는 수영도 잘하고 테니스도 잘 칩니다. 저는 재미와 건강을 위해서 많은 운동을 합니다.

You

# 61. Do you like to watch sports? What kind of sports do you like to watch?

운동경기 관람 좋아하나요?

TIP

언어능력이나 소통능력을 평가하는 것이니 단답형으로 하지 말고 친절하게 답변하도록 한다. 좋아하는 운동이 있느냐고 질문했으니 먼저 답변하고 부연설명을 덧붙여 준다. 영어와 소통 능력을 평가하기 위함이다 하더라도 매사의 답변은 항상 긍정적으로 해야 한다는 것을 명심하도록 한다.

A1 피겨 스케이팅 I like watching figure skating because of Yeon Ah Kim who is the biggest figure skating star and Olympic gold medalist. When she skates on the ice, she looks like a beautiful butterfly.

저는 최고의 피겨 스케이팅 스타이고 올림픽 금메달리스트인 김연아 때문에 피겨 스케이팅 경기를 보는 것을 좋아합니다. 그녀가 얼음 위에서 스케이트를 타는 것을 보면 마치 아름다운 나비 같아 보입니다.

A2 야구 I love to watch baseball games. I often watch the games on TV with my family or friends cheering on my favorite team. Sometimes, I go to the ball park to enjoy the games with my friends. It is always exciting.

저는 야구경기 보는 것을 좋아합니다. 저는 가족들이나 친구들과 제가 가장 좋아하는 팀을 응원하면서 자주 티브이 경기 봅니다. 가끔은 친구들과 야구장에 가서 경기를 보기도 합니다. 야구는 항상 재미있습니다.

A3 축구, 야구, 농구 Yes. I am interested in sports very much. I love to watch baseball, basketball, and soccer games on TV. Sometimes, I go to the stadium to watch those games. I am especially exited about the World Cups.

네, 저는 스포츠에 매우 관심이 많이 있습니다. 저는 야구, 농구, 그리고 축구 경기를 티브이 중계로 보는 것을 좋아합니다. 종종 직접 게임을 보러 경기장에 가기도 합니다. 저는 월드컵에 특히 많은 관심이 있습니다.

You

# Chapter 5

# School Life

## 학교생활

Chapter. 5

# 05 School Life

학교생활

## Questions

**62.** Are you a student? Do you go to school?

현재 학생인가요?

**63.** How did you enjoy your school life? How is/was your school life?

학교생활 어떤가요?/어땠나요?

**64.** Why did you choose to attend that particular university/college?

왜 그 대학을 선택했나요?

**65.** Do you ave any useful or beneficial course or training to work for this position? / Do you have any relevant training for this position?

승무원 되는데 유용하고 유익한 과정이나 교육이 있나요?

**66.** Can you tell me about your major?

전공에 대해 설명해주시겠어요?

**67.** What made you choose your major?/Why did you want to study your major?

왜 그 전공을 선택했나요?

**68.** Why didn't you pursue a career in your major?

왜 전공 쪽으로 직업을 선택하지 않았나요?

**69.** Were you involved in any club activities during your school days? / What were your extracurricular activities in school?

학교생활 중에 특별활동 해본 적 있나요?

**70.** Why didn't you participate more in extracurricular activities?

왜 좀 더 특별활동에 참여하지 않았나요?

**71.** What was the most impressive moment of your school life?

학교생활 중 가장 인상 깊었던 일은 무엇인가요?

**72.** What course did you like the best? /What is your favorite subject?

제일 좋아하는 과목이 무엇인가요?

**73.** What was your worst subject? /What kind of course did you dislike?

제일 싫어하는 과목은 무엇인가요?

**74.** Do you have any regrets about your school days?

학교생활 중 후회되는 게 있나요?

**75.** What kind of experience did you gain other than studying in college?

학교생활 중 공부 외에 어떤 경험을 했나요?

**76.** What were your college grades?

대학교 때 성적이 어떤가요?

## 전공과 성적 관련 답변

- When I was in university, I majored in English education.
  대학에서 영어교육을 전공하였습니다.

- I majored in English with a minor in Business.
  영어 전공이며 부전공은 비즈니스입니다.

- I am double-majoring in Chinese and English so, technically I have two bachelor's degrees.
  중국어와 영어 복수 전공해서 두 개의 학사학위가 있습니다.

- I earned my bachelor's degree in English last year.
  작년에 영어로 학사 학위를 취득하였습니다.

- I earned my associate's degree in Tourism.
  저는 관광학으로 전문학사 학위를 받았습니다.

- I graduated with an all A record.
  저는 올 A 학점으로 졸업했습니다.

- I made good grades.
  저는 성적이 좋습니다.

- I have a 3.5 GPA(grade point average) in college. It was based on a 4.0 scale.
  저는 대학에서 4.0 만점에 3.5 받았습니다.

- I made a B average.
  저는 평균 B 성적 받았습니다.

- I graduated from university with top honors.
  저는 우수한 성적으로 졸업했습니다.

## 군 복무 관련 표현

- I am absent from school temporarily for military service.

  저는 군 복무로 휴학 중입니다.

- I was discharged from the army in October of 0000 and came back to school again this semester.

  0000년 10월에 군 복무를 마치고 이번 학기에 학교에 복학했습니다.

- I am exempted from military service.

  저는 군 복무 면제받았습니다.

# 62. Are you a student? Do you go to school?

현재 학생인가요?

TIP

이 질문의 답변은 먼저 yes나 no로 시작된다. 그리고 부연설명을 덧붙이도록 한다. 샘플들을 참고하여 답변하도록 한다.

* 주의할 점 단답형으로 Yes 또는 No로만 답변해서 면접관이 몇 학년이냐, 언제 졸업하느냐, 전공이 뭐냐고 여러 번 질문하지 않게 한다. 영어를 아무리 잘해도 소통 능력이 없어 보인다. 면접관들이 좋아하지 않는 스타일이라고 할 수 있다.

**A1** Yes. I am a junior in ○○ college and majoring in Tourism.

네. 현재 ○○전문대학에서 관광을 전공하고 있는 2학년입니다.

**A2** Yes. I am a senior at ○○ University and majoring in English. This is my last semester.

네. ○○대학교 영어 전공이며 4학년입니다. 이번이 마지막 학기입니다.

**A3** I graduated from ○○ University in February. I have a part time job at a family restaurant.

2월에 ○○대학교 졸업했습니다. 현재는 패밀리 레스토랑에서 아르바이트하고 있습니다.

**A4** No ma'am/sir, I graduated from ○○university last year and now I am working at ○○.

아니요. 작년에 ○○대학교 졸업 후 현재는 ○○에서 근무하고 있습니다.

**A5** I took a year off school to study English.

영어 공부를 위해 휴학했습니다.

**A6** I am taking a break from school and I'm doing an internship at the trade company.

저는 현재 휴학 중이며 무역회사에서 인턴십 중입니다.

**You**

# 63. How did you enjoy your school life? How is/was your school life?

학교생활 어떤가요?/어땠나요?

**TIP**

현재 학생이거나 졸업한 지 얼마 안 된 지원자들, 또는 다른 나라에서 학교 다닌 지원자들은 꼭 준비해 본다. 또한, 답변하는 내용 중에 꼬리 질문으로 이어질 가능성 많으니 본인이 면접관이 질문했으면 하는 내용을 중점적으로 이끌어 보도록 하며, 항상 답변하는 것에 대해 책임질 줄 알아야 한다. 답변으로 이어지는 꼬리 질문과 답변까지 흐름을 잘 파악하고 본인 답변도 준비해 본다.

"학교생활이 어떠냐/어땠냐?"라고 묻는다면 당연히 시제에 맞추어서 어떠하다/했다고 답변한 후 부연설명을 해준다. 단 긍정적인 얘기를 한다. 다음 예문처럼 답변을 이끌 수 있도록 하고 꼬리 질문을 예상해서 답변을 준비한다. 아래 A1 예문은 국내 항공사 합격자의 영어질문 내용이었다.

*** 주의할 점** 아무리 학교생활이 힘들었다 하더라도 시작부터 부정적인 이야기로 인터뷰를 이끌어갈 필요가 없다.

**A1** It is/was great. I made many good friends and participated in many club activities. Most of all, because of my major, Chinese, I've been to Bejing as an exchange student with my class mates and I had a great time.

좋았습니다. 저는 좋은 친구들을 많이 사귀었고 많은 동아리 활동에 참여하였습니다. 무엇보다도 중국어인 저의 전공 때문에 저의 급우들과 함께 베이징에 교환학생으로 다녀왔고 정말 좋은 시간을 보냈습니다.

→ Q: How was Beijing??
베이징 어땠나요?

A: It was very exciting and so much fun in Beijing. I enjoyed studying with Chinese students and I loved Chinese food.
베이징에서 정말 즐거웠고 재미있었습니다. 저는 중국 학생들과 함께 공부하는 것이 재미있었고, 중국 음식 또한 너무 맛있었습니다.

→ Q: What was your favorite Chinese food?
가장 좋아하는 중국 음식이 뭔가요?

A: I loved **huǒ guō**. It is a Chinese hot pot which Koreans call shabu shabu. It was just great.
저는 하쿠어(huǒ guō)를 좋아합니다. 한국 사람들은 샤부샤부라고 부르는 중국식 핫팟입니다. 정말로 맛이 있습니다.

**A2** It was very interesting and also educational. It was helpful for me to enrich my life and relationships. And, I learned how to cooperate with others through many extra curricular activities.

매우 재미있고 유익했습니다. 이는 저에게 제 삶과 인간관계의 질을 높이는 데 도움이 되었습니다. 또한, 저는 많은 특별활동을 통해 다른 사람들과 협력하는 방법을 배웠습니다.

→ Q: Please tell me about extra curricular activities that you were involved in.
참여했던 특별활동에 관해 얘기해보세요.

---

**A3** I can say that my college days are the happiest days of my life. I made so many good friends and learned so many things, not only from my textbooks but from different events that I joined such as the exchange student program and the internship program. I feel like I grew up in so many ways.

저의 대학 시절은 제 인생에서 가장 행복했던 시간이었다고 말할 수 있습니다. 저는 좋은 친구들을 많이 사귀었고, 교과에서 뿐만 아니라 교환학생 프로그램과 인턴십 프로그램과 같은 것에 참가해서 많은 것을 배웠습니다. 저는 많은 분야에서 성장하고 발전했다고 생각합니다.

→ Q: Tell me about your exchange student program.
교환학생 프로그램에 관해 얘기해 보세요.

A: I have studied in ○○ university, in 도시이름, 나라 이름 for 1 year. Luckily, I homestayed with very nice American/Chinese/Australian/Canadian family and I had a wonderful time. I made a lot of friends from many different countries and I really enjoyed my school life in 나라 이름.
저는 ○○대학에서 1년 동안 공부했습니다. 다행히도 저는 좋은 미국 가족과 함께 홈스테이를 했고, 멋진 시간을 보냈습니다. 저는 다른 나라에서 온 친구들을 많이 사귀었고 ○○에서 학교생활을 정말 재미있게 했습니다.

→ Q: Tell me about the city where you stayed.
지냈던 그 도시에 관해 얘기해 보세요.

**TIP**

도시에 대한 일반적인 정보(위치, 역사, 날씨, 문화유산, 유명한 곳, 유명한 음식…) 등 가능한 이야기를 해주고 마무리로는 그곳은 매우 흥미로운 곳이었다든가, 그곳에서 너무 즐거운 시간을 보냈다든가, 그곳이 나에게는 제2의 고향이라든가, 좋은 이야기로 마치는 것이 긍정적인 사람처럼 보일 수 있다.

→ Q: Tell me about your internship program.
인턴십 프로그램에 관해 얘기해 보세요.

A: I participated in an internship program at 회사이름. I believe that my internship experience in a hotel has definitely increased my knowledge and skills in customer service. I learned so much about communication and teamwork skills through working with co-workers and meeting with various customers.

저는 ○○회사에서 인턴십 프로그램에 참여했었습니다. 호텔에서의 저의 인턴십 경험은 저의 지식을 쌓고 고객 서비스의 기술을 확실하게 발전시켰다고 생각합니다. 저는 동료와 함께 일하고 다양한 고객들을 만나면서 소통과 협력에 대해 정말 많이 배웠습니다.

**You**

# 64. Why did you choose to attend that particular university/college?

왜 그 대학을 선택했나요?

**TIP**

거창한 이유가 아니어도 괜찮으니 학교가 가지고 있는 장점들을 찾아서 이야기해 본다. 예를 들어, 아래 샘플 외에도 교환학생 다녀온 학생들은 학교의 교환학생 프로그램과 같은 국제적인 감각을 키울 기회가 많다고 알고 있어, 더 좋은 기회를 가질 것으로 생각해 지원했다고 답변하는 것도 효과적일 것이다. 본인의 선택에 대해 확신 있고 자신감 있는 사람처럼 보이게 하는 것이 면접관에게 더 어필 할 수 있다.

*** 주의할 점** 왜 본인의 학교를 선택했는지 특별한 이유가 없다든가, 본인의 선택이 아닌 부모님의 선택이었다든가 하는 답변은 무책임해 보이고 무관심하게 보일 수 있으니 주의해서 답변한다.

**A1** Because of the wide range of business courses and the opportunities. The classes allowed me to participate in many extra curricular activities to improve my personal development. That's why I chose to study there.

넓은 범위의 비즈니스 코스와 기회 때문입니다. 개인의 발전을 위해 특별과외활동에 참여할 수 있습니다. 그래서 그곳에서 공부하기로 선택한 이유입니다.

**A2** I chose to study at my university because this postsecondary school/college/university has one of the most popular courses in the ○○ industries in Korea. I tried very hard to get into this university and I learned so many valuable things not only from text books but also from various extra curricular activities.

저는 한국 ○○ 산업분야에서 가장 인기 있는 코스가 있어서 저희 대학에서 좀 더 깊이 공부를 하기로 선택하였습니다. 저는 이 학교에 입학하기 위해서 정말 노력을 많이 했으며, 교과서에서뿐만 아니라 다양한 특별활동을 통해서 많은 귀중한 것들을 배웠습니다.

**You**

# 65. Do you ave any useful or beneficial course or training to work for this position? Do you have any relevant training for this position?

승무원 되는데 유용하고 유익한 과정이나 교육이 있나요?

**TIP**

당연히 있다고 답변을 시작하도록 한다. 그리고 전공, 수강 과목, 팀 프로젝트, 인턴십, 서비스 트레이닝(백화점이나 호텔) 등 승무원 직무와 관련지어서 답변한다. 다음 답변 중 해당하는 사항을 골라서 and나 plus로 연결하여 만들어 보자.

**A1** 전공 관련-관광과 My major in college was Tourism. I learned about the airline industry and I was able to know about the airline companies and importance of quality customer service.

저는 대학에서 관광을 전공했습니다. 저는 항공 산업에 대해 배워서 항공 회사와 고객 서비스의 중요성을 더 잘 알 수 있게 되었습니다.

**A2** 외국어 수업 수강 I had foreign language courses like English and Japanese in order to work in the international environment more effectively. From these studies I think I became to have a better understanding of other cultures and people.

저는 국제적인 환경에서 더 효과적으로 일하기 위한 영어와 일본어와 같은 외국어 코스를 들었습니다. 이런 수업들을 통해서 저는 다른 나라의 문화나 사람들에 대해 더 잘 이해하게 되었습니다.

**A3** 그룹 프로젝트 Working with many different people through team projects from my school days enabled me to work better with diverse people in a team. I think I have a very good sense of team work and co-workers.

재학시절 팀 프로젝트로 많은 사람들과 함께 일한 것은 제가 팀으로 다양한 사람들과 함께 일하는데 더 잘 할 수 있도록 도움이 되었습니다. 저는 제가 팀워크와 동료에 대한 이해가 아주 좋다고 생각합니다.

**A4** 호텔, 백화점에서 서비스 교육 When I had part time jobs at a hotel and department store I had service training every day. I learned many things about customer service and it was very helpful to gain effective communication and interaction with customers.

호텔과 백화점에서 시간제 일을 했을 때, 저는 매일 서비스 교육을 받았습니다. 저는 고객 서비스에 대해 많은 것을 배웠고, 효과적인 고객과의 의사소통과 교류에 대해 배우는 데 도움이 되었습니다.

| 마무리하기 유용한 표현 |

- I believe these experience will be very useful to work as cabin crew in your airline.
  이러한 경험이 귀사의 승무원으로 근무하는 데 매우 유용할 것으로 생각합니다.

- I expect my education and experience to be helpful and advantageous to become a good cabin crew in your airline.
  저의 교육과 경험이 귀사에서 훌륭한 승무원이 되는데 도움이 되고 이로울 수 있기를 기대합니다.

**You**

# 66. Can you tell me about your major?

전공에 대해 설명해 주시겠어요?

**TIP**

전공소개는 면접관이 개별로도 질문할 수 있고, 공통 질문으로도 많이 질문한다. 너무 길지 않게 본인 전공에 대해 설명해주고 뒤에 따라오는 질문도 너무 짧지도, 길지도 않게 답변할 수 있도록 준비한다. 승무원 직무와 직접 관련이 있는 전공들은 연결해서 답변하고 승무원하고 직접적인 관련이 없더라도 팀 프로젝트나 팀으로 진행한 수업이 있다면 전공 소개해주고, 마지막 문장으로 'We did a lot of interesting team assignments during the class and I really enjoyed working with the other students.'와 같이 쉽고 간단하게 마무리해 본다.

**A1** **전자공학** My major is Electrical engineering which the study of designing, constructing, and maintaining electrical devices. This study also needs a strong understanding of communication skills when working with other members. And, handling electronics and computers in general requires me to be able to concentrate and to be organized.

저의 전공은 디자인, 건설과 전기 제품 보수를 배우는 전자공학입니다. 이 학과 또한 다른 사람들과 함께 일할 때 소통이 강하게 요구됩니다. 그리고 보편적으로 전기제품과 컴퓨터를 다루는 데 집중과 관리가 요구됩니다.

**A2** **관광** My major is Tourism. We learn about the fundamentals of the tourism industry including airlines, travel agencies, restaurants and hotels. We try to build up our skills and knowledge in order to perform our job well. We also had foreign language courses like English and Japanese in order to work in the international environment more effectively.

저의 전공은 관광입니다. 항공, 여행사, 식당과 호텔을 포함한 관광 산업의 기본에 대해서 배웁니다. 직업을 잘 수행할 수 있도록 기술과 지식을 갖추기 위해 노력합니다. 또한, 국제적인 환경에 더 효과적으로 일하기 위해서 영어와 일본어와 같은 외국어 코스를 밟습니다.

**A3** **영문학** I majored in English and English Literature. It made me more skilled in reading, writing and communicating. We learned not only conversation English but English classical novels such as Shakespeare's great works. I especially loved to learn about American and English cultures. Another reason that I studied English was to help my dream of becoming a flight attendant.

저의 전공은 영어 영문학입니다. 읽기, 쓰기와 회화에서 더 발전할 수 있게 해 주었습니다. 영어회화뿐만 아니라 셰익스피어의 작품과 같은 영국 고전 소설도 배웠습니다. 저는 특히 미국과 영국의 문화를 좋아합니다.

제가 영어를 공부하는 또 다른 이유는 제 꿈인 승무원이 되는 데 도움이 되기 위해서입니다.

A4 **토목** I specialized in Civil Engineering. It is the study of planning, designing, and building roads, bridges, harbors, and public buildings. Civil engineering is a field of engineering that deals with various aspects of physical infrastructure networks. We did a lot of team work during the class and I really enjoyed working with other students.

저는 토목공학을 전공했습니다. 토목공학은 도로, 다리, 항구와 공공건물을 짓는 계획, 설계, 건설의 학문입니다. 이는 유형기반시설 네트워크의 다양한 면을 다루는 학문입니다. 수업시간에 공동 작업을 많이 했고 저는 다른 학생들과 일하는 것을 매우 좋아했습니다.

A5 **행정학** My major was Public Administration and this study trains people to be capable administrators who can contribute to our national and social development. We learned many courses like public administration, law, and the management sciences. This is a study which focuses upon services to the general public and working for the community.

저의 전공은 행정학이고 이 학문은 우리 사회와 나라의 발전을 위해 공헌할 수 있는 적합한 관리자를 훈련하는 것입니다. 행정학, 법 그리고 경영과학과 같은 많은 코스를 배웁니다. 이는 국민을 위한 서비스와 사회를 위해 일하는 것에 초점을 맞춘 학문입니다.

A6 **경제학** My major is Economics. It is the study of the way in which money, industry, and trade are organized in a society. This study gives training in economic principles and understanding a variety of economic and social phenomena.

저의 전공은 경제학입니다. 이것은 돈, 산업, 무역을 사회 안에서 체계화하는 방법을 공부하는 학문입니다. 이 학문은 다양한 경제적 사회적 현상을 인지하고 경제 원리를 이해하도록 교육을 해줍니다.

A7 **통계학** My specialty was Statistics. In my major, we learned how to estimate facts which are obtained from analyzing information expressed in numbers, for example, information about the number of times that something happens. We had a lot of interesting team assignments during class and I really enjoyed working with other members.

저의 전공은 통계학입니다. 전공에서 우리는 다수에 의해 나타난 정보를 분석에서 얻은 요인들, 즉 예를 들어, 어떤 현상이 나타난 시기에 다수에서 얻은 정보들을 추정하는 방법을 배웁니다. 저희는 수업을 하는 동안 많은 흥미로운 그룹 과제를 수행하였고 다른 사람들과의 협동해서 하는 일을 정말로 즐겼습니다.

**A8** **항공운항** I majored in Aircraft Cabin Service Management. It's about studying and practicing the of job of the cabin crew. I took many classes which are very useful to work as a cabin crew such as English, Japanese conversation, food and beverage, cabin service and many other subjects. I studied very hard in order to become a more successful cabin crew.

저의 전공은 항공운항입니다. 이 과는 승무원이 되기 위해 연습하고 공부하는 것입니다. 저는 승무원이 되기 위해 유용한 영어나 일어회화, 음식과 음료, 기내 서비스 그 밖에 많은 과목을 수강했습니다. 저는 더 성공적인 승무원이 되기 위해 정말 열심히 공부했습니다.

---

**A9** **경영학** I studied Business Administration. There are many areas that business administration covers and after graduation many people will go to the financial industry such as banks, securities houses, asset management, etc. As long as money is there, there will always be a demand for investing, managing and earning the money. Business is where people learn how to do those kind of activities through theory and case study.

저는 경영학을 공부했습니다. 경영학이 응용되고 졸업 후에 많은 사람들이 취업하게 되는 금융 산업 예를 들어 은행, 증권회사, 자산운용 등등의 많은 분야가 있습니다. 돈이 존재하는 한 투자, 돈의 수입과 경영의 요구는 계속될 것입니다. 경영학은 사람들이 이론과 사례연구를 통해서 어떻게 행해야 하는지를 배우는 것입니다.

---

**A10** **한국무용** I majored in Korean Traditional Dance. I gained a general understanding of the history of Korean dance and different types of dances. We also learned about costume and music because Korean traditional dance is often performed to Korean traditional music. We mostly dance in a group and I enjoyed working with other members. And, I have a strong understanding of team work.

저의 전공은 한국무용입니다. 저는 전반적으로 이해되는 한국무용의 역사와 다양한 종류의 춤을 배웠습니다. 한국무용은 주로 한국국악과 함께 공연되기 때문에 저는 한국의상과 음악을 함께 배웠습니다. 우리는 대부분 여럿이서 춤을 추었고 다른 동료들과 함께 하는 것이 참 재미있었습니다. 저는 팀워크에 대한 이해도가 강하다고 생각 합니다.

---

**A11** **화학** Chemistry is the scientific study of the structure of substances and of the way that they react with other substances. We did a lot of team assignments during the class and I really enjoyed working with the other students.

화학은 다른 물질과의 반응하는 방법을 통해 갖는 물질의 구조에 관해 연구하는 과학입니다. 저희는 많은 그룹 과제를 수행했고 급우들과 함께 재미있게 공부 했습니다.

**A12** 물리학 Physics is the scientific study of forces such as heat, light, sound, pressure, gravity, electricity, and the way that they affect objects. We did a lot of interesting team assignments during the class and I really enjoyed working with the other students.

물리학은 열, 빛, 소리, 압력, 중력, 전기, 그리고 물체에 영향을 주는 방법과 같은 물리적인 힘을 연구하는 과학입니다. 우리는 수업 듣는 동안 많은 그룹 과제를 수행했고 다른 학생들과 함께 일하는 것이 참 재미있었습니다.

**A13** 생물학 I majored in Biology which was always my favorite subject during my middle and high school days and I graduated at the top of my class at my university. I like the fact that Biology is the science which is concerned with the study of living things. We had a lot of interesting team projects during class and I really enjoyed working with the other members.

저는 중학교와 고등학교에서도 가장 좋아하는 과목이었던 생물학을 전공했습니다. 그리고 저는 대학에서 최고의 성적으로 졸업했습니다. 저는 생물학이 살아있는 생물들을 연구하는 것과 관련이 있는 과학이라는 사실을 좋아합니다. 우리는 수업 듣는 동안 많은 그룹 과제를 수행했고 다른 학생들과 함께 일하는 것이 참 재미있었습니다.

**A14** 간호학 I specialized in the Science of nursing at my university and I am qualified as a nurse. I always wanted to help people in many ways so I became a nurse. Many medical courses made me understand and practice to be a nurse. I learned how to treat patients both medically and emotionally. I believe this study would be very useful when dealing with passengers who need my help on board.

저는 대학에서 간호학을 전공했고 간호사 자격증을 가지고 있습니다. 저는 많은 분야에서 사람들을 돕기를 항상 원했었습니다. 그래서 간호사가 되었습니다. 많은 의학 수업들은 제가 간호사가 되는데 이해를 돕고 연습할 수 있게 해 주었습니다. 저는 의학적이고 정서적인 두 방법으로 환자들을 다루는 법을 배웠습니다. 제가 공부한 이러한 것들이 비행에서 도움이 필요한 승객들을 대하는 데 매우 유용할 것이라고 믿습니다.

**A15** 사회 복지학 Social welfare is about how people, communities and institutions in a society take action to provide standards and opportunities for the public. We learned about the methods that help people to function their best. This study's goal is to cultivate specialists of welfare who can cope with any circumstance. It is generally about providing direct services and helping people who face difficulties.

사회 복지학은 사회를 구성하고 있는 사람들과 단체, 그리고 기관들이 그 기준을 제공하고 국민을 위한 기회 균등을 제공하기 위해 행하는 방법입니다. 우리는 기능에 부합하게 사람들을 돕는 방법들에 관해서 공부했습니다. 이 학문의 목표는 어떠한 환경에서라도 부합할 수 있는 복지 전문가를 육성하는 것입니다. 이는 전반적으로 직접적인 서비스를 제공하고 어려움에 직면해 있는 사람들을 돕는 것입니다.

You

# 67. What made you choose your major? Why did you want to study your major?

왜 그 전공을 선택했나요?

**TIP**

승무원은 전공 불문으로 지원 가능한 직업이다. 하지만 가끔 전공에 대한 질문을 받게 된다. 전공 선택 이유는 일반적인 답변을 원할 경우는 A1을 가지고 A2처럼 응용한다. 그 외 특별한 이유로 결정한 경우는 나머지 답변을 참고하여 만들어 보자.

**A1** 전공분야에 대하여 흥미가 있어서 더 자세히 배우고 싶어서 Since I was little/young, I have been interested in ○○. That's why I decided to major in ○○ because I wanted to learn more/in detail about that industry.

어렸을 때부터 저는 ○○에 흥미를 가져왔습니다. 그 산업에 대해 좀 더 자세히 배우고 싶어서 ○○을 전공하기로 결정했습니다.

**A2** 관광과- 다른 나라 문화에 대해 관심이 많아서 Since I was little/young, I have been interested in other countries and cultures from around the world. That's why I decided to major in Tourism because I wanted to learn more/in detail about diverse cultures. And I really enjoyed it.

어렸을 때부터 저는 전 세계의 문화와 다른 나라들에 관심이 많았습니다. 그래서 다른 나라의 문화에 대해 더 자세히 공부하기를 원해서 관광과를 전공하게 되었습니다. 그리고 정말 재미있었습니다.

**A3** 수학과- 선생님의 영향으로 I was very good at mathematics when I was in high school and I had an influential teacher who was in charge of my class and advised me to choose statistics as my major.

저는 수학을 매우 잘했습니다. 고등학교 때 담임선생님의 영향으로 통계학을 전공하게 되었습니다.

**A4** 중국어/일본어-평생 기술이 될 수 있고 실용적이어서 I have always been interested in other culture and language. I majored in Chinese/Japanese because it was a field I knew would make me more skilled in reading, writing, communicating and most of all, I thought it could become a lifelong skill. I believe Chinese/Japanese is a tool that is used in many areas.

저는 항상 다른 나라의 문화와 언어에 관심이 있었습니다. 읽기, 쓰기, 대화에서 더 기술적으로 할 수 있는 분야로 알고 있었기 때문에 중국어/일어를 전공했습니다. 무엇보다도, 평생의 기술이 될 수 있다고 생각해서입니다. 중국어/일어는 많은 분야에서 사용되는 도구라고 생각합니다.

**A5** 영어- 평생 기술이 될 수 있고 승무원 되는 데 도움이 돼서 I majored in English because it was a field I knew would make me more skilled in reading, writing, communicating and most of all, I thought it could become a lifelong skill. I believe English is a tool that is used everywhere, especially working in the airline as a cabin crew. I thought it was the best major for me.

읽기, 쓰기, 대화에서 더 기술적으로 할 수 있는 분야로 알고 있었기 때문에 저는 영어를 전공했습니다. 무엇보다도, 평생의 기술이 될 수 있다고 생각해서입니다. 영어는 많은 분야에서 사용되는 특히, 승무원으로서 항공사에서 일하면서 필요한 도구가 될 수 있다고 생각합니다. 저에게는 최고의 전공이라고 생각합니다.

**A6** 영어 교육- 아이들을 좋아하고 가르치는 것에 재능이 있어서 I decided to get my degree in English Education because teaching is something that has come naturally to me. I have always enjoyed spending time with children and I also thought that English could be very useful for me because I knew that it was a tool that was used in everywhere.

자연스럽게 기회가 되어서 영어교육을 전공하게 되었습니다. 저는 항상 아이들과 함께 시간을 보내는 것을 좋아했습니다. 또한, 영어는 모든 곳에서 사용되는 도구라고 알고 있기 때문에 매우 유용한 것이라고 생각합니다.

**You**

# 68. Why didn't you pursue a career in your major?

왜 전공에서 진로를 정하지 않았나요?

**TIP**

승무원은 전공 불문하고 지원할 수 있기 때문에 무슨 전공을 했는지는 상관이 없다. 하지만 승무원과 전혀 관련이 없거나(공대, 법대…) 비용을 많이 들이거나 기술연마를 위해 많이 애쓴 전공(예, 미술, 음악, 체육…)과 관련해서 받을 수 있는 질문이다. 전공과목에 대하여 부정적인 이야기를 하는 것보다 전공도 재미있고 좋았지만, 평생 직업으로서는 승무원이 더 좋을 것 같다는 방향으로 이야기를 풀어간다.

A1 My major was very fun and interesting. However, as a career, I think cabin crew offers more opportunity to grow personally and professionally in many ways. Most of all, I would like to face new challenges and I believe this position matches my personality. That's why I decided to be cabin crew.

저의 전공은 매우 재미있고 흥미로웠습니다. 그러나 직업적으로 본다면 승무원이 많은 분야에서 개인적으로나 직업적으로나 발전할 수 있는 더 많은 기회를 제공해 준다고 생각합니다. 무엇보다도, 저는 새로운 도전을 하고 저의 성격과 이 직업은 잘 어울린다고 생각합니다. 이러한 이유로 저는 승무원이 되기로 결심한 것입니다.

→ Q: What do you expect to develop in yourself?

무엇이 발전할 거라 기대하나요?

A: I believe that I can learn so much from this position. I expect to improve interpersonal skills and English language skills by interacting with all kinds of people with different backgrounds. And seeing the world would help me to broaden my view

저는 이 직업을 통해 매우 많은 것을 배울 수 있을 것이라고 생각합니다. 다른 문화의 다양한 사람들과의 교류를 통해서 대인관계와 영어 실력이 많이 향상될 것이라고 기대합니다. 그리고 넓은 세상을 보면 저의 시야도 더 넓어지는 데 도움이 될 것으로 생각합니다.

→ Q: What makes you believe that this job matches you?

승무원이 왜 당신 성격에 맞는다고 생각하나요(Chapter 8. Personality 참고)?

A: I think I am a very considerate and service oriented person. I always tend to put others before me and understand the needs of others. That's why I am very good at taking care of other people and enjoy working in the service industry.

저는 매우 사려 깊고 봉사를 잘하는 사람이라고 생각합니다. 저는 항상 저 자신보다는 남들을 배려하는 경향이 있고 다른 사람들의 요구하는 것을 잘 이해할 수 있습니다. 그래서 저는 다른 사람들을 잘 돌보고 서비스 산업에서 일하는 것을 즐거워 합니다.

A2 I majored in something I was interested in because I wanted to learn more. But after working in the family restaurant during my summer vacation I realized how interesting it was and I really enjoyed helping my customers and working with other people. I felt service job was worthwhile and I thought I would be happier in this field. From this experience I decided to work as cabin crew.

저는 더 많은 것을 배우기를 원하기 때문에 제가 관심이 있는 것을 전공하였습니다. 하지만 여름방학 동안에 패밀리 레스토랑에서 일하고 난 후에 저는 다른 사람들과 함께 어울려서 일하고 손님들을 도와주는 것이 얼마나 재미있는지를 알게 되었습니다. 서비스 일이 가치 있는 일이라고 느꼈고, 저는 이 분야에서 더 행복해질 수 있을 거라 생각했습니다. 이 경험을 통해 승무원으로 근무하기로 결심했습니다.

**You**

# 69. Were you involved in any club activities during your school days? What were your extracurricular activities in school?

학교생활 중에 특별활동 해본 적 있나요?

TIP

학교 행사나 활동에 많이 참여했을수록 적극적인 사람으로 그리고 단체 활동에 대한 이해도 좋다고 생각될 수 있다. 특정한 동아리 활동만을 이야기하는 것이 아니라 한두 번만 한 것이라도 수업 외에 특별 과외활동에 대해 얘기 해주어도 된다.

A1 **홍보도우미** I worked as an assistant at a public relations center of my university./ I was a member of the advertising and promotion team of my university. We were in charge of planning and preparing advertisements and promotions for my school.

저는 저의 대학교에서 홍보센터의 도우미로 일했습니다./저는 대학에서 광고와 홍보팀의 일원이었습니다. 우리는 학교를 위한 광고와 홍보를 계획하고 준비하는 담당을 했습니다.

A2 **봉사활동 클럽& 학생회** I was very much involved in club activities and obtained leadership and people skills. I joined the social service club and I was involved in the student council and I served as a vice-president.

저는 동아리 활동을 매우 적극적으로 했고 사람들을 다루는 기술과 리더십을 배웠습니다. 저는 사회봉사 단체에 가입해서 활동했고, 학생회도 소속되어 부회장으로 활동하고 봉사를 했습니다.

A3 **봉사활동** I joined a social service club. We often visited orphanages and nursing homes to help with the caring, cooking, cleaning, and washing. I realized that there are so many people in need so I tried my best to be useful. It was a very rewarding experience for me.

저는 봉사활동 동아리 소속이었습니다. 저희는 보육원과 양로원에 자주 방문해서 돌봄이, 요리, 청소, 그리고 세탁의 봉사를 하였습니다. 저는 많은 사람들이 도움을 필요로 하고 있다는 사실을 깨닫고 제가 도움이 될 수 있게 최선을 다해 봉사하였습니다. 정말 저에게 값진 경험이었습니다.

A4 **지역 봉사** I participated in volunteer activities for the local community. I regularly volunteer my time to help the disadvantaged children in my local community center. I help them with their homework and play with them. I realized that there are so many children in need and I tried my best to be useful. I felt very happy because I could be helpful to them.

저는 지역단체를 위한 자원봉사 일에 참여하였습니다. 지역단체에서 소외계층의 아이들을 도와주기 위해 정기적으로 자원봉사 일을 했습니다. 아이들과 함께 놀아주거나 숙제를 도와주었습니다. 저는 많은 아이들이 도움을 필요로 하고 있다는 사실을 깨닫고 제가 도움이 될 수 있게 최선을 다해 봉사하였습니다. 제가 도움이 될 수 있다는 것에 매우 기뻤습니다.

---

**A5** **교내 오케스트라** I was very interested in music, particularly classical music. So I became involved in our school's orchestra and played the violin. We participated in many school and community events.

저는 클래식 음악에 매우 관심이 많이 있었습니다. 그래서 교내 오케스트라에 가입해서 바이올린을 연주하였습니다. 저희는 많은 학교행사나 지역행사에 참여해서 봉사하였습니다.

---

**A6** **탭댄스** I was a member of a tap dancing club called 'taps'. We gathered about twice a week and learned how to tap dance. It was fun dancing together in a group and tap dancing is a great way to keep in shape and meet people.

저는 탭스라고 하는 탭댄스 동아리의 일원이었습니다. 저희는 일주일에 두 번 정도 만나서 탭댄스를 배웠습니다. 단체로 춤을 추는 것이 재미있는데, 특히 탭댄스는 체력을 관리하고 사람들을 만나는 아주 좋은 기회라고 생각합니다.

---

**A7** **볼링** I belonged to a bowling club. Every Friday we went bowling together. I enjoyed it very much. I think bowling is a great sport because we all can enjoy it together. And, the best thing is that I made a lot of friends through the club activities.

저는 볼링동아리 소속이었습니다. 매주 금요일 볼링을 치러 갔습니다. 정말 재미있었습니다. 볼링은 모두 함께 즐길 수 있어서 좋은 스포츠라고 생각합니다. 그리고 저는 동아리 활동을 통해서 정말 좋은 친구들을 많이 사귈 수 있어서 그 점이 가장 좋았다고 생각합니다.

---

**A8** **사진** I was interested in taking pictures, so I joined the photography club at my university. We often visited the beautiful spots in Korea and took nice pictures. What I love about a photo is that it keeps our memory and moment alive.

저는 사진 찍는 것을 좋아해서 대학에서 사진동아리에 들었습니다. 저희는 한국의 아름다운 장면이 있는 곳을 자주 방문해서 좋은 사진들을 찍었습니다. 제가 사진에 대해 가장 좋아하는 부분은 사진은 추억을 간직하고 그 순간을 살아있게 한다는 점입니다.

**A9** 영어 회화 I joined the English conversation club when I was a freshman in college. Actually, it was a good opportunity to develop my English speaking skills. We gathered twice a week and I made a lot of friends too.

저는 대학 1학년 때 영어회화 동아리에 들었습니다. 실제로 제 영어회화 기술을 발전시키는 좋은 기회가 되었습니다. 저희는 일주일에 두 번 모였고, 저는 많은 친구를 만날 수 있었습니다.

**A10** 영어 I was a member of 'English'. We had to talk to each other only in English while we were with the other members. Sometimes, we read an English newspaper and discussed the issues. It was not easy but it was very useful and helped me to improve my English skills.

저는 'English'라는 동아리 일원이었습니다. 저희는 다른 일원들과 있을 때에는 항상 영어만을 사용해야 했습니다. 가끔 영어 신문을 읽고 화제의 되는 사건들에 관해 토의했습니다. 쉽지는 않았지만, 제 영어실력을 향상시키는 데 많은 도움이 되었고 정말 유익했습니다.

**A11** 인턴십 프로그램 During my college days, I participated in an internship program at a hotel. I believe that my internship experience has definitely increased my knowledge and skills in customer service.

대학시절 저는 호텔에서 인턴쉽에 참여했었습니다. 제 인턴쉽 경험은 고객서비스 분야에서 지식과 기술을 넓히는데 절대적으로 도움이 되었다고 생각합니다.

**A12** 여행 I joined a travel club. We researched the information and history of the places we were going to visit then traveled. We had visited many good places in Korea.

저는 여행 동아리 소속이었습니다. 저희는 여행하려고 하는 곳에 대한 역사와 정보를 조사였고 여행을 했습니다. 저희는 한국의 많은 훌륭한 곳을 여행했습니다.

➜ Q: Where is your favorite place to visit? 가장 좋아 하는 곳은 어디인가요?

| 마무리하기 유용한 표현 |

- I think it was a very interesting/rewarding/meaningful experience.
  정말 흥미로운/보람 있는/ 의미 있는 경험이었습니다.

- I love the teamwork environment, working with other members and learning so many things together.
  저는 사람들과 일하면서 많은 것을 배울 수 있는 팀워크 근무 환경을 좋아합니다.

→ Q: What did you learn from this experience?

그 경험을 통해 무엇을 배웠나요?

A: I was able to understand better about teamwork, leadership, cooperation, consideration to others, and being in harmony with others. I feel very confident in working with many different types of people.

저는 협력, 리더십, 협동, 남을 위한 배려, 타인과의 조화에 대해 더 잘 이해할 수 있었습니다. 저는 많은 다양한 사람들과 함께 일하는 것에 편안함을 느낀답니다.

**You**

# 70. Why didn't you participate more in extracurricular activities?

왜 좀 더 특별활동에 참여하지 않았나요?

**TIP**

학교에 소속된 클럽 활동만 질문하는 것은 아니다. 학업 외에 참여한 특별과외 활동을 얘기해준다. 만약 어떤 것도 하지 않았다면 간단하게 이유를 말해주고 학업 외에 개인적으로라도 가지고 있는 취미나 관심, 열정에 관해 얘기해준다.

**A1** **아르바이트하느라** I had to work after school and during weekends part time. Even though I did not belong to any specific activity group, I participated in many school or department events.

저는 방과 후와 주말에는 시간제 일을 해야 했습니다. 비록 제가 어떤 활동적인 동아리에 소속되진 않았지만, 저는 학교나 학과 행사에 많이 참여했습니다.

---

**A2** **장학금 받기 위해 학과공부에 전념하느라** I wanted to put as much effort as possible into my studies because I wanted to earn a scholarship. So I studied hard. I have, however, found time to explore the city on weekends and make new friends. And, I participated in many school or department events.

장학금을 받고 싶어서 제가 할 수 있는 한 공부에 전념하였습니다. 그래서 공부를 열심히 하였습니다. 그렇지만 주말에는 도시를 탐험하는 시간을 가졌고 새 친구들도 사귀었습니다. 그리고 학교나 학과 행사에 많이 참여했습니다.

**You**

# 71. What was the most impressive moment of your school life?

학교생활 중 가장 인상 깊었던 일은 무엇인가요?

**TIP**

긍정적인 경험을 이야기하며 나에게 가장 인상 깊었고 잊지 못할 추억이니 더욱더 적극적으로 답변한다. 많은 일들 중에 승무원 직무에 도움이 될 만한 경험이나 적극적이고 활동적인 성향을 보여주는 내용을 이야기하는 것이 더 효과적일 것이다.

**A1** 교환학생 I would say that staying in Toronto, Canada as an exchange student was an unforgettable memory to me. Spending 1 year in Canada made me a more independent and open-mined person who can accept and deal with different environment and viewpoints. It was the most valuable experience for me.

제가 교환학생으로 캐나다 토론토에 머물렀을 때가 잊을 수 없는 기억이라고 말할 수 있습니다. 캐나다에서 보낸 1년은 다른 환경과 관점에도 잘 대응해서 이해할 수 있는 편견 없고 독립적인 사람으로 만들었습니다. 이는 저에게 가장 가치 있는 경험이었습니다.

**A2** 봉사활동 Well, there are a number of good memories from my school days. I really enjoyed and learned a lot when I visited the orphanage and helped the children as a volunteer. I met a very special girl and I have been her guardian angel since then. We still keep in touch and spend some time together. It was a very special experience for me during my school life.

글쎄요, 학창시절 동안 아주 좋은 기억들이 많아서요. 저는 자원봉사로 보육원을 방문해서 아이들을 도와주었을 때가 가장 많은 것을 배우고 좋았던 기억입니다. 저는 그때 매우 특별한 소녀를 만났고, 그 후 저는 그녀의 수호천사가 되었습니다. 지금까지도 계속 연락하고 함께 시간도 보냈답니다. 이것이 제가 학창시절 동안 가진 가장 특별한 경험이었습니다.

**A3** 대회 수상 My unforgettable moment were when my teams won the competitions. I majored in ○○ and had participated in many contests during my school days. In the last year of university, we participated in the ○○ competition which was one of Korea's most highly-respected competitions and we prepared/trained for two months together, even on weekends and we were a great team. We won first/second/third place and it was the most amazing moment for us. For winning the contest, we won 1,000 dollars. It was the most fulfilling experience for me during my school life.

제가 가장 기억에 남는 순간은 저희 팀이 대회에서 이겼을 때입니다. 저는 ○○을 전공했고 학창시절에 많은 대회에 참가했었습니다. 대학 마지막 해에 저희는 한국에서 가장 인정받는 대회 중의 하나인 ○○대회에 참가했었습니다. 그리고 주중은 물론 주말에도 함께 두 달 정도 훈련을 했었습니다. 저희는 1등/2등/3등을 했고, 이는 저희 모두에게 가장 경이로운 순간이었습니다. 대회에서 우승해서 1,000달러의 상금을 받았습니다. 이는 제 학창시절에서 가장 성취감을 주는 경험이었습니다.

**You**

# 72. What course did you like the best? What is your favorite subject?

제일 좋아하는 과목이 무엇인가요?

**TIP**

어떤 과목을 가장 좋아했든 크게 상관이 없을 수도 있겠지만, 기왕이면 성향이나 관심사로 연결될 수 있기 때문에 가장 흥미롭고 재미있게 배웠던 과목을 승무원이라는 직업과 조금이라도 연결해 답변한다면 더 좋을 것이다.

**A1** 영어 My favorite course is English. I find it very interesting to have a conversation with my native English professor and the other students. This class was also very helpful for me to prepare for this interview.

제가 가장 좋아하는 과목은 영어입니다. 다른 학생들과 원어민 교수님과 영어로 대화하는 것은 정말 재미있다고 생각합니다. 또한, 영어 수업은 제가 이번 면접을 준비하는 데 매우 도움이 되었습니다.

**A2** 역사 My favorite subject was history, especially world history. I really enjoyed learning about the world's influential people and events.

제가 가장 좋아했던 과목은 역사, 특히 세계 역사입니다. 저는 세계의 영향력 있는 사람들과 사건들을 공부하는 것이 정말로 재미있습니다.

→ Q: Who is your favorite historical figure?
가장 좋아하는 역사적 인물은 누구인가요?

**A3** 지리 I loved to learn Geography. Looking at the map of the world and learning about the different countries was so exciting that I always forgot all about the time. Well, I wish someday in the near future, I could visit all the countries that I learned about.

저는 지리를 좋아했습니다. 세계지도를 보면서 다른 나라들에 대해 배우는 것은 시간 가는지 모를 정도로 매우 신이 났습니다. 머지않은 미래에 저는 제가 배웠던 모든 나라를 방문할 수 있기를 고대합니다.

**You**

# 73. What was your worst subject? What kind of course did you dislike?

제일 싫어하는 과목은 무엇인가요?

**TIP**

*** 주의할 점** 어떠한 과목이라도 크게 상관은 없겠지만, 승무원 직무와 관련된 과목을 싫어한다거나 힘들었다고 답변하지 않기를 바란다. 또한, 면접관이 worst나 dislike라는 단어를 사용한다고 해도 답변할 때 부정적인 단어 사용은 자제한다. 예를 들면, 'I disliked math'라고 단정적으로 답변하는 것보다 'Math was a little difficult for me' 식으로 설명해준다.

**A1** **수학** Well, I am not very good at math. I still remember that I did not have fun in math class. I don't think I have a talent for numbers. So I had to try very hard to keep up my grade.

글쎄요, 저는 수학을 그다지 잘하지 못 합니다. 수학 시간에 별로 재미있지 않았던 기억이 아직도 있습니다. 저는 숫자에 별로 재능이 있는 것 같지는 않습니다. 그래서 제 성적을 유지하기 위해 매우 열심히 노력해야만 했었습니다.

**A2** **경제 영어** Well, Economic English was a little bit difficult for me. Actually, I like English studies but Economic English was all about memorizing and it wasn't really fun.

음, 경제영어는 저에게 조금 어려웠습니다. 실제로, 저는 영어는 좋아하지만, 경제영어는 모두 암기해야만 하는 것들이고, 그다지 재미있지는 않았습니다.

**You**

# 74. Do you have any regrets about your school days?

학교생활 중 후회되는 게 있나요?

**TIP**

학교 생활하면서 누구나 후회가 될 만한 일이 작건 크건 있을 수 있다. 다만, 너무 치명적이거나 큰 사건보다는 가볍게 답변을 만들어보자.

* 주의할 점 후회되는 일을 이야기할 때 본인의 성향이 너무 부정적으로 보이는 답변은 삼간다. 예를 들면, 너무 게으르게 들린다거나 무책임하게 들리는 답변들은 하지 않도록 한다.

**A1** 학과 공부 외에 다른 과외활동을 못한 경우 I am afraid I have. I guess I missed a lot of good opportunities to experience and learn more about things other than my major studies. I thought I didn't have enough time to spend on my extracurricular activities but I should have participated more.

그런 경험이 있어서 유감입니다. 저는 제 전공 외에 다른 분야에 대해 배울 좋은 기회를 많이 놓친 것 같습니다. 특별활동에 충분한 시간을 갖지 못했다고 생각하고 더 많이 참여했어야 했다고 생각합니다.

**A2** 많은 과외활동으로 학과 성적이 좋지 않은 경우 I'm afraid I have. I think I put too much energy on other things rather than studying. I joined many clubs and participated in various activities. Because of this, I didn't do quite well in my class. Other than this, I think I enjoyed my school life very much.

그런 경험이 있어서 유감입니다. 저는 학업 보다는 다른 것에 많은 에너지를 쏟은 것 같습니다. 저는 동아리와 다양한 활동에 참여했습니다. 그로인해, 수업에 그다지 충실하지는 못했습니다. 하지만 이것 외에는, 학교생활을 많이 즐길 수 있었다고 생각합니다.

**A3** 배낭여행을 못 가본 경우 Well, I am proud of saying that I enjoyed my school life to the fullest. However, because I went to school on a scholarship and I had to earn my pocket money for living expenses. Many of my friends wanted me to go along with them but I haven't had a chance to travel to other countries. Backpacking in Europe was one of my goals that I always wanted to do in my university days. I would like see the world as much as possible in the future.

저는 즐길 수 있는 한 최대한으로 학교생활을 즐겼다고 자랑스럽게 말할 수 있습니다. 그런데 저는 장학금을 받고 학교에 다니고 생활비를 벌어야 했기 때문에 친구들은 함께 여행을 가자고 했지만 그럴 수가 없었습니다. 유럽 배낭여행은 대학 시절에 제가 꼭 하고 싶었던 목표 였습니다. 앞으로 제가 할 수 있는 한 세계의 많은 곳을 보고 싶습니다.

**You**

# 75. What kind of experience did you gain other than studying in college?

학교생활 중 공부 외에 어떤 경험을 했나요?

TIP

학교 행사나 활동에 많이 참여했을수록 적극적인 사람으로 그리고 단체 활동에 대한 이해도 좋다고 생각될 수 있다. 성향이나 관심사가 승무원 업무에 적합하게 보일 수 있는 답변들로 만들어보자.

**A1** **과외활동, 아르바이트** I learned how to get along with many different types of people through club activities and from my part time job in a department store. It was a great chance to practice customer service.

저는 동아리 활동과 백화점에서 아르바이트를 통해서 다양한 성향의 사람들과 어울리는 방법을 배웠습니다. 고객 서비스에서의 경험은 훌륭한 기회가 되었습니다.

**A2** **국내, 외 여행** Yes, I was interested in traveling, so I travelled to many places in Korea and other countries during my vacations. I met all sorts of different people and it was really a good experience.

네, 저는 여행을 좋아해서 방학 동안에 국외와 우리나라의 많은 곳을 여행했습니다. 여행하는 동안 많은 다양한 사람들을 만났고, 굉장히 좋은 경험이었습니다.

You

# 76. What were your college grades?

대학교 때 성적이 어떤가요?

**TIP**

성적증명서를 제출하는 경우도 있으니 거짓말은 하지 않는 것이 좋다. 성적이 아주 뛰어나다면 면접관이 칭찬하며 가볍게 또 다른 질문을 할 수도 있겠고, 성적이 아주 좋지 않다면 그 이유에 대해 질문할 가능성이 많다. 어떤 질문을 하든 친절하게 답변해 주어야 한다는 것을 명심하도록 한다.

**A1** I graduated from ○○ University with a 3.2 GPA.

학점 3.2로 졸업했습니다.

**A2** I think I made good grades at school. I have a 3.5 GPA out of 4.0 in college.

우수한 성적으로 졸업했습니다. 대학교에서 4.0 만점에 3.5학점을 받았습니다.

**You**

승무원 영어면접 Answer

승무원 영어면접 Answer

# Chapter 6
# Travel & Overseas Experiences
## 여행&해외 경험

Chapter. 6

# 06 Travel & Overseas Experiences

여행 & 해외 경험

## Questions

**77.** Do you like traveling?

여행 좋아하나요?

**78.** Have you ever been abroad/overseas? / Have you ever traveled to another country?

외국 다녀온 적 있나요?

**79.** Have you ever been abroad for studying English? / Have you studied abroad?

외국에서 공부해본 적 있나요?

**80.** Have you felt any culture shock or Cultural differences when you stayed in another country?

외국에 있을 때 문화적 충격이나 문화차이를 경험한 적 있나요?

**81.** What do you think of culture shock?

문화적 충격에 대해 어떻게 생각하나요?

**82.** What was the most difficult thing to deal with while you were in another country?

외국에 있을 때 가장 어려웠던 일이 무엇이었나요?

**83.** What did you learn through the trip? /What is the differences between before and after?

여행을 통해 무엇을 배웠나요?

**84.** What do you think is the difference between Korean and Western people?

한국 사람과 서양 사람들의 차이가 무엇이라고 생각하나요?

**85.** Have you traveled much?

여행 많이 해 봤나요?

**86.** When was the last time you went traveling?

마지막으로 여행 간 게 언제인가요?

**87.** If you become cabin crew, what country would you like to visit the most?

승무원이 된다면 제일 가보고 싶은 나라가 어디인가요?

**88.** If your foreign friends visit Seoul/Korea, where would you take them?

외국인 친구가 서울/한국을 방문한다면 어디를 데리고 가고 싶나요?

# 77. Do you like traveling?

여행 좋아하나요?

**TIP**

면접에서 자주 나오는 주제 중의 하나가 바로 여행, 해외 경험에 관한 질문이다. 해외 여행뿐 아니라 국내 여행에 관해서도 질문받을 수 있으니 미리미리 여행 경험이나 장소에 대해 준비해보자. 여행 외에 외국 생활에 대한 질문 또한 지원자가 환경이 다른 곳에서 적응할 수 있을지 알아보는 성격의 질문이다.

A1 Yes, I do. I love traveling. I have been to many places in Korea and several countries in Europe when I was in University.

네, 그렇습니다. 저는 한국의 많은 곳을 여행 다녔고, 대학 시절에는 유럽의 여러 나라를 가봤습니다.

A2 Traveling is one of my favorite things to do. Traveling really opens my eyes to other cultures. I try to make some time for weekend getaways.

여행은 제가 가장 좋아하는 일 중의 하나입니다. 여행은 다른 나라에 대해 저의 눈을 뜨게 해주었습니다. 저는 주말을 이용한 짧은 여행을 하려 노력합니다.

A3 Yes, I love travelling. Since I was a little girl I had a dream to travel all over the world. These days I am quite busy with my work but I visited Tokyo last summer.

네, 저는 여행을 매우 좋아합니다. 어렸을 때부터 저는 세계의 여러 나라를 여행 다니는 것이 꿈이었습니다. 요즘은 제가 일로 많이 바쁘긴 하지만, 그래도 지난여름에는 동경에 다녀왔습니다.

**You**

# 78. Have you ever been abroad/overseas? Have you ever traveled to another country?

외국 다녀온 적 있나요?

**TIP**

이 질문에 단답형으로 '네, 어디 어디 다녀온 적 있다.'라고만 짧게 끝내지 말고 뒤에 '너무 재미있었다.' 또는 '다시 한 번 가고 싶다' 등 긍정적으로 덧붙여준다.

**A1** 해외 한 번도 안 가본 경우 I am afraid that I haven't. I have only travelled to many places in Korea.

유감스럽게도 없습니다. 저는 한국에서만 많을 곳을 여행 했습니다.

→ Q: Which place is your favorite?
제일 좋아하는 곳은?

**A2** 해외 한 번도 안 가본 경우 Unfortunately, I haven't yet. If I have a chance I would like to visit Paris as I heard that Paris is one of the most beautiful and romantic cities in the world.

불행스럽게, 아직 경험이 없습니다. 만약 제게 기회가 주어진다면, 저는 세계에서 가장 아름답고 로맨틱한 도시인 파리에 가보고 싶습니다.

**A3** 여행 Yes, I have. I have been to ○○. It was a very interesting experience for me and I love to visit agin.

네, 있습니다. 저는 여행으로 ○○에 다녀온 적이 있습니다. 아주 재미있는 경험이었고 다시 한번 방문하고 싶습니다.

**A4** 어학연수 I have stayed in ○○ for 6 months while I attended a language school. It was a very meaningful and interesting experience for me.

저는 어학연수로 ○○에서 6개월간 있었습니다. 말로 의미 있고 흥미로운 경험이었습니다.

**A5** 교환학생 `I have studied in ○○ as an exchange student for a year. It really helped me to have a better understanding of other cultures and people.

저는 일 년 동안 교환학생으로 ○○에서 공부했습니다. 이 경험은 제가 다른 문화와 사람들을 이해하는 데 많은 도움이 되었습니다.

**A6** **워킹홀리데이** I've been to Australia on a working holiday visa and I spent a year there. I had worked in a hotel for 6 months and I had attended a language school for 6 months. It really helped me to have a better understanding of other cultures and people.

저는 워킹홀리데이 비자로 호주에서 1년간 있었습니다. 저는 6개월 동안은 호텔에서 일했고, 6개월은 어학원에 다녔습니다. 이는 제가 다른 문화와 사람들을 이해하는 데 많은 도움이 되었습니다.

**A7** **자원봉사** I've been to Vietnam as a volunteer for community development projects. We helped repair and build new schools and houses in remote communities. I stayed there for 3 months and met many people from diverse countries. It was a very meaningful experience for me.

저는 자원봉사단원으로 베트남에 있었습니다. 우리는 외진 곳의 학교와 집을 고치고 건설하는데 도움을 주었습니다. 저는 그곳에서 3개월간 머물러 있었는데 다른 나라에서 온 많은 사람을 만날 수 있었습니다. 이는 제게 정말로 의미 있는 경험이었습니다.

**A8** **10개국 이상 여행** Yes, I have. In fact I have travelled to more than 10 countries since I was young because my parents loved travelling. I've been to several countries in Europe and Southeast Asia.

네, 있습니다. 어렸을 때부터 저희 부모님께서 여행을 좋아하셔서 10개국이 넘는 나라를 여행했습니다. 저는 유럽과 동남아시아의 여러 나라를 여행했습니다.

➜ Q: Which country did you like the most?
가장 좋았던 나라는 어디인가요?

## 〈Sample Ansewrs〉

**A1** **학교 연수여행** Yes, I have. I went to China for one month during my last vacation. It was a study tour with my university and 20 of us were selected to join the group. Even though it wasn't a long enough time to learn their language and culture in full, I enjoyed having a direct experience of the culture.

네, 있습니다. 지난 방학 때 저는 중국에 한 달간 다녀왔습니다. 우리 학교에서 관광을 공부하기 위해 20명을 선정에 다녀왔습니다. 비록, 언어나 문화를 자세히 공부하기에는 부족한 시간이었지만, 문화를 직접 경험해서 너무 즐거웠습니다.

**A2** 동남아 여행 Yes, I've been to several countries in South east Asia. I travelled to Hong Kong, Singapore, Malaysia, and Thailand two years ago with my friends. I especially loved Hong Kong because of its diversity of culture and I was truly fascinated by the exciting environment in which I could experience both oriental and western culture at the same time.

(* 여행 간 곳 중에 지원하는 항공사의 나라에 가봤다면 그 나라가 제일 인상적이었다고 답변을 준비해 본다.)

네, 저는 동남아시아의 몇몇 나라를 다녀왔습니다. 저는 2년 전에 친구들과 함께 홍콩, 싱가포르, 말레이시아와 태국을 여행 갔다 왔습니다. 저는 특히 문화의 다양성을 맛볼 수 있는 홍콩이 제일 좋았습니다. 서양과 동양의 문화를 동시에 경험할 수 있는 흥미로운 배경에 매료되었습니다.

**A3** 유럽 배낭여행 Yes, I went on a backpacking trip around Europe last year with one of my friends. We travelled to more than 10 countries in a month and it was the best experience of my life. All the countries that I visited had their own attractions respectively. Among them, the Old buildings and houses in London looked as wonderful as the world famous tourist attractions.

네, 저는 작년에 친구 한 명과 유럽 배낭여행을 다녀왔습니다. 저희는 1달 동안 10개국을 넘게 여행을 다녔고, 이는 제 인생에서 가장 좋은 경험이었습니다. 제가 가본 모든 나라는 제각기 그 나라만의 매력을 가지고 있었습니다. 그 나라 가운데 런던의 오래된 건축물들과 집들은 유명 관광지만큼이나 아름다웠습니다.

**A4** 여행, 교환학생 I have visited to Hong Kong, Singapore and Japan. I have also stayed in Shanghai, China for 1 year as an exchange student. Luckily, I homestayed with a very nice Chinese family and I had a wonderful time. I really appreciate the very valuable experience.

저는 홍콩, 싱가포르, 일본을 여행 다녀왔습니다. 또한, 중국 상해에서는 1년 동안 교환학생으로 있었습니다. 저는 매우 친절한 중국 가정에서 홈스테이를 했는데 정말 좋은 시간을 보냈습니다. 저는 매우 소중한 경험을 가질 수 있어서 감사드립니다.

→ Q: How was Shanghai? 상하이 어땠나요?

→ Q: Tell me about the homestay family. 홈스테이 가족 들에 대해서 얘기 해 보세요.

**You**

# 79. Have you studied abroad? Have you ever been abroad for studying English?

외국에서 공부해본 적 있나요?

**TIP**

외국에서 공부한 경험이 있다면 당연히 언제, 어디서, 얼마 동안 공부했는지 이야기한다. 공부한 적이 없다고 해서 'No, I haven't'이라고만 단답형으로 하지 말고 여행이라도 다녀온 적 있다면 간단하게 답변하도록 한다.

**A1** 여행만 다녀옴 Unfortunately, I have never studied abroad but I have travelled to several countries. I 've been to Hong Kong, Singapore, Malaysia, and Thailand.

불행히도 저는 외국에서 공부한 적은 없지만 몇몇 나라를 여행했습니다. 홍콩, 싱가포르, 말레이시아, 태국을 다녀왔습니다.

**A2** 호주, 필리핀 어학연수 Yes, I have. I took English language courses for 6 months in Sydney and 1 month in the Philippines. Even though it wasn't a very long time I tried to make the most of it and my English improved a lot.

네, 있습니다. 6개월 동안 시드니와 1개월 동안 필리핀에서 영어 어학원을 다녀왔습니다. 비록 긴 시간은 아니었지만, 최대한 활용하려고 노력했고, 제 영어 실력이 많이 향상되었습니다.

**A3** 캐나다 밴쿠버 어학연수 Yes I have. I studied in Vancouver, Canada for a year to improve my English. I fortunately stayed with a very nice Canadian family and learned not only English but their culture from their daily lives.

네, 있습니다. 캐나다 밴쿠버에서 1년 동안 영어 공부를 했습니다. 운이 좋게도 친절한 캐나다 가족과 함께 지냈고 영어뿐만 아니라 문화와 그들의 일상생활도 많이 배울 수 있었습니다.

**A4** 미국 시애틀 교환학생 I have studied in Seattle in the United States as an exchange student for a year. I was a little bit nervous before I went there because it was my first time to go abroad but it turned out to be a really exciting and useful experience for me. I made many friends from the school and still keep in touch with them.

미국 시애틀에서 1년간 교환학생으로 공부했습니다. 외국에는 처음으로 가는 것이어서 가기 전에는 좀 긴장이 되었습니다. 그렇지만 곧 저에게 아주 흥미롭고 유용한 경험으로 바뀌었습니다. 학교에서 많은 친구를 사귀었고, 현재까지 연락하고 지내고 있습니다.

**You**

# 80. Have you felt any culture shock or Cultural differences when you stayed in another country?

외국에 있을 때 문화적 충격이나 문화 차이를 경험한 적 있나요?

**TIP**

문화적 충격은 자연스러운 현상이다. 시간이 지나면 익숙해지고 편안해질 수 있는 일들이 더 많을 것으로 생각한다. 다만, 답변할 때 다른 나라 문화를 비하하는 발언이나 무시하는 내용은 삼가고 '한국이랑 이런 것이 다르더라'라고 풀어간다.

**A1** **특별한 것이 없었을 경우** Well, there was no special culture shock for me living in Australia, in fact, it was very interesting and exciting to meet a variety of people. And, learning the culture was such a wonderful experience.

글쎄요, 호주에서 살면서 특별한 문화충격은 없었습니다. 사실, 저는 다양한 사람들을 만나는 것이 참 재미있었습니다. 그리고 문화를 배운다는 것은 정말로 훌륭한 경험이라고 생각합니다.

→ Q: What were the differences?

다른 점은 무엇이었나요?

---

**A2** **중국** I thought their culture was not much different from ours. But the one thing that shocked me was that when I stayed in the countryside in China they didn't have doors in the public toilets. I was embarrassed when I first saw them. But I thought it was just part of the culture.

저는 중국이 저희와 그다지 다르지 않다고 생각합니다. 한 가지 충격이었던 것이 있는데, 제가 중국의 시골에 갔을 때 공중화장실 문이 없어서 놀랐던 것입니다. 처음 봤을 때 정말로 당황스러웠습니다. 하지만 이것도 문화의 한 부분이라고 생각했습니다.

→ Q: What do you think of Chinese people?

중국인들에 대해 어떻게 생각하나요?

A: I think they are very independent people. And, from my experience once they become my friends they are very faithful so I had a lot of helpful friends in China.

제 생각에 중국 사람들은 매우 독립적인 사람들인 것 같습니다. 그리고 한번 친구가 되면 정말 충직한 친구가 되는 것 같았습니다. 중국에 있을 때 저에게 도움 준 친구들이 많이 있습니다.

**A3** **미국** I really enjoyed experiencing their culture. In Korea, we never call seniors by their names but in America they feel very comfortable calling each other by their first names. At first I felt a little shy but soon it felt very easy and convenient.

미국 문화를 경험하는 것은 매우 재미있는 경험이었습니다. 한국에선 나이 드신 분들의 이름을 부르지 않지만, 미국에선 이름을 불러 주면서 서로 편하게 생각하는 것 같았습니다. 처음엔 좀 부끄러웠는데, 곧 매우 편해졌고 편리하다고 느꼈습니다.

---

**A4** **호주/뉴질랜드** When I was in Australia/New Zealand, it was easy to find people who were walking around in their bare feet. It was a little shocking to me because it never happens in Korea. I thought that was possible only in a very clean and safe environment like Australia/New Zealand.

호주/뉴질랜드에 있었을 때, 맨발로 걸어 다니는 사람들을 흔하게 볼 수 있었습니다. 한국에서는 전혀 볼 수 없는 일이기 때문에 다소 충격적이었습니다. 이는 호주/뉴질랜드처럼 매우 깨끗하고 안전한 곳에서만 가능한 일인 것 같습니다.

---

**A5** **일본** I have lived in Japan for 1 year because of my study. I think they are very considerate to others and try to avoid intrude on others. Especially, on the bus or train, they are very quiet and I could hardly see them talking. I thought it was very polite of them.

저는 일본에서 공부하느라 1년간 살았습니다. 다른 사람들에게 배려가 많이 있어서 방해되는 것은 피하는 경향이 있는 것 같습니다. 특히, 버스나 전철에서 얘기하는 사람들을 거의 본 적이 없었고 매우 조용했습니다. 저는 이 부분이 참 예의가 있다고 생각했습니다.

**You**

# 81. What do you think of culture shock?

문화적 충격에 대해 어떻게 생각하나요?

**TIP**

위에서 언급했듯이 문화적 충격은 자연스러운 현상이다. 시간이 지나면 익숙해지고 편안해질 수 있는 일들이 더 많을 것으로 생각한다. 하지만 승무원이라는 직업의 특성상, 다른 문화나 환경에 익숙해지는 데 그리 오래 걸리지 않는 사람처럼 들리는 것이 좋다.

A I think culture shock can be a very natural thing to experience and everyone experiences it even when travelling between very similar countries, or when travelling within our own country. In fact, I enjoy these kinds of differences when travelling to other countries. I think we just need a little time to get familar with our new surroundings.

문화적 충격을 경험하는 것은 매우 자연스러운 현상이라고 생각합니다. 매우 유사한 나라들이나 심지어 우리의 나라를 여행할 때에도 그러한 경험은 누구나 할 수 있다고 생각합니다. 사실, 저는 다른 나라를 여행할 때 이러한 다른 점들을 즐긴답니다. 단지 새로운 환경에 익숙해지는 약간의 시간이 필요할 뿐입니다.

You

# 82. What was the most difficult thing to deal with while you were in another country?

외국에 있을 때 가장 어려웠던 일이 무엇이었나요?

**TIP**

다른 나라에서 여행하거나 사는 동안 당연히 어려운 점들이 있을 수 있다. 또한, 정말로 특별히 어려운 점이 없었을 수도 있다. 다음 예문들을 참고 하여 본인에게 맞는 답변을 준비해보자. 그리고 어려운 점을 언급했다면, 그것을 통해 해결하면서 더욱더 독립적이고 자신감을 키웠던 경험으로 이야기로 풀어간다.

**A1** **특별한 어려움 없었을 경우** Well, there were no difficulties for me while I was living in Australia, in fact, it was very interesting and exciting learning their culture. Also I thought I was very lucky because I had great friends and my work at a Japanese restaurant was fun. It was such a wonderful experience.

글쎄요, 저는 호주에서 살았을 때 특별히 어려운 점이 없었습니다. 사실, 다른 문화를 배우는 것이 오히려 더 재미있고 신이 났었습니다. 또한, 좋은 친구들이 있고 일식당에서 일할 기회를 가져서 저는 매우 행운아라고 생각했습니다. 이는 매우 훌륭한 경험이었습니다.

**A2** **차가 없어서 불편한 것밖에 없었던 경우** Well, there weren't any difficulty for me in Sydney, Australia, in fact, it was very interesting and exciting learning their culture. The only inconvenient thing was that I didn't have a car so it was hard to go around. Other than that, I really loved living in Sydney.

저는 호주 시드니에 있는 동안 어떤 어려움도 없었습니다. 사실 그들의 문화를 배우는 것이 참 재미있고 신이 났었습니다. 한 가지 유일하게 불편한 점이 있었다면 차가 없어서 돌아다니는데 좀 불편했다는 것입니다. 이것을 제외하고는 시드니에 사는 것이 매우 좋았습니다.

**A3** **일본 여행-의사소통** When I was traveling in Japan I sometimes had trouble communicating. I can only speak English and Korean. They didn't understand my English and I could not understand Japanese. It was a little inconvenient because of the language barrier. But I tried hard to make myself understood using gestures and body language and it worked. From this I felt more comfortable interacting with people who speak different languages.

제가 일본을 여행하는 동안에 소통하는데 종종 어려움이 있었습니다. 저는 한국어와 영어만 할 수 있습니다. 그들은 저의 영어를 이해하지 못했고, 저는 그들의 일본어를 이해할 수 없었습니다. 언어의 장벽 때문에 조금의 불편함이 있었습니다. 하지만 저는 제스처나 동작을 사용해서 저 자신을 이해시키려 노력했고 통했습니다. 이것을 통해서 저는 다른 언어를 사용하는 사람들과의 소통도 더 편하게 느껴졌습니다.

A4 어학연수-언어장벽, 혼자 모든 것을 다 해결해야 했음 Well, I guess many people who have had similar experiences would label this as difficulties. The language barrier was something that I had to overcome when I first got there because I didn't speak English well/at all at that time. And, there was no one that I could rely on. I had to find my flat, register school and take care of many things by myself. However, because of that experience I think my English has improved in a short span of time and I have become a more independent person who believes I can survive in any environment.

비슷한 경험을 해본 많은 사람들은 이것을 힘든 점으로 꼬리표를 붙일 거라 생각합니다. 언어 장벽은 그 당시 영어를 잘/전혀 못했기 때문에 처음 갔을 때 제가 극복해야 하는 것이었습니다. 그리고 제가 의지할 사람이 한 명도 없었습니다. 저는 집을 찾고, 학교에 등록하고, 혼자 스스로 많은 일을 처리해야 했습니다. 그로 인해서 짧은 시간에 저의 영어 실력이 향상되었다고 생각하고, 이제는 어떤 환경에서도 살아남을 수 있다고 믿는 더 자립적인 사람이 되었습니다.

A5 호주- 공부와 일 병행 Paying for tuition and living expenses was my responsibility when I studied in Sydney. To do that I had to work on a farm for 6 months and it was not an easy job to do. But I worked hard and I managed to stay in Sydney as I planned. From this I got a sense of achievement and became more confident in my ability to deal with any situation.

제가 시드니에서 공부할 때 학비와 생활비를 내는 것이 저의 책임이었습니다. 그 역할을 하기 위해 6개월 동안 농장에서 일해야만 했고 아주 힘든 일이었습니다. 하지만 저는 일을 열심히 했고, 제가 계획한 대로 시드니에 머물 수 있게 만들었습니다. 이것은 제게 성취감을 주었고, 어떤 상황에서도 해결해 나갈 수 있는 저의 능력에 더 자신할 수 있게 되었습니다.

You

# 83. What did you learn through the trip? What is the differences between before and after?

여행을 통해 무엇을 배웠나요?

**TIP**

다른 문화에 대한 이해, 다른 문화나 환경에 적응할 수 있는 능력들을 객관적으로 알 수 있는 질문이라고 생각한다. 짧은 기간의 여행이라 할지라도 보고, 듣고, 느낀 점에 대해서 긍정적으로 답변하도록 한다.

**A1** I could learn and understand each country's unique culture and customs. I don't have any bias and prejudice and that helps me adapt myself easily to new surroundings.

저는 각각의 나라의 유일한 문화와 전통에 대해 이해하고 배울 수 있었습니다. 저는 어떤 편견과 선입견도 갖지 않게 되었고, 이로 인해 저는 새로운 환경에 쉽게 적응할 수 있게 되었습니다.

**A2** I have learned a lot of things on my trips overseas. I have realized that I am stronger and more independent than I thought. Most of all, I think I became more accepting and understanding of the cultural differences.

저는 외국 여행을 통해서 많은 것들을 배웠습니다. 저는 제가 생각했던 것보다 더 강하고 더 독립적이라는 것을 알게 되었습니다. 무엇보다도 저는 문화적 차이에 대해 더 수용적이고 이해심이 깊어졌습니다.

**A3** I definitely learned many things from the Australian life style. I've learned to appreciate and respect the value of nature and the environment. Before going to Australia, I didn't do much for nature or the environment but while living in Australia I learned from the people that we must protect the earth before it's too late. I was very impressed with all the daily actions they put into saving the earth such as using home made detergent, saving water and saving electricity.

저는 호주 사람들의 생활양식에 대해 정말 많은 것을 배웠습니다. 저는 자연과 환경의 가치에 감사하고 존중하게 되었습니다. 호주를 가기 전에는 자연이나 환경을 위해 많은 것을 하지 않았습니다. 그러나 호주에 사는 동안 사람들로부터 너무 늦기 전에 지구를 보호해야 한다고 많은 것을 배웠습니다. 일상생활에서 지구를 구하기 위해 집에서 만든 세제를 사용한다든가, 물을 아껴 쓴다든가, 전기를 아껴 쓰는 등의 실천을 하는 것을 보고 많은 감동을 받았습니다.

You

# 84. What do you think is the difference between Korean and Western people?

한국 사람과 서양 사람들의 차이가 무엇이라고 생각하나요?

**TIP**

유럽 항공사에서 한국과 서양 문화와 사람의 이해를 알기 위해 가끔 질문한다. 다른 것을 얘기하는 데 중점을 두고, 굳이 단점이나 나쁜 점을 얘기하지 않는다. KLM이나 루프탄자 항공 같은 경우는 한국문화나 사람의 이해가 좋은 지원자들을 높이 평가하는 경향이 있다. 외국문화에 대한 이해만 좋은 것이 아니라 두 나라의 문화를 다 이해할 수 있는 지원자로 평가받을 수 있도록 유사한 질문들에 대해 답변을 생각해보자.

**A1** Well, I don't think I can generalize all people from a few examples. But from what I experienced in Seattle I think the lifestyle of Americans is much more easy going and relaxed than that of Koreans. We seem to live much busier lives with work or school. I think we need to relax sometimes.

글쎄요. 몇 가지 예들로 모든 사람을 일반화 시킬 수는 없다고 생각합니다. 하지만 제가 시애틀에서 경험한 것으로 말하자면, 미국사람들의 생활방식은 한국 사람들보다 훨씬 더 편안하고 여유로운 것 같습니다. 우리는 직장이나 학교에서 훨씬 더 바쁜 생활을 하는 것 같습니다. 가끔은 여유로움이 필요하다고 생각합니다.

**A2** I experienced that Western people are friendly people and they feel comfortable expressing themselves even to strangers. We Koreans are very friendly people too, but I think sometimes we are shy to express what we feel inside.

미국사람들은 매우 친절하고 심지어 낯선 사람들에게도 자신들을 표현하는 데 편안해하는 것을 경험했습니다. 한국 사람들도 역시 매우 친절합니다만 느끼는 감정을 표현하는 데 있어선 종종 수줍어하는 것 같습니다.

**A3** I think we, Koreans sometimes care too much of what other people say or think of us. So Koreans seem to pay much attention to other people's views. On the other hand, Western people don't seem to care much about what other people think about them. I think Western people are more relaxed about themselves./carefree and nonchalant.

한국 사람들은 다른 사람들이 한 말이나 생각을 너무 많이 신경 쓰는 것 같습니다. 그래서 한국 사람들은 다른 사람들의 견해를 지나치게 인식한다고 생각합니다. 반대로, 서양 사람들은 다른 사람들이 자신들을 어떻게 생각하는지 그다지 인식하지 않는다고 생각합니다. 서양 사람들은 자신들에 대해 좀 더 여유로운/편안하고 무덤덤한 것 같습니다.

You

# 85. Have you traveled much?

여행 많이 해 봤나요?

TIP

단순한 여행으로만 질문한다면 해외 여행이든 국내 여행이든 답변해 주면 된다. 본인 답변으로 인해 꼬리 질문으로 이어질 수 있는 질문들을 예상해 보고 답변을 준비해 보도록 한다.

**A1** Yes, I traveled to many places inside Korea during each vacation when I was in university. These days I don't have much time to go on a long trips because of my work, but I try to make short trips as often as I can using my holidays and weekends.

네, 저는 대학에 다닐 때 방학 동안 한국의 많은 곳을 여행했습니다. 요즘은 일 때문에 여행을 갈 시간이 많지 않습니다. 하지만 휴일이나 주말을 이용해 짧은 여행을 하려고 노력합니다.

**A2** Yes, I have. I love traveling and I've been to many famous places in Asia, Europe and the United States. Someday, I'd like to travel to the all over the world. I think travel broadens the mind and helps people become more independent.

네, 그렇습니다. 저는 아시아, 유럽, 미국의 많은 유명한 곳을 방문했었습니다. 저는 세계의 곳곳을 여행하는 것을 좋아합니다. 저는 여행이 마음을 넓히고 좀 더 독립적이게 사람들을 도와준다고 생각합니다.

**You**

# 86. When was the last time you went traveling?

마지막으로 여행 간 게 언제인가요?

**TIP**

언제, 어디를, 얼마 동안, 누구랑 갔는지, 그리고 특별히 즐거웠던 일이 있다면 간단하게 언급해준다. 본인 답변으로 인해 꼬리 질문으로 이어질 수 있는 질문들을 예상해 보고 답변 준비해 보도록 한다.

**A1** Last year I went to Vancouver, Canada to visit my aunt with my mother and stayed about 2 weeks. I had a wonderful time.

작년에 엄마와 함께 이모 댁을 방문하러 캐나다 밴쿠버에 약 2주 동안 방문했습니다. 정말 좋은 시간을 보냈습니다.

---

**A2** It was last month. I went to Jeju Island with my family for 3 days. It was the second time to visit Jeju Island and the more I visit, the more I like. My family and I especially liked abalone soup because Jeju Island has the best abalone in Korea. Moreover, I loved the fresh raw fish and the smell of the ocean.

지난달이었습니다. 저는 3일간 가족들과 함께 제주도에 다녀왔습니다. 제주도를 방문한 것이 이번이 두 번째였는데, 방문하면 할수록 더 좋아지는 곳입니다. 제주도는 한국에서 가장 좋은 전복으로 유명해서 우리는 전복죽을 먹었습니다. 또한, 저는 생선회와 바다의 냄새를 좋아합니다.

**You**

# 87. If you become cabin crew, what country would you like to visit the most?

승무원이 된다면 제일 가보고 싶은 나라가 어디인가요?

**TIP**

지원하는 항공사에 있는 노선을 얘기하는 것이 더 흥미로울 듯하다. 이미 가본 곳을 다시 한 번 방문해보고 싶다는 답변도 나쁘진 않겠지만, 가보지 못한 곳에 대한 답변으로도 한 번 준비해 보자.

**A1** 뉴욕 I love to visit New York the most. I know that New York is the largest city in the world and has many famous places from movies such as beautiful Central Park, Times Square, the Empire tate Building and so on. And, most of all, I majored in music and I am interested in musical. I would love to visit Broadway street in New York to watch my favorite musical. It's going to be fantastic.

저는 뉴욕을 가장 방문하고 싶습니다. 저는 뉴욕이 세계에서 가장 큰 도시이고 영화에서 나온 아름다운 센트럴 파크나 타임스퀘어, 엠파이어스테이트 빌딩 등등 많은 유명한 것이 있다고 알고 있습니다. 그리고 무엇보다도, 저는 음악을 전공했고 뮤지컬에 많은 관심이 있습니다. 저는 제가 가장 좋아하는 뮤지컬을 보러 뉴욕의 브로드웨이를 방문하면 정말 좋을 것 같습니다. 정말 환상적일 것입니다.

---

**A2** 일본 Once I watched T.V program about 'must see places in the world'. I would love to go to Japan and definitely visit the hot springs. I especially love the outdoor ones which are exposed to the beautiful nature. When it snows, I think it is going to be perfect.

예전에 '세계에서 꼭 가봐야 할 장소'라는 텔레비전 프로를 봤습니다. 저는 일본을 가보고 싶고 온천을 꼭 가보고 싶습니다. 저는 아름다운 자연이 드러나 있는 야외 온천을 좋아합니다. 눈이 온다면 정말로 완벽할 것 같습니다.

---

**A3** 유럽 어디나 For me, anywhere in Europe will do. I want to visit England, Italy, France and Germany and so on. I am interested in visiting all the historic places. I think it would be so amazing.

*가장 가보고 싶은 historic places 몇 개 준비해보자.

유럽의 어느 나라도 좋습니다. 저는 영국, 이탈리아, 프랑스, 독일 등등의 나라들을 방문해보고 싶습니다. 저는 모든 역사적인 장소를 방문하는 데 관심이 많이 있습니다. 정말 환상적일 것 같습니다.

---

**A4** 영국 런던 Well, there are so many countries that I would like to go. I would especially love to visit London, England. I have always wanted to visit the home of Shakespeare because I majored in English literature and he is my favorite author. And, I love to watch the play in the old and a famous theatre.

글쎄요, 저는 가보고 싶은 곳이 너무 많이 있습니다. 저는 특히 영국의 런던을 가보고 싶습니다. 저는 영문학과를 전공해서 제가 가장 좋아하는 작가인 세익스피어의 고향을 항상 가보고 싶었습니다. 그리고 오래되고 유명한 극장에서 연극을 보고 싶습니다.

**A5** **프랑스 파리** I read an article saying that France is the most visited country in the world and I believe that it speaks for itself. I would especially like to visit Paris to see all the museums and see the masterpieces in person. Paris is particularly well-known as a mecca for tourists who love food, history, and culture. I love to experience all of them.

프랑스가 세계에서 가장 많이 방문 되는 나라라는 글을 읽었는데, 저는 그 말이 자명하다고 생각합니다. 저는 특히 모든 박물관과 직접 걸작들을 보기 위해 파리를 방문하고 싶습니다. 파리는 특히 음식, 역사, 그리고 문화를 사랑하는 관광객들의 메카로 잘 알려졌습니다. 저는 그 모든 것을 경험해 보고 싶습니다.

**A6** **홍콩** I want to visit Hong Kong. I've heard that Hong Kong is the place that we can experience both oriental and western culture at the same time. People say that the night view is great. I really want to enjoy all of Hong Kong with things such as a boat trip, visiting Disneyland, the night markets and most of all, I would love to try all the different countries' food.

홍콩에 가보고 싶습니다. 홍콩은 동양과 서양의 문화를 동시에 체험할 수 있는 곳이라고 들었습니다. 사람들은 야경이 멋있다고 말을 합니다. 저는 배 여행, 디즈니랜드 방문, 야시장과 같은 홍콩의 모든 것들을 즐기고 싶습니다. 그리고 무엇보다도, 다양한 나라들의 음식을 모두 맛보고 싶습니다.

**A7** **이탈리아** I would definitely love to visit Italy. I know that Italy is full of history, wonderful architecture, good food, beautiful landscape and friendly people. For me Italy is the most interesting country. I hope I can go there in the near future as cabin crew of your airline.

저는 단연코 이탈리아를 가보고 싶습니다. 이탈리아는 역사, 위대한 건축물, 음식, 아름다운 경치와 친절한 사람들로 가득 하다고 알고 있습니다. 저에게 이탈리아는 가장 흥미로운 나라입니다. 저는 가까운 미래에 귀사의 승무원으로 그곳을 갈 수 있기를 희망합니다.

**A8** **뉴질랜드** I would love to visit New Zealand because I think it is the most peaceful country in the world and it looks so perfect in all the nature and beautiful surroundings. It would be so wonderful. And, I heard that there are many interesting activities there such as bungee jumping, fishing, cycling, and many more interesting things. I love outdoor activity and I love to try all of them.

저는 세계에서 가장 평화로운 나라이고 자연과 아름다운 환경으로 완벽하게 보이는 뉴질랜드를 가보고 싶습니다. 정말 멋있는 경험일 것입니다. 그리고 번지 점프, 낚시, 사이클, 그리고 많은 재미있는 활동들이 많이 있다고 들었습니다. 저는 야외 활동을 좋아하는데 모든 것을 시도해보고 싶습니다.

**A9** **터키** I would love to go to Turkey. One of my best friends whom I met in Australia when I was attending language school was from Turkey. I would love to visit her in her home country. she told me that Istanbul is one of the most beautiful city in the wold. It is also such a fascinating culture that I would love to experience myself.

저는 터키를 가고 싶습니다. 제가 어학연수 과정에 있을 때 호주에서 만난 가장 친한 친구가 터키에서 온 친구입니다. 저는 그녀의 나라에서 그녀를 방문하고 싶습니다. 이스탄불은 세계에서 가장 아름다운 도시 중의 하나라고 그녀가 말해 주었습니다. 또한, 문화도 굉장히 매력적이어서 꼭 직접 경험해보고 싶습니다.

**A10** **그리스** I would like to visit Greek. There is so much history there that I would love to see. It would be so magical. Plus, seeing all the beautiful island would just be amazing. I especially love to spend some time in Santorini, which is the one of the most beautiful island in the world.

저는 그리스를 방문하고 싶습니다. 제가 보고 싶은 많은 역사가 그곳에 있습니다. 정말 환상적일 것입니다. 게다가, 아름다운 섬들을 보는 것만으로도 놀라울 것입니다. 저는 특히 세계에서 가장 아름다운 섬 중의 하나인 산토리니에서 꼭 시간을 보내고 싶습니다.

**You**

# 88. If your foreign friends visit Seoul/ Korea, where would you take them?

외국인 친구가 서울/한국을 방문한다면 어디를 데리고 가고 싶나요?

**TIP**

너무 상투적이거나 일반적으로 보이지 않도록 "I will definitely recommend…" 또는 "I think ○○ is the perfect place…"라는 단어나 문장을 사용함으로써 같은 장소를 추천하더라도 더 적극적으로 들릴 수 있다. 또한, "○○○을 외국 친구들이 와서 데리고 갔는데 정말 좋아하더라."라는 답변으로 시작해도 흥미로운 답변이 될 수 있다.

면접관의 질문을 잘 듣고 대답하도록 한다. 면접관과 중국에서 교환학생 시절의 이야기와 중국 친구들 이야기하는 도중에 면접관이 "너는 너의 중국 친구들이 한국에 오면 어디를 데리고 가고 싶니?"라고 물어보면 당연히 "나는 우리 중국 친구들이 오면 ○○를 꼭 데리고 가고 싶어. 왜냐면 우리 친구들은 한국 음식도 무척 좋아하고 한국 물건, 특히 옷과 화장품에 관심이 굉장히 많아. 그래서 난 ○○에 가서 맛있는 것도 많이 먹고 쇼핑도 하고 싶어."라고 친구들로 포인트를 맞추어 답변한다.

*** 주의할 점** 소통 능력이 좋아 보이지 않는 예로 "너는 너의 중국 친구들이 한국에 오면 어디를 데리고 가고 싶니?"라고 물어보는데, "If foreigner visit Korea I will recommend 인사동 because…" 이런 답변은 면접관의 질문을 듣지 않고 본인이 준비한 답변만 하는 것처럼 보이며, 소통이 자연스럽지 않게 들릴 수 있다. 필자가 외국 항공사 최종면접을 마친 후 면접관에게 우리 지원자들에 대한 면접에 대한 피드백을 부탁했다. 그때 면접관 한 분이 이렇게 얘기했다. "Some students are very good but some don't understand my question clearly. They don't answer to my question but they just talked what they prepared." 면접관의 질문에 맞추어서 답변하지 않고 준비한 답변만 이야기하는 것은 영어를 잘 못한다는 인상을 면접관에게 줄 수 있다.

**A1** I think 장소 이름 is the best place for foreign visitors to experience Korean culture.

외국인 방문객들에게 한국의 문화를 경험하기에 가장 좋은 장소는 ○○이라고 생각합니다.

**A2** **이태원** I think Itaewon is good place for them to visit. It is the best known shopping and entertainment area in Korea among foreigners. Itaewon is famous for its low priced items and good quality. And, there are many good restaurants serving international food like italian, thai, indian and arabic. I think Itawon is one of the 'must see' place in Seoul.

외국 친구들이 방문하기에 좋은 장소는 이태원이라고 생각합니다. 외국인들에게 한국에서 이태원은 쇼핑과 유흥에 좋은 장소로 알려져 있습니다. 이태원은 저렴한 가격과 좋은 품질로 유명합니다. 그리고 또한 이탈리아, 타이, 인도, 그리고 아라비아와 같은 세계적인 음식을 먹을 수 있는 많은 식당이 있습니다. 서울에서 이태원은 꼭 가봐야 할 곳이라고 생각합니다.

**A3** **서울 타워** I believe Seoul tower is one of the greatest tourist attractions in Korea. You can get the best view of Seoul from there. In addition to the view, you can also enjoy a drink or meal at the restaurant.

서울타워는 한국의 관광명소 중의 하나라고 생각합니다. 그곳에서 서울의 가장 좋은 경치를 볼 수 있습니다. 경치뿐만 아니라 식당에서 음료나 음식도 즐길 수 있습니다.

**A4** **압구정 로데오 거리** If they like shopping, I would take them to Apgujeong Rodeo Street. It is the place that we can read the latest trend and its Korea's fashion Mecca. On top of that, we can easily find places for nice coffee and food.

쇼핑을 좋아한다면 압구정동 로데오 거리로 데려가고 싶습니다. 최신 유행과 한국 패션의 메카를 알 수 있는 곳입니다. 무엇보다도, 훌륭한 커피와 음식을 쉽게 찾을 수 있습니다.

**A5** **동대문 시장** I will definitely take them to the night Dongdaemun market where we can do some shopping and experience local Korean foods on the street. Dongdaemun is the best shopping area in Korea for both Korean and foreign tourists from all over the world. It is my favorite place for shopping too.

저는 당연히 쇼핑도 할 수 있고 거리에서 한국의 음식을 경험할 수 있는 동대문 야시장에 데리고 가겠습니다. 동대문은 전 세계적으로 한국 사람들과 외국인 관광객들 모두에게 쇼핑하기에 한국에서 최고인 곳입니다. 제가 제일 좋아하는 쇼핑 장소이기도 합니다.

**A6** **코엑스** I want to take them to COEX. Going to COEX means we can do so many things at one place. There are hundreds of shops, the largest underground shopping mall in Asia, nice restaurants, exhibit hall and one of the famous Aquariums. We can also enjoy the variety of exhibitions.

저는 코엑스에 데리고 가고 싶습니다. 코엑스에 간다는 것은 그곳에서 많은 것을 할 수 있다는 것을 의미하기도 합니다. 수백 개의 가게와 아시아에서 가장 큰 지하 쇼핑몰, 좋은 음식점들, 전시관과 유명한 수족관이 있습니다. 또한, 다양한 전시회를 볼 수 있습니다.

**A7** **경복궁** I will definitely show them around the Gyeongbokgung, Palace, which is the most beautiful palace in Korea. It is located in Jongno, the center of Seoul. This Palace was built in 1395 and was the main seat of government activity of Joseon Dynasty (1392~1910). The Pavilion which floats on a man-made lake is the perfect place to relax and feel the beauty of Korea. Plus, from this place we can easily go to Insadong area too, which is one of the best tourist spots in Seoul.

저는 당연히 한국에서 가장 아름다운 궁인 경복궁을 소개해 줄 것입니다. 경복궁은 서울의 중심인 종로에 있습니다. 경복궁은 1395년에 세워졌고, 조선왕조(1392~1910)의 국가 활동에 주요 역할을 하였습니다. 인공 호수 위의 정자는 휴식하기에 완벽한 곳이고 한국의 아름다움을 감상하기에 훌륭한 곳입니다. 게다가, 이곳에서 인사동을 쉽게 갈 수 있는데, 인사동은 서울에서 관광객들에게 가장 유명한 명소 중 하나입니다.

**A8** **용인 민속촌** I would like to recommend the Korean traditional folk village which is located in Yong In city and takes about 1 hour from Seoul. It is the perfect place for foreign tourists who want to learn about the life style of Korean ancestors and traditional culture. And, there are many nice trails for walking and biking. In addition to that, we can experience the traditional taste of Korea because there are many good restaurants there.

저는 서울에서 약 1시간 정도 걸리는 용인에 위치한 한국 민속촌을 추천해드리고 싶습니다. 한국의 전통문화와 한국 선조들의 삶을 배우기를 희망하는 외국 관광객들에게 가장 좋은 곳입니다. 그리고 산책하고 자전거 타기에 좋은 산책로가 많이 있습니다. 또한, 그곳에는 좋은 음식점들이 많이 있기 때문에 한국의 전통의 맛을 경험할 수 있습니다.

**A9** **인사동** I think Insa–dong is a 'must visit' place for foreign visitors. Insa–dong is a name of street in Seoul. There are so many nice antique shops where tourists can feel and see the Korean heritage. And they can buy very beautiful Korean traditional souvenirs and they can experience tea ceremony at the tea shop. I think Insa–dong is a very interesting place because people can feel and enjoy a past and present time. In addition to that, on weekends, there will be many different types of street performances. It is very interesting.

인사동은 관광객들에게 꼭 가봐야 할 명소라고 생각합니다. 인사동은 서울에 있는 한 거리의 이름입니다. 관광객들이 한국의 유산을 보고 느낄 수 있는 좋은 골동품 가게들이 많이 있습니다. 그리고 한국의 아름다운 전통 기념품들을 살 수 있고 찻집에서 다도를 경험할 수도 있습니다. 사람들이 과거와 현재의 시간을 느끼고 즐길 수 있기 때문에 인사동은 매우 흥미로운 곳이라고 생각합니다. 게다가 주말에는 다양한 종류의 거리 공연이 펼쳐집니다. 정말로 재미있습니다.

**A10** **북촌한옥마을** I would definitely recommend 'Bukchon Hanok Village'. It is home to hundreds of traditional houses called 'hanok' that date back to the Joseon Dynasty. And, it is surrounded by Gyeongbokgung Palace, Changdeokgung Palace and Jongmyo Shrine, which are the popular tourist attractions in Seoul. Today, many of these hanoks operate as cultural centers, guesthouses, restaurants and tea houses, providing an opportunity to learn and experience Korean traditional culture. I think this is one of the best places to feel the beauty of Korea.

저는 북촌한옥마을을 추천하고 싶습니다. 조선 시대로 돌아가 한옥이라고 불리는 수백 년 전의 집들이 모여 있는 곳입니다. 그리고 이곳은 서울에서 유명한 관광명소들인 경복궁, 창덕궁, 종묘로 둘러싸여 있습니다. 오늘날 한옥의 상당수가 한국 전통문화를 경험하고 배우는 기회를 제공하는 문화센터, 게스트하우스, 음식점, 찻집으로 사용되고 있습니다. 저는 이곳이 한국의 미를 느낄 수 있는 가장 좋은 장소 중의 하나라고 생각합니다.

A11 **전주** I would definitely recommend my home town, Jeonju in Jeola province. It takes about 3 hours by car from Seoul. Jeonju is known around Korea for its excellent food, and specifically its famous dish of bibimbap. Bibimbap is the city's signature dish. Jeonju's hanok village is also very popular among many tourists, Korean or international. Hanok is korean traditional house and this is the perfect place to experience and learn about the traditions of old Korea.

저는 저의 고향인 전라도의 전주를 소개해 주고 싶습니다. 서울에서 차로 3시간 정도 걸리는 곳입니다. 전주는 한국에서 훌륭한 음식으로 유명한데, 특히 비빔밥으로 유명합니다. 비빔밥은 전주의 대표 음식입니다. 전주의 한옥마을은 내국인은 물론, 외국인들에게도 매우 유명한 곳입니다. 한옥은 한국의 전통 가옥입니다. 옛 한국의 전통을 배우고 경험하기에는 완벽한 장소라고 생각합니다.

A12 **제주도** I'd like to introduce one of the most popular places in Korea which is Jeju. Jeju island is my favorite place too. It is Korea's remarkable semi-tropical and volcanic island. It's a beautiful island and is the southernmost and largest island of Korea. It is famous for fresh seafood, in particular raw fish and it has many tourist attractions like mountain Hanla and Jungmun beach.

**봄인 경우** Plus, I think spring is the best season to visit Jeju Island because of the beautiful flower and nice weather. These days, the rape flowers are in full bloom on Jeju Island.

저는 한국에서 가장 인기 있는 곳 중의 하나인 제주도를 소개해주고 싶습니다. 제주도는 제가 가장 좋아하는 곳입니다. 제주도는 한국의 주목할 만한 아열대성 기후의 화산섬입니다. 이 아름다운 섬은 한국에서 최남단의 가장 큰 섬입니다. 특히, 생선회로 유명하고 한라산과 중문 해변은 관광명소 중 하나입니다.
봄인 경우, 게다가 아름다운 꽃과 좋은 날씨로 제주도를 방문하기에 가장 좋은 계절은 봄이라고 생각합니다. 이시기에는 유채꽃이 제주도에 만발한답니다.

You

승무원 영어면접 Answer

# Chapter 7
# Personality
## 성격

Chapter. 7

# 07 Personality

성격

## Questions

89. Can you describe your personality? / What is your strong point/strengths?
본인의 성격에 관해 얘기해보세요./ 본인의 장점이 무엇인가요?

90. Do you think the job of the cabin crew suits your personality?
본인의 성격이 승무원에 적합하다고 생각하나요?

91. What do you think your weak point/Weakness is?
본인의 단점은 무엇인가요?

92. Please tell me about your principles/motto that apply to your life.
본인이 믿고 따르는 생활신조나 좌우명이 있나요?

93. What motivates you?
본인에게 동기 부여가 되는 것은 무엇인가요?

94. Do you get along with people?
사람들과 잘 어울리나요?

95. Do you think you are more outgoing or reserved?
외향적인 편인가요? 내성적인 편인가요?

96. Are you liberal or conservative?
진보적인 편인가요? 보수적인 편인가요?

97. Do you think you are a responsible person?
책임감이 있는 사람이라고 생각하나요?

98. How flexible are you? How do you deal with change?

융통성이 있는 사람이라고 생각하나요? 변화에 대해 어떻게 대처하나요?

99. Are you a goal-oriented person?

목표지향적인 사람이라고 생각하나요?

100. Can you empathize with customers, clients, supervisors, and fellow workers?

손님, 고객, 상사, 동료와 공감을 할 줄 아는 사람이라고 생각하나요?

101. Do you think you are an ambitious person?

야망이 있는 사람이라고 생각하나요?

102. What do you do when you have a hard time solving a problem?

문제 해결하는 데 힘이 들면 어떻게 하나요?

## 긍정적인 성격 형용사

**Polite**
have good manners and behave in a way that is socially correct and not rude to other people.

**Friendly**
behave in a pleasant, kind way, and like to be with other people.

**Sociable**
friendly and enjoy talking to other people.

**Service-oriented**
mainly interested in or concerned with service

**Outgoing**
very friendly and likes meeting and talking to people.

**Active**
taking action in order to achieve something, rather than just hoping for it or achieving it in an indirect way.

**Cheerful**
happy and show this in my behavior.

**Understanding**
kind and forgiving.

**Considerate**
pay attention to the needs, wishes, or feelings of other people.

**Good-tempered**
naturally friendly and pleasant and do not easily get angry or upset.

**Warm-hearted**
friendly and affectionate.

**Thoughtful**
remember what other people want, need, or feel, and try not to upset them.

**Unselfish**
regard other people's wishes and interests as more important than my own.

---

**Sincere**
honest, gentle, real, true, serious.

---

**Generous**
friendly, helpful, and willing to see good qualities in someone or something.

---

**Easy-going**
not easily annoyed, worried, or upset.

---

**Positive**
hopeful and confident, and think of good aspects of a situation rather than bad ones.

---

**Optimistic**
hopeful about the future or the success of things in particular.

---

**Honest**
always tell the truth, and do not try to deceive people or break the law.

---

**Modest**
do not talk much about my abilities or a achievements.

---

**Careful**
give serious attention to what you are doing, in order to avoid harm, damage, or mistakes.

---

**Cooperative**
do what people ask me to without complaining or arguing.

---

**Diligent**
work hard in a careful and thorough way.

---

**Creative**
have the ability to invent and develop original ideas, especially in the arts.

---

**Patient**
stay calm and do not get annoyed, for example when something takes a long time, or when someone is not doing what I want them to do.

**Intelligent**
learn things quickly and well.

**Punctual**
do something or arrive somewhere at the right time and am not late.

**Open-minded**
willing to listen to and consider other people's ideas and suggestions.

**Broad-minded**
willing to accept types of behavior which other people consider immoral.

**Adaptable**
able to change ideas or behavior in order to deal with new situations.

**Flexible**
able to change easily and adapt to different conditions and circumstances.

**Sensible**
behave in a wise and practical way based on reasons rather than emotions.

**Sensitive**
show understanding and awareness of people's feelings, needs, or problems.

**Enthusiastic**
show how much I like or enjoy it by the way I behave and talk.

**Energetic**
have a lot of enthusiasm and determination. Very active and do not feel at all tired.

**Responsible**
behave properly and sensibly, without needing to be supervised.

**Reliable**
can be trusted to work well or to behave in the way that people want me to.

**Independent**
do not need help or money from anyone else.

**Team player**
work well with other people in order to achieve things.

# 89. Can you describe your personality? What is your strong point/strengths?

본인의 성격에 관해 얘기해보세요./ 본인의 장점이 무엇인가요?

**TIP**

성격에 대한 질문은 지원자들이 업무가 적성에 맞는지, 또한 다른 동료나 고객들과도 잘 지낼 수 있는지를 알아볼 수 있는 질문 중의 하나다. 여러분이 가지고 있는 성격들의 장점들을 조금 더 적극적이고 효과적으로 표현해보자. 성격을 표현할 때는 적절한 성격 형용사를 사용한 후 뒤에 맞는 구체적인 예나 경험 등을 얘기해주는 것이 좋다.

질문의 형태가 다양하니 잘 듣고 그 질문에 알맞게 시작하는 문장을 잘 이끌어 보자. 성격을 묻는 질문에 성격의 단점을 미리 얘기할 필요는 없다. 하지만 단점을 묻는다면 다음의 보기들 중에 여러분에게 맞는 것을 조합해서 자연스럽게 만들어 보자. 성격이나 장점이나 같은 답변일 수 있다. 성격이나 장점을 두, 세 가지 이야기한 후 부연설명을 해준다. 그리고 그에 해당하는 예시 에피소드를 미리 준비해보자. 여러 단어로 배열된 샘플들은 본인이 말하기 편할 정도로 줄이거나 쉬운 단어로 바꾸어서 만들어 본다. 예문들과 같이 나는 어떠어떠하다고 얘기한 다음 부연설명으로 보충한다. 다음 답변 샘플들을 두 개 정도를 적절히 편집해서 만들어 본다.

A1과 같이 간략하게 본인이 사교성이 좋은 사람이라는 이유를 설명으로 풀어놓았다.

A5의 예문과 같이 나는 사려 깊고 서비스 정신이 뛰어난 사람이라 말한 뒤에 바로 그래서 서비스 분야에서 일하는 것이 즐겁다고 구체적으로 부연설명하고 있다.

A15의 경우 성실한 성격이 장점이라고 했고 그에 따른 구체적인 부연설명으로 전 직장에서 지난 2년간 지각, 결근한 적이 없으며, 업무 성과로 인한 수상 내용까지 예로 들고 있다. 이 사람이 거짓말을 하지 않은 한 이 사람의 답변을 들으면 굉장히 성실하고 책임감 강한 사람으로 보일 수밖에 없다.

여러분을 처음 본 면접관은 나를 잘 모르기 때문에 나에 대한 질문들을 한다. 그중에서 이 사람이 승무원이란 직무에 적합한 성격이나 장점을 가지고 있는지 당연히 알고 싶어 하므로 면접관에게 장점들을 어필하면서 승무원에 어울린다는 인식을 주어 여러분을 잘 팔아야 한다. 말뿐 아니라 표정까지도 어필을 해야 신뢰감을 줄 수 있다.
면접관들은 내가 하는 말만 믿는 것이 아니라 표정으로도 나를 파악한다는 것을 명심하자.

---

**면접 중** 한 외국 항공사 면접에서 필자가 지원자에게 장점이 무엇이냐고 질문했더니 아주 통명스러운 표정과 목소리로 "My friends tell me I have bright smile. 어쩌고저쩌고…." 그래서 그런데 왜 지금은 안 웃느냐고 하니 떨려서 그렇다고 하던데, 별로 장점 같이 들리지도 않은데다 또 떨리지 않는 사람이 어디 있는가? 그 상황에서 최선을 다해 주는 것이 열정인 것이다. 면접관이 왜 지금은 안 웃냐고 했을 때 빨리 분위기 파악을 하고 이제라도 활짝 웃으며 아, 잠깐 긴장해서 그랬다. 이렇게 잘 웃을 수 있다(^0^)고 귀엽게 답변했다면 오히려 더 인간적으로 보이고 센스 있게 보였을 것이다.

가끔 성격이나 장점에 대한 질문을 나에게 직접적으로 하는 경우도 많지만, 딱 꼬집어서 "당신은 이러이러한 성격의 소유자인가요?"라고 질문하는 경우가 많다. 아래 질문들을 보고 자신만의 답변을 준비해보자. 필자가 정리한 성격/장점 샘플을 소리 내어서 3번씩만 읽으면 머릿속에 어느 정도는 정리될 것이다.

## 〈Personality 답변 샘플〉

**A1** 사교성이 좋은 I am very much a people person. I love to be around many people and enjoy doing things with them.

저는 사교성이 좋은 사람입니다. 저는 사람들의 주변에 있는 것을 좋아하고 사람들과 함께하는 것을 좋아합니다.

**A2** 활동적인, 적극적인 I am a very active person. I can say I am a doer and an action taker. I think taking action comes much easier when there is motivation and I throw myself into everything I do.

저는 매우 활동적인 사람입니다. 저는 행동가이자 실천가라고 생각합니다. 동기가 있다면 실천하기가 훨씬 쉬워진다고 생각하고 무엇이든지 할 수 있게 만듭니다.

**A3** 긍정적인 I always try to be positive about everything I do. I am normally a "glass half full" person. And, trying to see the best in myself and my abilities seem to bring better results to me. I believe positive thinking plays an important part in my well–being.

저는 제가 하는 모든 일을 긍정적으로 보려고 노력합니다. 저는 보통 '아직 컵에 반이나 남아있는'이라고 말할 수 있는 사람입니다. 그리고 저 자신이나 능력에 대해서 가장 좋은 점을 보려 하면 더 좋은 결과가 오는 것 같습니다. 긍정적인 생각은 저의 행복한 삶에 아주 중요한 역할을 한다고 생각합니다.

**A4** 외향적이고 긍정적인 I would describe myself as an outgoing and positive person. I am very friendly and love to meet and talk to people. And, I always try to see the good things in people. I think this is how I maintain a good relationship with others.

저는 외향적이고 긍정적인 사람이라고 저 자신을 설명하고 싶습니다. 저는 매우 친절하고 사람들과 만나 이야기하는 것을 좋아합니다. 그리고 저는 항상 사람들에게서 좋은 점을 보려고 노력합니다. 이것이 제가 다른 사람들과 좋은 관계를 유지하는 방법이라고 생각합니다.

**A5** 배려하는 I think considerate and service oriented are probably the best words to describe me. I always tend to put others before me and understand the needs of others. That's why I am very good at taking care of other people and enjoy working in the service industry.

저는 매우 사려 깊고 서비스 지향적인 사람이라고 생각합니다. 저는 항상 저 자신보다는 남들을 배려하는 경향이 있고, 다른 사람들의 요구하는 것을 잘 이해할 수 있습니다. 그래서 저는 다른 사람들을 잘 돌보고 서비스 산업에서 일하는 것을 즐거워합니다.

**A6** **다른 사람들과 잘 어울리고 잘 도와주는 사람** I'm a social butterfly and can mingle with many different types of people. And, I am always willing to help others and learn more whenever I can. That's why I participated/volunteered in many charitable activities. (not only in Korea but also abroad/in other countries)

저는 매우 사교적이고 다양한 종류의 사람들과 잘 섞입니다. 그리고 항상 다른 사람들을 돕는 것을 좋아하고 틈날 때마다 더 많은 것을 배우려고 합니다. 그래서 저는 많은 자선 활동에 참여/봉사를 했습니다.

**A7** **낙천적인** I am very optimistic and I recover from problems or hardships easily. Well, in my opinion, a positive attitude towards people or things makes people around me comfortable and pleasant too.

저는 매우 낙관적이고 난관을 쉽게 극복하는 편입니다. 제 생각에 사람이나 사물에 관한 긍정적인 태도는 저의 주변 사람들을 편안하고 기분 좋게 만든다고 생각합니다.

**A8** **친절하고 다른 사람들과 잘 어울리는** People who know me often tell me that I'm a very friendly person. I am very easy going and I can adjust myself into a new environment very easily. Because of this nature, I enjoyed staying in Australia to the fullest.

저를 아는 사람들은 종종 저에게 매우 친절하다고 말을 해줍니다. 저는 매우 편한 사람이고 새로운 환경에 매우 쉽게 적응을 할 수 있습니다. 이러한 근성 때문에 호주에서 최대한으로 즐길 수 있었습니다.

**A9** **활기차고 열정적인** I consider myself to be a highly energetic and enthusiastic person. I approach my life with enthusiasm and energy. I think my energy comes from my positive mind and attitude. And, I always try to enjoy and learn from life and work.

저는 매우 활기차고 열정적인 사람이라고 생각합니다. 저는 열정과 에너지로 제 생활을 채우려 노력합니다. 저의 에너지는 저의 긍정적인 마인드와 태도에서 나온다고 생각합니다. 그리고 저는 항상 생활과 일에서 배우고 즐기려고 노력합니다.

**A10** **다른 사람들과 잘 어울리는** I mingle well with all different types of people or generations. It's very easy for me to make new friends and get along with them. People often tell me that I am very comfortable to be with and easy to talk to.

저는 다양한 종류의 사람들과 다른 세대의 사람들과 함께 잘 융화됩니다. 새로운 친구를 사귀고 함께 잘 어울리는 것은 매우 쉬운 일입니다. 사람들은 제가 함께 대화하기에 매우 편한 사람이라고 종종 얘기합니다.

**A11** **사교적인** I am a very sociable person. I love to be around many people and I think I have a good sense of humor and try to enjoy my life to the fullest. And, I treat all people equally regardless of who they are. I think this is how I maintain a good relationship with others.

저는 매우 사교적인 사람입니다. 저는 사람들의 주변에 있는 것을 좋아하고 유머도 있고 최대한 인생을 즐기려고 노력합니다. 그리고 그들이 누구든지 모든 사람들을 공정하게 대합니다. 이것이 제가 다른 사람들과 좋은 관계를 지속하는 방법이라고 생각합니다.

**A12** **마음이 열린 그리고 이해심 많은** Well, I consider myself an open-minded and understanding person. I am willing to listen to others, understand, and respect what other people think and feel. I believe studying overseas and traveling to many different countries helped me become a more accepting/open-minded person.

저는 열린 마음을 가지고 있고 사람들에 대한 이해심이 있다고 생각합니다. 저는 다른 사람들이 생각하고 느끼는 것을 들어주고, 이해해주고 존중하는 것을 좋아합니다. 해외 유학과 해외 여행은 제가 받아들이고/ 열린 마음을 갖는 데 많은 도움을 주었다고 생각합니다.

**A13** **열린 마음인** I consider myself an open-minded person. I always have respect for people's diversity and individual differences. I am willing to listen to others and respect other people's opinions. I believe this nature helps me adapt to new environments quickly and get along with many different kinds of people. I also have a willingness to work in a multicultural environment.

저는 열린 마음을 소유한 사람이라고 생각합니다. 저는 항상 사람들의 다양성과 개인적 차이를 존중해 왔습니다. 저는 다른 사람들의 의견을 듣는 것을 좋아하고 그 견해들을 존중합니다. 저의 이런 근성은 새로운 환경에 빠르게 적응하게 도와주고, 다양한 종류의 사람들과 잘 어울릴 수 있게 도와준다고 믿고 있습니다. 저는 또한 다문화 환경에서 일하는 것을 매우 좋아합니다.

**A14** **누가 시키지 않아도 스스로 시작하고 동기 부여하는 사람** I've always been a self-starter and self motivator. I don't wait until someone tells me what to do. I try to achieve or do something because of my own enthusiasm and interest. I always find ways to improve myself by reading, researching, trying new and challenging activities.

저는 항상 스스로 동기부여 하고 스스로 시작하는 사람입니다. 다른 사람이 지시할 때까지 기다리지 않습니다. 저는 열정과 흥미로 무언가를 행하고 성취하기 위해 노력합니다. 저는 항상 제 자신이 발전 할 수 있도록 독서, 공부, 새롭고 도전적인 활동들로 그 방법을 찾으려 노력합니다.

**A15** **성실한** I am a hard worker so I can and will work additional hours to accomplish my tasks and I always finish what I started. And, I've never been late or absent for my job for the last 2 years and I am willing to stay late to finish my job. Because of my good performance, I was selected as the best employee of the year and I am very proud of that.

저는 성실한 사람입니다. 그래서 제 업무를 완수하기 위해 추가 시간이라도 일을 합니다. 저는 일단 시작한 일은 항상 끝을 냅니다. 저는 지난 2년간 단 한 번의 지각과 결근도 없었고, 일을 끝내기 위해 늦게까지도 기꺼이 남아서 일을 합니다. 이러한 저의 좋은 작업 수행능력 때문에 저는 올해의 최고 직원으로 뽑혔고, 그것이 매우 자랑스럽습니다.

---

**A16** **예의 바르고 다른 사람들과 잘 어울리는** Well, people often tell me that I'm very polite to everyone and a good socializer. I am very easy going and able to fit in whatever social situations very easily and quickly. That's why I didn't have any difficulties when I stayed in Sydney for 6 months.

사람들은 종종 제가 모든 사람에게 매우 예의 바르고 매우 사교적인 사람이라고 말해 줍니다. 저는 매우 편한 사람이고 사회적 환경이 어떻든지 매우 쉽고 빠르게 적응할 수 있습니다. 이러한 이유로 제가 시드니에 있는 6개월 동안 어떠한 어려움도 없었답니다.

---

**A17** **새로운 사람과도 쉽게 친해지고 적응력이 뛰어난** I can easily make myself familiar and mix well with other people even though I have just met them for the first time. I can also say that I'm adaptable and can deal with new and different environments or situations very easily. I had stayed in Sydney for 6 months and I was able to make a lot of friends.

저는 처음 만난 사람들과도 잘 융화되고 쉽게 친해질 수 있습니다. 저는 새롭고 다른 환경이나 상황에 매우 쉽게 적응할 수 있는 능력이 있다고 말할 수 있습니다. 저는 6개월 동안 시드니에 있었고 많은 친구를 사귈 수 있었습니다.

---

**A18** **다른 것을 잘 받아들이는, 인간관계에 있어서 융통성이 좋은** I'm the kind of person who thinks that differences between people and views are interesting. I'm proud that I am not biased. This aspect of myself will be useful as I understand that the cabin crew's job calls for people skills.

저는 사람들의 차이점과 견해를 흥미롭게 생각하는 사람입니다. 저는 편견이 없다는 것을 자랑스럽게 생각합니다. 승무원의 업무가 사람을 대하는 기술을 필요로 하는 일이라는 것을 알고 있기에 저 자신의 이러한 면이 유용할 것입니다.

---

**A19** **추진력 있는, 진취적인** I think I am the kind of person who acts with initiative. I always try to be proactive to make my job better. Because of this quality, I exceeded the expectations of both customers and co-workers when working in a hotel as a waitress. And, I was chosen as the staff of the month several times.

저는 적극성을 가지고 행동하는 사람이라고 생각합니다. 저는 항상 제 일을 더 잘 수행하기 위해 적극적으로 임합니다. 저는 호텔에서 웨이트리스로 일할 때 손님과 동료 모두의 기대를 뛰어넘었습니다. 그리고 수차례 이달의 직원에 선정되었습니다.

A20 독립적인 I consider myself a very independent person. I am able to manage my life by myself and try not to rely on others. Of course, sometimes I freely approach my family or friends when I need help, but I never expect them to solve my problems for me. (외동일 때 Plus, since I am an only child I had to take care of a lot of things by myself. 첫째일 때 Plus, since I am the eldest daughter in my family and both of my parents were working I usually took care of myself and my siblings in stead of my parents.)

저는 저 자신이 매우 독립적인 사람이라고 생각합니다. 저는 스스로 제 삶을 잘 관리 할 수 있었고, 다른 사람에게 의존하려고 하지 않았습니다. 물론 때론 도움이 필요할 때면 가족이나 친구에게 주저 없이 달려가기도 했습니다만 저를 대신해서 제 문제를 해결해 달라고 요구하지는 않았습니다. (외동일 때, 저는 외동이기 때문에 저 자신이 많은 일을 감당해야 했습니다. 첫째일 때, 두 분 부모님 모두 일을 하셨기 때문에 첫째인 저는 제 부모님을 대신해서 저 자신과 동생들을 항상 돌봐야 했습니다. )

A21 융통성 있고 적응력이 좋은 I think I am a very adaptable and flexible person. I am willing to learn new things/skills to get the job done. And, making a positive effort to accept the differences and changes help me to be able to work well with diverse people and in different environments. As an English teacher in an academy, I always had to work with different colleagues and students year round.

저는 매우 적응력이 좋고 융통성이 있는 사람이라고 생각합니다. 저는 제 일을 수행하기 위해서 기꺼이 새로운 기술을 배우는 것을 좋아합니다. 그리고 저는 차이점/변화들을 수용하기 위해 적극적으로 노력을 항상 합니다. 그리고 차이점/변화 수용에 대한 긍정적인 노력은 저를 다른 환경에서 다양한 사람들과 함께 일을 잘할 수 있도록 해 줍니다. 저는 학원에서 영어 선생님으로서 일 년 내내 다른 동료와 학생들과 함께 일해야 했습니다.

## 〈Strength 답변 샘플〉

**TIP**

다음 답변 샘플은 면접관이 strength, strong point 뿐 아니라 특기(special skill, special talent.)를 질문해도 답변할 수 있는 답변이다.

**A22** 긍정적인 태도 I believe one of my strength is my positive approach towards my work or things. I usually don't consider the negative approach. I always say "the glass is half full" instead of saying "the glass is half empty"

저의 가장 강점 중의 하나는 제 일에 대한 긍정적인 태도라고 믿고 있습니다. 저는 주로 부정적인 면은 신경쓰지 않습니다. 저는 항상 컵이 반이나 줄었다는 말 대신에 컵에 물이 반이나 남았다는 말을 씁니다.

**A23** 긍정적인 할 수 있다는 태도 A positive can-do attitude is one of my strengths. I am the kind of a person who is positive about my ability to complete any task and always willing to try just about anything to complete my goal or work.

할 수 있다는 긍정적인 태도는 저의 강점 중 하나입니다. 저는 어떤 업무든 완수하기 위한 저의 능력에 대해 긍정적으로 생각하고 제 목표나 업무를 완수하기 위해 그 어떤 것도 마다치 않고 시도하는 것을 좋아합니다.

**A24** 남의 말을 잘 들어주는 사람 I think I am a good listener. I am a kind of person who tends to accept and understand rather than to criticize or judge people. I believe sometimes just listening to people is very helpful even though I don't have a good advice or solution to offer. I think that's why people find me very easy and comfortable to talk to.

저는 남의 말을 잘 들어주는 사람이라고 생각합니다. 저는 사람을 비판이나 판단하기보다는 수용하고 이해하는 사람입니다. 제가 좋은 조언이나 해결안을 굳이 주지 않더라도 때로는 단지 들어주는 것만으로도 사람들에게 큰 도움이 될 수 있다고 생각합니다. 그래서 사람들이 이야기상대로 저를 편하게 찾고 대한다고 생각합니다.

**A25** 책임감 강한 I have a strong sense of responsibility with my duties. I am the kind of person who knows what my duties are and I always do the best I can to finish the job assigned to me. Currently, I am working as a part timer and I have never been late or absent for my work.

저는 제 임무에 대해 매우 책임감이 강합니다. 저는 저의 임무를 잘 알고 있는 사람이고 제게 주어진 일을 완수하기 위해 최선을 항상 다합니다. 최근에 저는 시간제로 일하고 있는데, 제 일을 위해 한 번도 지각이나 결근을 한 적이 없습니다.

**A26** **침착한** I've been working as a nurse for 3 years and I have the ability to remain calm even under pressure and to be professional at all times. I believe I can take charge of a situation during emergencies or unexpected situations that may happen during the flight.

저는 3년 동안 간호사로 근무하고 있는데 강한 중압감에도 침착함을 유지하고 매 순간 프로다움을 지키는 능력을 갖추고 있습니다. 저는 비행하는 동안 있을 수 있는 응급상황이나 예기치 못한 상황에서 그 역할을 잘 감당할 수 있다고 생각합니다.

**A27** **고객 서비스 스킬이 훌륭한** I take pride in myself on my customer service skills because of my several years' experiences working in the service industry. I love to communicate with many people and provide outstanding customer service.

저는 서비스 분야에서 수년 동안 일한 경험들 때문에 고객 서비스 기술에 자부심을 느끼고 있습니다. 저는 많은 사람과 대화하는 것을 좋아하고 뛰어난 고객 서비스를 제공하는 것을 좋아합니다.

**A28** **빨리 배우고 헌신적인** I am able to learn quickly and willing to learn new things to get the job done. I get very excited when I learn something new. And, I am highly committed to the work assigned to me. I am a person who is fully aware of my duties and importance of responsibility. Because of this ability, I was selected as the most reliable staff at my previous job.

저는 빠르게 배우는 능력이 있고 일을 수행하기 위해서 새로운 것을 배우는 것을 좋아합니다. 새로운 것을 배울 때 매우 흥미진진해집니다. 그리고 저에게 주어진 일에 매우 헌신적으로 일합니다. 제 임무와 책임감의 중요성을 매우 잘 이해하고 있는 사람입니다. 이러한 능력 때문에 전의 직장에서 가장 신뢰받는 직원으로 선정되었습니다.

**A29** **단체 작업을 잘하고 헌신적으로 열심히 일하는** I am a great team player and a dedicated hard worker. I know how to work with others harmoniously and I am very cooperative when working in a group. At my previous work I always worked as a team and I work at my best when I am in a group.

저는 훌륭한 팀의 일원이고 헌신적으로 열심히 일하는 사람입니다. 저는 다른 사람들과 조화롭게 일하는 방법을 알고 있고, 저는 그룹으로 일할 때 매우 협조적입니다. 전 직장에서는 항상 그룹으로 일했고 저는 최선을 다해 일했습니다.

**A30** **단체 작업을 잘하는** I believe I am a great team player. I have an ability to work well and communicate effectively in a team. I always respect and support co-workers to garner better success as a team. I mostly worked in a team at my previous job and I like the team environment. My colleagues also liked working with me. I believe that work becomes much easier and efficient when I have a good relationship with my colleagues.

저는 훌륭한 팀플레이어라고 생각합니다. 저는 팀에서 효과적으로 일을 수행하는 능력을 갖췄고 동료와 긍정적으로 소통하며, 팀의 목표를 위해 헌신을 다합니다. 전 직장에서 대부분 팀에서 함께 일하였으며 저의 동료들은 저와 함께 일하는 것을 매우 즐거워하였습니다. 저는 동료와 좋은 관계를 가질 때 일하는 것이 더 쉬워질 수 있다고 생각합니다.

**A31** 완벽하게 일을 마치는 I am the kind of person who always wants to complete everything perfectly when it comes to work. Because of my tendency to work as I mentioned, my previous boss was really pleased with my performances.

저는 일을 할 때면 모든 것을 완벽하게 마무리하기를 좋아하는 사람입니다. 제가 언급한 것처럼 저의 이러한 경향 때문에, 전 직장 상사는 저의 업무 수행능력에 매우 만족해했습니다.

**A32** 시간 관리 능력과 정리정돈실력이 뛰어난 My time management skills are excellent and I'm organized and efficient. When I'm working on my work, I don't wait until the deadlines. Rather, I prefer to complete the work well ahead of schedule. I understand the value of time and efficiency.

저는 시관관리 능력이 뛰어나고 효과적으로 정리정돈을 합니다. 직장에서 일할 때, 저는 마감 시간까지 기다리지 않습니다. 오히려 스케줄보다 먼저 일을 끝냅니다. 저는 시간의 가치와 효율성을 잘 이해하고 있습니다.

**A33** 변화대처 능력이 뛰어난 My strength is my flexibility to handle changes. I have the ability to work with different times, people and environments. At my previous job, I had to deal with many different situations and I've had to adjust my style to the new environment several times.

저의 강점은 변화대처에 뛰어나다는 것입니다. 저는 다른 시간과 사람들 그리고 환경에서 함께 일하는 능력을 갖추고 있습니다. 전 직장에서 저는 많은 다양한 상황에 대처해야 했습니다. 그리고 수차례 새로운 환경에 제 스타일을 맞춰야 했습니다.

**A34** 의사소통 능력이 좋은 One of my biggest strengths is my communication skills. I work very well with all kinds of people, and respect that everyone has different perspectives. So when I work with others, I always keep this in mind and communicate and support positively.

저의 특기 중의 하나는 의사소통 능력이라고 생각합니다. 저는 다른 사람들과 어울려 일하는 것에 능하고 누구든 업무나 다른 일에 각각 다른 시각 있다는 것을 잘 이해하고 있습니다. 그래서 다른 사람들과 일을 할 때면, 저는 긍정적인 자세로 사람들과 소통하려고 항상 노력하며 숙지하고 있습니다.

**A35** 다중 처리 작업을 잘하는 I think I am a multitasking person. I can handle more than one task at a time. Since I face much work at the busy office as an assistant, I should accomplish the growing amount of work in a limited time period.

Working as an assistant for more than 3 years helped me build up better multitasking skills.

저는 다중 처리 작업을 잘하는 사람이라고 생각합니다. 저는 동시에 한 가지 이상의 일을 소화할 수 있습니다. 바쁜 사무실에서 비서로서 많은 업무에 직면해 봤기 때문에 제한된 시간에서 많은 양의 업무를 수행해야 했습니다. 3년 이상 비서로 일한 것은 다중 처리 능력의 기술을 익히는 데 도움을 주었습니다.

**A36** 고객 만족 서비스에 대한 이해가 좋은 I think I have a better and clear understanding of "customer service satisfaction" as I have practiced and worked many years in the customer service field. I enjoy helping and making others feel comfortable and I am confident that I am very good at it.

저는 고객 서비스 분야에서 수년간 일하고 연습해 왔기 때문에 고객 서비스 만족의 이해를 더 잘하고 명확하고 알고 있다고 생각합니다. 저는 사람들을 도와주고 편안하게 해 주는 것을 좋아하고 그 일에 익숙해져 있기에 매우 자신감이 있습니다.

**A37** 리더십 I believe I have good leadership skills. During my university days, I had great opportunities to lead many team projects. I was very supportive about their idea/opinions. Due to the great team work we had excellent results from our projects. My team mates complemented that I was fair and easy to work with.

저는 뛰어난 리더십을 가지고 있다고 생각합니다. 대학 시절에 저는 팀 프로젝트를 여러 번 이끌어야 하는 좋은 기회를 가졌습니다. 저는 팀원들의 생각/의견에 협조적이었습니다. 팀워크를 훌륭히 수행했기에 우리는 프로젝트에서 괄목할 만한 결과를 얻었습니다. 팀원들은 제가 공정하고 함께하기에 편한 사람이라고 저를 칭찬해 주었습니다.

### | 마무리하기 유용한 표현 |

- That's why I believe my personality makes me suitable to the job of cabin crew.
  그래서 저는 저의 성격이 승무원에 적합하다고 생각합니다.

- My personality and strength will be advantageous to me if I work as cabin crew in your airline.
  저의 성격과 강점이 귀사의 승무원으로 근무하는 데 아주 유용할 것 같습니다.

- I believe this aspect of myself maybe useful to work as cabin crew.
  저의 이러한 면이 승무원으로 근무하는 데 유용할 것 같습니다.

  → **useful 대신에 사용할 수 있는 단어:** supportive, helpful, advantageous, valuable, beneficial···.

## 〈Sample Answers〉

**A1** I believe I mingle well with all different types of people and generations. It's very easy for me to make new friends and get along with them. So people often tell me that I am very pleasant and easy to talk to. And, I am a great team player and a dedicated hard worker. I know how to work with others harmoniously and I am very cooperative when working in a group. At my previous work I always worked as a team. I believe my personality makes me suitable to the job of cabin crew.

저는 다양한 종류의 사람들과 다른 세대의 사람들과 함께 잘 융화됩니다. 새로운 친구를 사귀고 함께 잘 어울리는 것은 매우 쉬운 일입니다. 그래서 사람들은 제가 함께 대화하기에 매우 편한 사람이라고 종종 얘기합니다. 저는 훌륭한 팀의 일원이고 헌신적으로 열심히 일하는 사람입니다. 다른 사람들과 조화롭게 일하는 방법을 알고 있고 그룹으로 일할 때 매우 협조적입니다. 전 직장에서 대부분 팀에서 함께 일하였습니다. 저의 이러한 성격이 승무원에 적합하다고 생각합니다.

---

**A2** I always try to be positive about everything I do. I believe this way of thinking brings good results more than I expect. And, I am a very flexible and adaptable person. I am willing to learn new things to get the job done. And, making a positive effort to accept the differences and changes helps me to be able to work well with diverse people and in different environments. As an English teacher in an academy, I always had to work with different co-teachers and students but I believe I did a very good job.

저는 제가 하는 모든 일에 긍정적으로 보려고 노력합니다. 이렇게 생각을 하면 더 좋은 결과가 온다고 믿고 있습니다. 저는 매우 적응력이 좋고 융통성이 있는 사람입니다. 제 업무를 수행하기 위해서 새로운 기술을 배우는 것을 좋아합니다. 그리고 차이점/변화 수용에 대한 긍정적인 노력은 저를 다른 환경에서 다양한 사람들과 함께 일을 잘할 수 있도록 해줍니다. 저는 학원에서 영어 선생님으로서 일 년 내내 다른 동료와 학생들과 함께 일해야 했습니다. 저는 그 일을 아주 훌륭히 해냈다고 생각합니다.

---

**A3** I can mingle with many different types of people. And, I am always willing to learn more and help others as much as I can. That's why I participated in many volunteer activities helping others. And, I believe one of my strengths is my communication skills. I work very well with all kinds of people, and respect that everyone has different perspectives about work. So when I work with others, I always keep this in mind and try to give positive supports. I expect my strengths to be supportive if I work as cabin crew in your airline.

저는 다양한 종류의 사람들과 함께 잘 융화됩니다. 저는 항상 제가 할 수 있는 한 더 많은 것을 배우고 더 많은 사람을 도와주기를 좋아합니다. 그래서 저는 다른 사람들을 도와주는 많은 자원봉사활동에 참여했습니다. 그리고 저의 강점 중의 하나는 의사소통 능력이라고 생각합니다. 다양한 사람들과 함께 일을 잘하고 모두가 다른 시각을 가지고 있다는 것을 존중합니다. 그래서 다른 사람들과 일을 할 때 저는 항상 염두에 두고 긍정적인 도움을 주기 위해 노력합니다. 만약 제가 귀사의 항공사에 승무원으로 일하게 된다면 저의 이러한 강점이 유용하게 사용되기를 기대합니다.

You

# 90. Do you think the job of the cabin crew suits your personality?

본인의 성격이 승무원에 적합하다고 생각하나요?

**TIP**

성격장점 준비한 것과 연결하여 답변한다. 이 질문을 받으면 당연히 잘 어울린다고 주저 없이 답변한다. 그리고 어떤 면이 특히 승무원이란 직업에 적합하다고 생각하는지 덧붙인다. 단 질문을 잘 듣고 답변의 시작을 질문에 맞추어서 답변하도록 한다. 예를 들어,

1) "Do you think the job of the cabin crew suits your personality?"라고 질문받는다면 당연히 시작을 "Yes, I do. I am…."

2) "Why do you think that the job of the cabin crew suits your personality?" 또는 "What makes you believe you can do this job?"이라고 이유를 묻는 질문이라면 답변을 시작할 때 "Because I am …."라고 한다면 훨씬 더 영어의 소통 능력이 탁월하게 들릴 수 있다.

**A1** 긍정적이고 새로운 환경에 빨리 적응한다 Yes, I'm very open to learning new things. I'm very positive and quick to adapt to different/diverse environments. I believe this nature helps me get along with many different kinds of passengers and co-workers on board.

네, 저는 새로운 것들을 배우는 데 매우 긍정적입니다. 저는 다른 환경에 매우 긍정적이고 빠르게 적응합니다. 저의 이러한 근성은 기내에서 다양한 종류의 승객들과 동료들과 함께 잘 지낼 수 있도록 도와줄 거라 생각합니다.

---

**A2** 배려심이 많고 서비스 지향적이다 I think I am a very considerate and service oriented person. I always tend to put others before me and understand the needs of others. That's why I am very good at taking care of other people and enjoy working in the service industry.

저는 매우 사려 깊고 서비스 지향적인 사람이라고 생각합니다. 저는 항상 저 자신보다는 남들을 배려하는 경향이 있고 다른 사람들이 필요로 하는 것을 잘 이해할 수 있습니다. 그래서 저는 다른 사람들을 잘 돌보고 서비스 산업에서 일하는 것을 즐거워합니다.

---

**A3** 활달하며 사람들과 잘 어울린다 Yes, I do. I'm very outgoing and I love to meet new people. And, I can get along well with various people. I'm also well aware of the importance of a smile and what the service industry requires of me. I learned many things about customer service from my school and part time jobs.

저는 외향적이고 새로운 사람들을 만나는 것을 좋아합니다. 저는 다양한 사람들과 잘 지낼 수 있습니다. 저는 미소의 중요성과 서비스 산업이 저에게 무엇을 요구 하는지 잘 인지하고 있습니다. 저는 아르바이트와 학교에서 고객 서비스에 대해 많은 것을 배웠습니다.

**A4** **단체작업을 잘하며 협조를 잘한다** Yes, I do. I am very sociable and love to be around many people. And, I am a great team player and a dedicated hard worker. I know how to work with others harmoniously and I am very cooperative when working in a group. At my previous work I always worked as a team. I believe this aspect of myself will be useful to work as a cabin crew working with many co-workers.

네 그렇습니다. 저는 굉장히 사회성이 좋으며 주변에 많은 사람들이 있는 것을 좋아합니다. 그리고 저는 훌륭한 팀의 일원이고 헌신적으로 열심히 일하는 사람입니다. 저는 다른 사람들과 조화롭게 일하는 방법을 알고 있고 저는 그룹으로 일을 할 때 매우 협조적입니다. 저는 전 직장에서 대부분 팀에서 함께 일하였습니다. 저의 이러한 면은 승무원으로 동료와 일할 때 매우 유용할 것이라고 믿습니다.

You

# 91. What do you think your weak point/ Weakness is?

본인의 단점은 무엇인가요?

TIP

세상에 완벽한 사람은 없다고 생각한다. 누구에게나 단점은 있기 마련이다. 하지만 승무원 직무와 치명적으로 연결되는 것만 피하고, 너무 심각하지 않게 답변하고, 개선해 나가는 점을 간략하게 언급해준다.

*** 주의할 점** 효과적이지 못한 답변(게으르다, 시간 개념이 없다, 부끄러움을 너무 많이 탄다, 성격이 강해 친구들이 많이 없다, 아침 사람이 아니다, 너무 직선적이라 사람들에게 상처를 많이 준다, 타인의 감정에 무감각하다 등등.)

**A1** 너무 꼼꼼한 I've been told a few times that I'm too much detail oriented. I tend to make it a practice of checking my work at least twice or three times to make sure that it's perfectly accurate. However, I realize this hurts the quantity of work and therefore I'm trying to keep a balance between quality and quantity.

저는 너무 꼼꼼하다는 말을 종종 들어왔습니다. 저는 일을 할 때 완벽하게 정확하게 하려고 적어도 두세 번은 확인하는 편입니다. 하지만 이렇게 일을 하는 것이 분량에 안 좋은 영향을 준다는 사실을 인지하게 되었습니다. 그래서 일의 질적인 면과 양적인 부분의 균형을 맞추기 위해 노력하고 있습니다.

**A2** 꼼꼼하지 않은 I feel I am not very detail-oriented. I'm a person who likes do as much work as possible. However, I realize sometimes this kind of habit hurts the quality of the work and therefore I'm trying to keep a balance between quality and quantity.

저는 꼼꼼하지 못한 편입니다. 저는 가능한 많은 일을 하기를 좋아하는 사람입니다. 하지만 이렇게 일하는 것이 질적인 면에서 문제가 될 수 있다는 것을 알게 되었습니다. 그래서 저는 일의 질적인 면과 양적인 부분의 균형을 맞추기 위해 노력하고 있습니다.

**A3** 일을 너무 빨리하는 I think I have a tendency to do my work at full speed before the deadline. This is little bit risky sometimes because it may cause some mistakes even though I take care not to make. These days I try to slow down my work speed because I understand that quality of work is important as well as time.

저는 항상 마감 시간이 돼서야 속도를 내서 일하려고 하는 경향이 있습니다. 이러한 습관은 제가 주의를 아무리 해도 실수가 있을 수 있기 때문에 좀 위험한 부분이 있습니다. 요즘은 시간만큼 일의 질도 중요하다는 것을 잘 알고 있기 때문에 일을 하는 속도를 조절하려고 노력합니다.

A4 다중업무 처리를 잘못하는 I think my weakness is on the multi-tasks. I tended to choose the first priority one and finished it then move onto the next. However, while working in a restaurant as a waitress, I learned a lot on how to handle many different work tasks. Now I am much better at multi-tasking.

저는 다중업무 처리하는 것에 능하지 못한 것이 저의 약점이라고 생각합니다. 저는 우선순위로 일을 선택하고 그것이 끝난 다음에야 다른 일을 하는 경향이 있습니다. 하지만 식당에서 종업원으로 일할 때, 많은 다른 업무들을 어떻게 다루는지에 대해 배웠습니다. 현재는 다중업무를 처리하는 능력이 많이 좋아졌다고 생각합니다.

A5 다중업무 처리를 잘못하는 I'm not much of a multitasking person. Usually, I need to focus on one thing at a time, get it done and then move on to the next thing. However, I can multitask depending on how much concentration is need for each task.

저는 다중업무 처리를 잘못하는 사람입니다. 보통 저는 한 번에 한 가지 일에 집중하고 그것을 끝내야만 다른 일을 합니다. 하지만 각각의 업무가 얼마의 집중이 필요 하느냐에 따라 저는 다중업무를 할 수 있습니다.

A6 할 일을 미루는 I used to have a bad habit to wait until the last minute to finish the work. But I realized that I was not spending time wisely. Now, I write down a list of things that I need to do, and keep track of deadlines. Because of this effort I have found that this not only helps me to finish things on time, but it has also helped me to be more organized.

저는 일을 끝내야 하는 마지막까지 미루는 좋지 않은 습관이 있었습니다. 하지만 그것이 시간을 효율적으로 보내는 것이 아니라는 사실을 깨달았습니다. 지금은 제가 해야 할 일의 목록과 마감 시간을 표시에 놓습니다. 이러한 노력 덕분에 제시간에 일을 끝마치는 것에 도움이 될 뿐만 아니라 정리 정돈하는 것에도 도움이 된다는 것을 알았습니다.

A7 혼자 해결하려고 하는 When I deal with some work, I tend to do it myself than ask for help. Even at times when I need one, I try to solve my problems instead of asking a co-worker who may know the solution. Since I believe asking for help would be more efficient I'm working on knowing when it would be useful to ask for help.

저는 어떤 일을 해결할 때 누군가의 도움을 요청하기보다는 혼자서 해결하려는 경향이 있습니다. 심지어 제가 도움이 필요할 때도 일을 해결할 수 있는 동료에게 물어보는 대신에 혼자 해결하려고 노력합니다. 누군가에게 도움을 요청해서 해결하면 더 효과적일 수 있다고 생각하기 때문에 언제 도움을 청하면 좋을지 노력 중입니다.

**A8** 일을 너무 완벽하게 처리하려고 하는 I like to make sure that my work is absolutely accurate, so I tend to perhaps spend a little too much time double checking it. However, these days when I am working on something I am trying to make sure everything is done correctly the first time so that I can spend less time on it.

저는 제 일을 정확하게 처리하는 것을 좋아합니다. 그래서 여러 번 확인하는데 좀 많은 시간을 보내는 경향이 있습니다. 하지만 요즘은 확인하는 데 적은 시간을 보내기 위해 첫 번째 할 때 정확하게 하려고 노력합니다.

**A9** 속기 쉬운 My friends and my family often say that I am too trusting so other people might take advantage of me. I think it is a very sad thing that there are some people we can't trust. However, I still believe there are a lot of decent people we can trust/rely and respect.

제 친구들과 가족들은 제가 너무 잘 믿어서 속기 쉬워서 다른 사람들이 저를 이용할 수도 있다고 말을 합니다. 세상에는 믿을 수 없는 사람들이 있다는 것이 슬픈 일이라고 생각합니다. 하지만 그래도 아직 믿고/의지할 수 있고 존경할 수 있는 훌륭한 사람들이 더 많이 있다고 생각합니다.

**A10** 경쟁심이 심한 Well, sometimes I can be very competitive. I feel frustrated when I find myself second at something. However, I try to make this weak point an opportunity to develop myself. I guess I have to admit that being second is not bad at all as long as I try my best.

전 가끔 굉장히 경쟁심이 많아지곤 합니다. 어떤 일에 2등이 되면 저는 저 자신에게 실망을 합니다. 그러나 저는 이런 저의 약점을 저 자신이 발전하는 기회로 만들려고 노력합니다. 저는 최선을 다한 2등은 나쁜 것이 아니라는 것을 인정해야 한다고 생각합니다.

**A11** 일을 시작하는 초기 단계에 온 힘을 쏟아붓는 Maybe I tend to put too much energy in the early stages of handling a task so sometimes I get burned out easily. However, I realize that once in a while I have to make sure that I have enough rest so that I can keep my energy level steady. I have to work on having more patience and giving myself a break.

저는 업무를 처리하는 데 있어서 초기 단계에 온 힘을 다 쏟아 붙는 경향이 있어서 가끔 쉽게 지치곤 합니다. 하지만 에너지를 유지할 수 있도록 가끔씩은 충분한 휴식을 해야 한다고 깨달았습니다. 저는 좀 더 인내심을 갖고 저 자신에게 여유를 주면서 일을 하는 것이 필요하다고 생각합니다.

**You**

# 92. Please tell me about your principles/motto that apply to your life.

본인이 믿고 따르는 생활신조나 좌우명이 있나요?

**TIP**

지원자가 가지고 있는 가치관을 알 수 있는 질문이다. 평소 믿고 따르는 신념을 준비해보자. 나의 좌우명 또는 가족의 좌우명으로도 이야기할 수 있다.

**A1** **현재를 즐기자** My motto is 'enjoy the moment' I try to enjoy every moment of my life and I truly understand that one moment with another moment becomes my present and future. I try to live my life more actively and cheerfully.

제 좌우명은 '순간을 즐기자'입니다. 저의 현재와 미래는 한순간에서 또 다른 순간이 된다는 것을 잘 이해하고 제 인생의 모든 순간을 즐기려고 노력합니다. 저는 제 인생을 활기차고 명랑하게 살려고 노력합니다.

**A2** **오늘 할 수 있는 일 내일로 미루지 말자** 'Not to put off till tomorrow what you can do today.' is a family motto that my parents always tell me and I try to apply it to my daily life. I willingly try to have things done that day even if it's hard/difficult at the time. I believe I can learn and develop myself every moment and every day from what I do.

부모님이 항상 제게 말씀해 주시고 저도 일상생활에 적용하려고 노력하는 우리 가족의 좌우명은 '오늘 할 수 있는 일을 내일로 미루지 말자' 입니다. 저는 그때 하기 힘들고 어려운 일일지라도 그날에 해야 하는 일은 하려고 기꺼이 노력합니다. 저는 제가 한 일로부터 매 순간 매일 저 자신이 배우고 발전할 수 있다고 믿고 있습니다.

**A3** **도전하지 않으면 얻는 것도 없다** 'Nothing ventured, nothing gained' is a principle that I believe. It sounds like a cliche but I think the challenges are vital in life to achieve what I want and to be successful. I am willing to challenge new things and work hard to achieve my goal.

제가 믿고 있는 원리는 '도전하지 않으면 얻는 것도 없다'는 것입니다. 이것은 상투적인 말처럼 들릴 수 있습니다만 저는 도전은 인생에서 제가 성취하고 성공하는데 필수적인 것이라고 생각합니다. 저의 목표를 이루기 위해 새로운 일들에 기꺼이 도전하고 열심히 땀 흘릴 것입니다.

**A4** **행복은 선택이다** 'Happiness is a choice' is my motto, which I picked up from an article that I read online. According to what I read we can choose to be happy. Emotions change with every little thing that happens if we let them and the better control we have of our emotions the more we can choose to be happy. I believe this is true.

'행복은 선택이다'라는 말이 저의 좌우명인데, 이것은 제가 온라인에서 읽은 구절입니다. 제가 읽은 바로는 우리는 행복을 선택할 수 있다고 합니다. 우리가 조절한다면 우리의 감정이 작은 일들로부터 변화될 수 있고 우리 감정을 잘 조절하면 할수록, 더 많이 행복해질 수 있다고 합니다. 저는 이 말이 사실이라고 생각합니다.

**A5** **웃으면 복이 온다** 'Smiles bring happiness' is my family motto that I apply to my life. People say that smiling is one of the easiest and cheapest ways to develop our well-being. I also think smiling is contagious. So when I smile it makes others smile too. I think sharing a good feeling with others is a great thing. And, I believe that smiling actually makes me happier.

제가 제 인생에 적용하는 우리 가족의 좌우명 '웃으면 복이 온다'는 것입니다. 사람들은 웃음이야말로 우리가 더 행복해질 수 있는 가장 쉽고 가장 저렴한 방법중 하나라고 말합니다. 또한, 저는 웃음은 전염성이 있다고 생각합니다. 그래서 제가 웃으면 다른 사람도 웃게 됩니다. 좋은 기분을 다른 사람들과 나눌 수 있다는 것은 정말 좋은 일이라고 생각합니다. 그리고 웃음은 정말로 저를 더 행복하게 해주는 것 같습니다.

**A6** **꿈을 향해 추구할 용기만 있다면 우리의 모든 꿈은 이루어진다** The American cartoonist and film director, Walt Diseny said, 'All our dreams can come true, if we have the courage to pursue them.' and he also gave us a great lesson that making dreams come true is an act of courage. I absolutely agree with what he said and I took courage to start preparing for this job.

미국 만화가이자 영화감독인 월트 디즈니는 "꿈을 향해 추구할 용기만 있다면 우리의 모든 꿈은 이루어진다." 라고 얘기했고, 꿈을 현실로 이뤄지게 하는 것은 용기 있는 행동이라는 훌륭한 교훈도 주었습니다. 저는 그가 한 말에 전적으로 동의하고 이 직업을 위해 준비하는 용기를 냈습니다.

**A7** **긍정적으로 생각하면 이루어진다** 'Think positive and positive things happen!' is my motto. I am an optimist and believe that a positive attitude creates positive situations for myself. And, this seems to bring better results to me. I believe positive thinking plays an important part in my well-being.

'긍정적으로 생각하면 이루어진다.' 우리 가족의 신조입니다. 저는 낙천주의자이며 저의 긍정적인 태도는 제 인생에 긍정적인 상황을 만들어줄 것이라고 믿습니다. 그리고 저에게 더 좋은 결과를 가져다주는 것 같습니다. 긍정적인 생각은 저의 행복한 삶에 아주 중요한 역할을 한다고 생각합니다.

**A8** **할 수 있다고 생각하면 할 수 있다** "I can if I think I can." is something I believe in. Once, I read in an article that the only limits to our potential exist in our minds. If we believe we can do something then we can. What we have to do is set up a goal of what we want to do in life and not stop until we achieve it. I always keep this in mind.

'할 수 있다고 생각하면 할 수 있다'는 것입니다. 한계는 오직 우리 마음 안에 잠재적인 존재라는 문구를 읽은 적이 있습니다. 우리가 할 수 있다고 생각하면 할 수 있다고 믿습니다. 우리가 해야 할 것은 인생에서 무엇을 하고 싶은지 목표를 세우는 것이고 그것이 이루어질 때까지 멈추지 않는 것입니다. 저는 이 말을 항상 명심하고 있습니다.

**A9** **뒤돌아보지 않고 후회하지 않는다** I make it a rule of life 'never to regret and never to look back'. I want to believe that if something is turned out great, it's wonderful. If it's not, it's a new experience. I am willing to learn from the experience instead of feeling sorry for myself because I believe regret is a waste of energy and time. I am making every effort to cherish whatever I do.

저는 '뒤돌아보지 않고 후회하지 않는다'라는 인생의 규칙을 만들었습니다. 제가 기대한 것처럼 일이 잘되면 멋진거라 생각 합니다. 만약 잘 되지 않더라도 새로운 경험이라고 생각합니다. 저는 후회는 에너지와 시간의 낭비라고 생각하기 때문에 의기소침해 있기보다는 경험으로부터 기꺼이 배우려고 합니다. 저는 제가 무엇을 하든지 모두 소중한 노력으로 만들고 있습니다.

**A10** **노력하면 언젠가 대가를 받는다** My father always says to me and my siblings 'hard work pays off eventually.' And I believe this is true. Even though hard work doesn't directly or immediately pay off it increases the chance of success. This is the way I prepare myself for any opportunity which may come to me/my way.

저의 아버지는 항상 저와 저의 형제들에게 "노력하면 결국엔 대가를 받는다."라고 말씀을 해주십니다. 저는 이 말이 사실이라고 생각합니다. 비록 힘든 노력이 직접 또는 당장 그 대가를 못 받는다 할지라도 성공할 기회를 높여줍니다. 이것이 제가 저에게 올지도 모를 어떤 기회를 위해 제가 준비하는 방법입니다.

**You**

# 93. What motivates you?

본인에게 동기 부여가 되는 것은 무엇인가요?

**TIP**

일 관련 동기 부여 질문이다. 프로페셔널 한 사람처럼 보일 수 있도록 적극적으로 답변한다.

**A1** 책임감 I am a self-motivated person and most of the time, I am motivated by responsibility. I am a very responsible person and I don't like to do things by halves.

저는 스스로 동기를 부여하는 사람이며 대부분은 책임감으로 동기부여를 합니다. 저는 굉장히 책임감 있는 사람이며 일을 어중간하게 처리하는 것을 좋아하지 않습니다.

**A2** 열정과 성공 I've always been motivated by passion and success whatever position I'm in. I want to excel and to be successful in my job, both for my own personal satisfaction and for my company.

저는 제가 어떠한 직책에 있든지 열정과 성공으로 동기부여를 받습니다. 개인적인 만족과 회사를 위해 제 일에 탁월하고 성공하기를 기대 합니다.

**A3** 주어진 일을 마치는 도전과 팀원들과 일하면서 I am motivated by the challenge of finishing the task assigned to me ahead of schedule. And working with other members on the team for our goals gives me a great deal of motivation too.

저는 주어진 일정에 앞서 업무를 완수하는 도전으로 동기부여를 받습니다. 그리고 우리의 목표를 위해 팀으로써 다른 동료와 함께 일하는 것 또한 저에게 큰 동기부여를 줍니다.

**A4** 도전을 좋아하고 프로답게 일한다 I like a challenge and to work professionally. I always work with initiative and try to be proactive to make my job better. Therefore, if I can combine my personality into my work, I am sure that I will achieve my goal to be an excellent cabin crew in your company.

저는 도전을 좋아하고 프로답게 일하는 것을 좋아합니다. 매사에 적극적으로 임하며 일을 더 잘하기 위해 항상 앞서 주도하는 편입니다. 그래서 만약에 저의 성격을 일에 결합한다면, 저는 귀사의 훌륭한 승무원이 되는 저의 목표를 성취할 것이라고 확신합니다.

**A5** 스스로 동기 부여하는 I've always been a self-starter and self-motivator. I don't wait until someone tells me what to do. I try to achieve something because of my own passion and interest. I always find ways to improve myself by reading, researching, trying new things and challenging myself.

저는 항상 스스로 시작하고 스스로 동기를 부여하는 사람입니다. 저는 다른 사람이 무엇을 해야 할지를 말할 때까지 기다리지 않습니다. 저 자신의 열정과 흥미로 무엇인가를 성취하려고 노력합니다. 저는 독서, 연구, 새로운 것을 시도하고 스스로에게 도전함으로써 저 자신이 발전할 수 있는 방향을 항상 찾습니다.

**A6** **고객을 위해** When I worked at my previous company, I had always wanted to ensure that my company's clients got the best customer service from me. I always felt that it was important to provide a positive customer experience. I am a person who motivates myself in whatever I do.

전 직장에 있었을 때 우리 회사의 고객이 항상 최고의 서비스를 받을 수 있도록 최선을 다했습니다. 긍정적인 경험을 제공해주는 것이 중요 하다고 느꼈습니다. 저는 제가 무엇을 하든지 스스로 동기를 부여하는 사람입니다.

You

# 94. Do you get along with people?

사람들과 잘 어울리나요?

**TIP**

당연히 잘 어울릴 수 있다고 이야기한다. 그리고 그럴 수 있는 이유로 부연설명 해준다. 승무원이라는 직업은 승객에게 서비스하는 일인만큼 중요한 것이 바로 동료와의 조화이다. 매 비행 시 새롭게 만나는 다양한 배경의 승객들과 동료와의 교류도 어색하지 않게 잘할 수 있다는 것을, 과거의 경험이나 본인의 장점으로 연결해서 면접관을 이해시키도록 한다.

**A1** Yes. I do. I am very much a people person and get along well with people. I am a good listener and communicator so I am confident that I would get on well in a customer based environment.

네, 그렇습니다. 저는 아주 사교성이 좋은 사람이고 사람들과 잘 어울립니다. 저는 사람들의 이야기를 잘 듣고 소통을 잘하는 사람이라 고객 중심의 환경에서도 잘할 수 있다는 자신감이 있습니다.

**A2** Yes, of course I do. I am an easy going person and people tell me that I am very comfortable and easy to work with. Moreover, I have no bias or prejudice about people. My previous experiences in other countries made me feel comfortable even with people of different nationalities.

네, 물론이죠. 저는 매우 편안한 사람이며 사람들은 제가 함께 일하기에 참 편하고 즐겁다고 말해준답니다. 게다가 저는 사람들에 대해 편견이나 선입견이 없습니다. 다른 나라에서의 저의 경험들은 다른 국적의 사람들과 함께 일해도 편안하게 해줍니다.

**You**

# 95. Do you think you are more outgoing or reserved?

외향적인 편인가요? 내성적인 편인가요?

**TIP**

꼭 외향적인 사람만 승무원을 할 수 있다고 생각하지 않는다. 그리고 외향적이라는 것이 남들 앞에 나서는 것을 좋아해야 한다는 것은 아니라고 생각한다. 하지만 승무원이라는 직업이 많은 승객을 대해야 하고, 때로는 리드도 해야 하고 ,다른 동료와 항상 함께 일해야 하므로, 너무 소심하거나 부끄럼을 많이 탄다는 내용의 답변은 피하도록 하자.

**A1** 친구를 쉽게 사귀고 새로운 환경에 잘 적응한다 Well, I think I am rather outgoing. I can make friends easily and adjust myself into new environments without difficulties.

저는 다소 외향적이라고 생각합니다. 저는 친구를 쉽게 사귀고 새로운 환경에 잘 적응합니다.

**A2** 다른 사람들과 이야기하고 함께하는 것을 좋아한다 I can say I am more outgoing than reserved because I enjoy talking to people and doing things as a group rather than being uncommunicative in front of people.

저는 사람들 앞에서 말을 잘 안 하는 것보다 단체로 함께 일하고 사람들과 이야기하기를 즐기기 때문에 내성적 보다는 외향적인 성격이라고 말할 수 있습니다.

**A3** 다른 사람들에게 의사표현 하는데 문제없고 사람들과 함께하는 것을 좋아한다. I don't have any difficulties or problems expressing myself to others, I think I am more outgoing because I love to have people with me and people often tell me that I am fun to be with.

저는 다른 사람들에게 의사표현을 하는 데 문제가 없습니다. 저는 사람들과 함께하는 것을 좋아하기 때문에 외향적이라고 생각하고 사람들은 제게 같이 있으면 재미있다고들 합니다.

**You**

# 96. Are you liberal or conservative?

진보적인 편인가요? 보수적인 편인가요?

TIP

진보적이거나 보수적인 성향을 너무 극단적으로 이야기하지 말고 두 가지 성향을 조금씩 혼합하거나 더 강하다고 생각하는 쪽 성향을 장점으로 이끌어준다. 어떠한 성향을 가졌다 해도 문제 되진 않겠지만, 그 성향 중 좋은 면을 이야기해주도록 한다.

A1 새로운 것을 받아들이는 데 있어서 자유롭다 Well, I can say that I am rather liberal. I think that sometimes a liberal personality is helpful to make progress by accepting new ideas and changes easily. I am quite positive when facing challenges.

저는 좀 더 진보적이라고 생각합니다. 종종 저의 진보적인 성향은 새로운 생각과 변화를 받아들이는 과정에 쉽게 도움이 된다고 생각합니다. 저는 도전에 직면해 있을 때 매우 긍정적입니다.

A2 규칙을 잘 지키고 다른 사람들 앞에서 조심하고 신경 쓰는 면에서 보수적이다 Well, I consider myself a conservative person. I guess I am influenced by my parents. I have my own rules and I tend to stick to them. I always try to be careful of what others might think about my behavior and manners.

저는 저 자신이 보수적인 사람이라고 생각합니다. 부모님에게서 영향을 받았다고 생각합니다. 저는 저만의 규칙이 있고 그것들을 지키려고 합니다. 항상 저의 행동이나 방식에 다른 사람이 어떻게 생각할지를 조심하고 신경 쓰는 편입니다.

A3 새로운 것 도전하는데 있어서는 자유롭고 신중한 결정에 있어서는 보수적이다 I think I can say that I have a tendency for both. I can be liberal in some ways because I'm not afraid of new things or changes in the trends of the world. And sometimes I can be conservative and cautious to open up when making an important decision.

저는 양쪽의 성향을 가지고 있다고 생각합니다. 세계의 추세에서 새로운 것이나 변화에 두려움이 없으므로 어떤 면에서는 진보적이라고 할 수 있습니다. 하지만 제가 중요한 결정을 해야 할 순간에는 보수적이고 조심스러워지는 경향이 있습니다.

You

# 97. Do you think you are a responsible person?

책임감이 있는 사람이라고 생각하나요?

**TIP**

면접관이 지원자에게 성격의 장점이나 승무원에게 맞는 자질들을 질문하는 경우도 많지만, 이 질문처럼 직접적으로 이러이러한 성격이라고 생각하느냐라고 yes, no를 요구하는 질문을 하는 경우도 종종 있다. 당연히 Yes라고 주저 없이 답변해주고 부연설명을 통해 면접관을 이해시키도록 한다.

A Yes, I am a self-motivated and responsible person. I am a person who makes every effort to perform the work assigned to me. I think it's the key to succeed in life.

네, 저는 스스로 동가 부여를 하며 책임감 있는 사람입니다. 저는 제게 주어진 일을 이행하는 데 모든 노력을 다하는 사람입니다. 저는 이것이 인생에서 성공하는 중요한 부분이라고 생각합니다.

You

# 98. How flexible are you? How do you deal with change?

융통성이 있는 사람이라고 생각하나요? 변화에 대해 어떻게 대처 하나요?

**TIP**

승무원은 항상 다른 환경에서 근무하는 특성이 있다. 다른 승객, 다른 동료, 다른 나라로의 비행 등. 그러므로 변화나 다른 것에 대해 융통성 있게 잘 적응할 수 있다고 이야기한다. 전 직장이나 현재 직장이 이러한 근무 환경이 있다면 언급해주면서 앞으로도 더 잘할 수 있다고 이야기한다.

**A1** I think I am very flexible and accustomed to change. In my last position I certainly had to deal with many changes and I enjoyed learning new things and gaining more experiences.

저는 매우 융통성이 있고 변화에 능합니다. 전 직장에서 많은 변화에 대처해야 했으며, 새로운 것들을 배우고 많은 경험하는 것이 즐거웠습니다.

**A2** I am a very flexible person and I am able to adapt myself easily to new or different circumstances as they occur. So it's easy for me to work in different environments or time zones. At my previous job, I had to deal with many different situations and I've had to adjust my style to the new environment several times.

저는 매우 융통성이 있는 사람이고 일이 생겼을 때 새롭거나 다른 환경에 쉽게 적응할 수 있습니다. 그래서 저는 다른 환경이나 시간영역에서 일을 하는 데 쉽게 적응할 수 있습니다. 전 직장에서 저는 다양한 상황들을 대처해야 했고 제 스타일을 새로운 환경에 여러 차례 적응시켰습니다.

**You**

# 99. Are you a goal-oriented person?

목표지향적인 사람이라고 생각하나요?

**TIP**

일 관련한 목표에 대한 질문이다. 프로페셔널 한 사람처럼 보일 수 있도록 적극 답변한다.

**A1** I think the means and end are both important. I guess the most important thing I have to do is finding a proper balance between the two of them.

저는 수단과 결과 모두 중요하다고 생각합니다. 제가 해야 할 가장 중요한 일은 두 가지 사이에서 적당한 조화를 이루는 것이라고 생각합니다.

**A2** Yes, I am. If I have a goal, I can use my own initiative and work hard until I reach the goal. From previous work, I did my best to meet the dead line and complete my work load.

네, 그렇습니다. 목표가 있으면, 저는 그 목표가 달성될 때까지 주도권을 가지고 열심히 일합니다. 전의 직장에서 저는 목표를 달성하기 위해 최선을 다했고 제 업무량을 완벽히 해냈습니다.

**You**

# 100. Can you empathize with customers, clients, supervisors, and fellow workers?

손님, 고객, 상사, 동료와 공감을 할 줄 아는 사람이라고 생각하나요?

TIP

공감능력은 친구를 대하거나 가족들을 대하는 데도 필요한 감성이라고 생각한다. 물론, 직업적인 면에 있어서도 승무원이라는 직업뿐 아니라 사람과 함께 하는 일이라면 모든 업무를 수행함에 있어서 아주 중요한 장점이라고 생각한다. 다른 사람의 상황이나 생각에 대한 이해와 배려가 좋을수록 더 좋은 서비스를 제공할 수 있다고 생각한다.

A Of course I can clearly empathize with people. Many of my friends say that I am a very understanding and considerate person. For me it is easy to understand others' feeling or situation because I always try to put myself into other's shoes.

당연히 사람들과 확실히 공감한다고 말할 수 있습니다. 많은 친구들이 제게 이해심 많고 사려 싶은 사람이라고 말을 합니다. 저는 항상 상대방의 입장에서 생각하려고 노력하기 때문에 다른 사람들의 감정이나 상황을 잘 이해할 수 있습니다.

You

# 101. Do you think you are an ambitious person?

야망이 있는 사람이라고 생각하나요?

TIP

일 관련 야망이나 목표에 대한 질문이다. 프로페셔널 한 사람처럼 보일 수 있도록 적극적으로 답변한다.

A Yes, I do. I know what I want and I have a strong will and the courage to achieve my goals. Working for your company is my goal and I made every effort I can in order to be successful.

네, 그렇습니다. 저는 제가 무엇을 하고 싶은지 잘 알고 있고 제 목표에 도달하기 위해 강한 의지와 용기가 있습니다. 귀사에서 일하는 것이 제 목표이고, 저는 그 목표에 도달하기 위해서 열심히 노력 했습니다.

You

# 102. What do you do when you have a hard time solving a problem?

문제 해결하는데 힘이 들면 어떻게 하나요?

**TIP**

도전해야 할 과제 앞에서 쉽게 포기하지 않고 해결하려고 노력하는 것이 중요하다고 생각한다.

**A** I am the kind of person who keeps working until I find a way no matter how hard it is. I am not afraid of asking questions and looking for answers myself when I need to. I believe that there is a solution for every problem.

저는 아무리 힘이 들어도 해결 방안을 찾을 때까지 열심히 일하는 사람입니다. 저는 제가 해야 한다면 질문을 하고 그 대답을 찾는 데 두려워하지 않습니다. 저는 모든 문제에는 그 해결방안이 있다는 것을 믿습니다.

**You**

승무원 영어면접 Answer

# Chapter 8

# Teamwork

## 팀워크

# 08 Teamwork

Chapter. 8

팀워크

## Questions

103. Are you a (good) team player?

팀워크를 잘하는 사람인가요?

104. Have you ever worked as a member of a team? Do you have team work experience?

팀으로 일해 본 적 있나요?

105. Do you prefer working alone or working as a member of a team?

혼자 일하는 것과 팀으로 일하는 것 중 무엇을 더 선호하나요?

106. Are you of a follower or a leader when working in a group?

사람들과 그룹으로 일 할 때 리드하는 편인가요? 아니면 따르는 편인가요?

107. What do you think is the most important attribute to working as a team?

팀으로 일 할 때 가장 중요한 것이 무엇이라고 생각하나요?

108. What do you think of leadership? /What would you say makes a good leader?

훌륭한 리더의 자질은 무엇이라고 생각하나요?

109. What type of people do you work with most effectively?

어떤 종류의 동료와 일하는 것이 더 효과적이라고 생각하나요?

**110.** Who is the most difficult person to work with? /What type of people do you feel uncomfortable to work with?

어떤 종류의 동료가 일하기 힘들다고 생각하나요?

**111.** How would you work with your colleagues if you work in our company?

만일 우리 회사에서 근무하게 된다면 동료들과 어떻게 함께 일할 건가요?

**112.** Tell me about a time that you helped your co-worker.

동료를 도와준 경험을 얘기해보세요.

**113.** Why do you think it's important to follow regulations?

왜 규칙을 지키는 것이 중요하다고 생각하나요?

**114.** How do you motivate others? (When you work)

일할 때 동료들을 어떻게 동기 부여하나요?

# 103. Are you a (good) team player?

팀워크를 잘하는 사람인가요?

TIP

팀워크에 대한 자질은 면접관들이 굉장히 알고 싶어하며 질문도 많이 하고 있다. 필자도 1차 면접이나 2차 면접 때 많이 물어보는 질문 중 하나이다. 승무원은 팀워크가 굉장히 중요한 직업이다. 팀워크 하는 데 전혀 문제가 없고 누구와도 잘 어울려서 일할 수 있다는 인상을 심어주어야 한다. 단, 질문을 잘 듣고 포인트를 잘 맞추어서 답변하도록 한다.

예를 들어, 팀워크의 경험을 물어보는 건지, 팀워크에서 중요하다고 생각하는 자질이 무엇인지, 승무원이 되어서 팀워크를 할 때 어떻게 할 것인지 등 질문에 따라 약간씩 포인트를 다르게 두어야 한다. 면접관이 듣고 싶은 대답을 생각해보자. 이 질문의 경우에는 당연히 팀워크를 잘할 수 있는 사람이라고 시작한다. 그리고 부연설명으로 학교, 직장, 또는 봉사 활동에서 단체로 활동한 것에 대해 덧붙여 설명해준다.

**A1** Yes, I'm very much a team player. In fact, I've had a lot of opportunities in my work, school and group activities to develop my skills as a team player. I think working as a team makes the task much easier and we can also learn from each other.

네, 저는 매우 팀워크에 능한 사람입니다. 사실, 저는 회사, 학교, 동아리에서 팀의 일원으로써 저의 기술을 발전시킬 수 있는 많은 기회가 있었습니다. 저는 팀으로 일하는 것이 임무수행을 더 쉽게 할 수 있고, 서로에게 많은 것을 배울 수 있다고 생각합니다.

**A2** Yes, I am a great team player who knows how to work well with different types of people. I think teamwork is about how we keep the team together, how we support the members and believe in each other. I can be very supportive and cooperative when working with other members.

네, 저는 다양한 사람들과 함께 일하는 방법을 잘 아는 팀의 우수 일원입니다. 팀워크란 팀을 단결하게 하고 지지해주고 서로 믿어주는 것이라고 생각합니다. 저는 일원들과 함께 일할 때 정말 지원을 잘하고 협동적입니다.

**A3** Yes, I am. I can work well with the other staff to make things run smooth. I understand that working as a team means that we need to assist each other with a positive attitude when necessary. When working in a team I can create a pleasant atmosphere so that we can enjoy working together as one. I believe that a good working environment can be an important part to bring better results.

네, 그렇습니다. 저는 일을 원활하게 처리하기 위해 다른 직원들과 함께 일을 잘 수행할 수 있습니다. 팀으로 함께 일한다는 것은 우리가 필요 시 긍정적인 태도로 서로 함께 도와주는 것을 의미하는 것이라고 이해하고 있습니다. 팀으로 일을 할 때 함께 일하는 것을 즐길 수 있도록 즐거운 분위기를 조성할 줄 압니다. 좋은 근무 분위기는 더 좋은 결과를 내는 데 중요한 부분이라고 생각합니다.

**A4** Yes, I am a good team player. I understand that being a team player means we have to be willing to compromise to be able to produce the most effective outcome. We need to understand the differences and find the best possible answers for the team. When I worked in a team at my previous work, I always respected and supported my colleagues.

네, 저는 훌륭한 팀의 일원입니다. 팀의 일원이 된다는 것은 가장 효과적인 결과를 만들어 낼 수 있도록 기꺼이 타협해야 한다는 것을 의미하는 것이라고 이해하고 있습니다. 우리는 차이를 이해하고 팀을 위한 최상의 해답을 찾아야 합니다. 전에 직장에서 팀의 일원으로 일했을 때, 저는 항상 동료들을 존중하고 지지해 주었습니다.

**A5** Yes, I am a good team player who knows how to work with other people in a group. In fact, I had many experiences working in a team in school such as sports clubs and team projects. Currently, I am working with 5 co-workers as a team at a restaurant and I enjoy working with our team members.

네, 저는 그룹으로 다른 사람들과 함께 일하는 방법을 잘아는 팀의 일원입니다. 사실, 저는 학교에서 스포츠 동아리나 팀 프로젝트에서 함께 일한 경험이 많이 있습니다. 현재 레스토랑에서 5명의 동료와 함께 한 팀으로 일하고 있고, 멤버들과 함께 일하는 것이 매우 즐겁습니다.

**You**

# 104. Do you have team work experience? Have you ever worked as a member of a team?

팀으로 일해본 적 있나요?

**TIP**

모든 항공사의 승무원은 팀으로 근무하게 된다. 팀의 규모는 비행기 종에 따라, 그리고 항공사의 승무원 배정에 따라 작을 수도 클 수도 있다. LCC(저가 항공사)는 작은 비행기로 비행하는 경우 소규모의 팀으로 업무가 진행되기 때문에 아주 구체적으로 "Have you worked in a small team?"이라고 질문하는 경우도 있다. 이럴 때는 당연히 small team에 맞추어서 답변을 해주는 것이 더 효과적이다. 예를 들어, "Yes, I have. In fact at my previous job I always worked in a team of 4 to 6 members but sometimes when it is busy I worked with more than 10 coworkers…." 그리고 당연히 small team이든 big team이든 즐겁게 잘할 수 있다는 마무리도 좋다.

**A1** **자원봉사 활동, 현재 직장에서 팀으로 근무** Yes, I have. In fact I have many team work experiences. During my university days I participated as a member of ○○ club and many volunteer activities. Now I am working as a member of a team at my current job. And I think I am a good team player.

네, 있습니다. 사실 저는 팀으로 일한 경험이 많이 있습니다. 대학 시절에 저는 ○○ 동아리 일원으로 참여했고 많은 자원봉사 활동을 하였습니다. 현재 직장에서도 팀의 일원으로 일하고 있습니다. 그리고 저는 훌륭한 팀의 일원입니다.

**A2** **배구/축구팀 스포츠 활동** Yes, I have. I participated in the volleyball/soccer team and many other team projects during my university days in Canada. We practiced every single day and once a month we had a game with another school's team. I really enjoyed working with the other members and I learned the value of good teamwork.

네, 있습니다. 저는 캐나다에서 대학 시절에 배구/축구나 다른 많은 팀 프로젝트에 참여했습니다. 우리는 매일 연습을 했고, 다른 학교 팀과 한 달에 한 번 경기를 가졌습니다. 저는 다른 일원들과 함께하는 것이 매우 즐거웠고 좋은 팀워크의 가치를 배웠습니다.

**A3** **학교에서 팀 프로젝트 경험** Yes, in academics(my university/my department which was marketing), I've worked on several team projects, serving as both a member and team leader. I've seen the value of working together as a team to achieve a greater goal than any one of us could have achieved individually

네, 학교에서 팀의 일원과 리더로 많은 팀 프로젝트에 참여하여 일했습니다. 저는 우리 중 그 누구도 개인적으로 성취했던 것보다 팀으로 함께 일하면서 성취한 것이 훨씬 더 큰 가치 있는 결과라는 것을 보았습니다.

**A4** **현재 인도 레스토랑에서 팀으로 근무** At the moment, I am working at an Indian restaurant as a waitress and there are about 10 co-workers I work with. During lunch or dinner time, it can be very busy so we have to communicate and work well to serve the customers smoothly.

현재, 10명의 직원이 있는 인도 레스토랑에서 웨이트리스로 일하고 있습니다. 점심과 저녁 시간에는 매우 바쁘기 때문에 손님들에게 원활한 서비스를 위해서 소통과 일을 잘해야만 합니다.

**A5** **간호사로 근무하며 항상 팀으로 근무** I am working as a nurse. In the hospital, we medical staffs always work as a team. I meet and work with different doctors, nurses, and engineers all the time. I can be a very useful and helpful member of a team. I have been working for more than 5 years now and I still learn about the importance of good teamwork every day.

저는 간호사로 일하고 있습니다. 병원에서 우리 의료진들은 항상 팀으로 일합니다. 항상 다른 의사들과 간호사들 그리고 엔지니어들을 만나서 일합니다. 저는 팀에서 매우 유용하고 도움을 주는 일원입니다. 현재 5년 넘게 일을 하고 있고 매일 좋은 팀워크의 중요성에 대해 아직도 배운답니다.

**A6** **호텔에서 팀으로 근무** Yes, I have. I have experience working in a team at a banquet hall at the Hyatt. We had to serve hundreds of customers and finish the courses in the scheduled time. It was not an easy duty but we each took care of our responsibilities and assisted other members. I think team work gave me a lot of chances to learn many things from different co-workers.

네, 있습니다. 저는 하얏트 호텔 연회장에서 팀으로 일한 경험이 있습니다. 저희는 예정된 시간 안에 수백 명 되는 손님들의 코스요리 서빙을 마쳐야 했습니다. 쉬운 일은 아니었지만, 저희는 각각의 책임을 완수하며 서로 도와주며 일했습니다. 팀워크는 저에게 다른 동료로부터 많은 것을 배울 기회를 주었습니다.

**You**

# 105. Do you prefer working alone or working as a member of a team?

혼자 일하는 것과 팀으로 일하는 것 중 무엇을 더 선호 하나요?

TIP

승무원은 항상 팀으로 일하게 된다. 혼자 일하는 것보다 동료와 일하는 것이 더 즐겁고 유익하다고 이야기한다. 다만, 전 직장에서 팀으로도 근무해보고, 혼자도 업무 처리하는 일을 경험했다면 둘 다 가능하다고 이야기한다. 하지만 더 선호하는 것은 혼자보단 다른 동료와 함께 일하는 것이라고 마무리해주어도 좋다.

A1 I prefer working as a member of a team. I think working with many different types of co-workers in a group is one of the most important qualities in a successful career. I am a very cooperative person and willing to sacrifice my personal desire when I need to for my team.

저는 팀으로 일하는 것을 더 선호합니다. 저는 그룹으로 다양한 사람들과 일하는 것은 성공적인 직업을 갖는 가장 중요한 자질 중 하나라고 생각합니다. 저는 매우 협동적인 사람이고, 팀을 위해 필요하다면 저의 개인적인 욕심은 기꺼이 희생할 수 있습니다.

A2 I can be very flexible and enjoy both types of work. I like working alone when my duty requires my full attention to be done faster and more effectively. I am also the kind of person who enjoys a working environment of sharing ideas and interacting with other people.

저는 매우 융통성이 있고, 두 종류의 일을 모두 좋아합니다. 더 빠르고 효과적으로 끝내기 위해 집중이 필요할 땐 혼자 일하는 것도 좋아합니다. 저는 또한 아이디어를 나누고 다른 사람들과 함께 교류하면서 일하는 분위기를 즐기는 사람입니다.

A3 I am comfortable working independently or as a member of a team. My previous position had many assignments that required a great deal of independent work and others where the team effort was most effective. Because of this experience, I'm comfortable with both but I prefer working with people.

저는 혼자 일할 때나 팀원으로 일할 때 편안하게 일을 합니다. 저의 전 직책의 상당 부분의 업무가 혼자 담당하는 일이었고, 나머지는 팀으로 하는 것이 더 효율적이었던 것이었습니다. 이러한 경험으로 저는 둘 다 편안하게 일을 할 수 있지만, 개인적으로는 사람들과 일하는 것을 더 좋아합니다.

A4 I have had experiences working in a team such as being in the drama and volunteer club during my university days. Each required a different kind of team player, but the overall goal of learning to be a member of a group was very useful. From my major, I continued to grow as a team member while in my lab/experiment class where we had many team assignments. I had a lot of fun working with my class mates.

저는 대학 시절에 연극부와 자원봉사 단체에서 팀원으로 일한 경험이 있습니다. 각각 다른 역할이 요구되었지만, 종합적으론 팀의 일원으로 배우는 목표는 정말 유용했습니다. 저의 전공 때문에 팀 과제가 많은 실험시간에 팀의 일원으로써 계속 성장했습니다. 저는 제 급우들과 함께 공부하는 것이 정말 재미있었습니다.

**You**

# 106. Are you of a follower or a leader when working in a group?

사람들과 그룹으로 일 할 때 리드하는 편인가요? 아니면 따르는 편인가요?

**TIP**

본인의 경험을 바탕으로 답변한다. leader나 follower 성향 중 더 가까운 것에 대해 말해준다.

**A1** I think I am more of a leader. I am a very outgoing and initiative person. At my university, I served as a leader of my class and club. At that time, I was often told that I was easy to work with. And, at my previous job, I worked as an assistant to my boss and senior. I am happy to work any position I am assigned to.

저는 리더 쪽에 좀 더 가깝다고 생각합니다. 저는 매우 외향적이고 주도적인 사람입니다. 대학교 때 학과와 동아리에서 회장으로 봉사했었습니다. 그 당시에 저는 함께 일하기에 편한 사람이라는 말을 자주 들었습니다. 그리고 전의 직장에서 저는 제 상사와 선배의 보조로 일했습니다. 저에게 어떤 업무가 주어지던 기쁘게 일 하겠습니다.

**A2** Well, I have some experiences as both a leader and follower. At the moment, my position at my work is an assistant teacher and I mostly assist main teachers. And, when I performed as a leader in my university days, I was a good listener and always supportive when I understood their ideas. I was willing to go along with them. I can be very flexible.

글쎄요, 저는 리더와 팔로워 경험이 모두 있습니다. 현재 근무하고 있는 직장에서 저의 직책은 보조 교사이며 주로 전임 선생님들을 보조해주고 있습니다. 그리고 대학 시절 과대표였을 때, 저는 급우들의 생각을 이해했을 때 귀 기울여 잘 들어주었고, 항상 동조해 주었습니다. 급우들의 의견을 기꺼이 따랐습니다. 저는 굉장히 융통성이 있습니다.

**A3** I think I can be a very active follower who supports and assists the leader and other members in a group. I also have experience as a class leader when I was a senior in my university days. So I feel comfortable serving both as a leader and follower. I think being cooperative with each other is the most important attitude when we work in a group.

저는 그룹에서 리더나 다른 일원을 도와주고 지지해주는 적극적인 팔로워라고 생각합니다. 또한, 대학 4학년 때 과대표를 한 경험이 있습니다. 그래서 리더와 팔로워 두 포지션 모두 다 편합니다. 저는 서로 협동적으로 하는 것이 그룹으로 일을 수행할 때 무엇보다 중요한 태도라고 생각합니다.

→ Q: Could you give me an example of a successful team project where you were a leader/follower?
리더/팔로워로서 팀워크 한 것 중에 성공적이었던 예를 좀 얘기해보세요.

You

# 107. What do you think is the most important attribute to working as a team?

팀으로 일할 때 가장 중요한 것이 무엇이라고 생각하나요?

**TIP**

팀으로 일 할 때 중요한 것은 아주 많다고 생각한다. 본인이 생각하는 어떠한 것이라도 괜찮으니, 왜 그렇게 생각하는지 부연설명과 함께 이야기한다.

**A1** 팀의 목표를 위해 기여해야 함 I understand that teamwork is everyone contributing toward a common goal. I think it is about how we keep the team together, and believe in each other. We all need to help each other out.

팀워크란 모두가 하나의 공통된 목표를 향해 공헌하는 것이라고 알고 있습니다. 저는 어떻게 팀을 함께 지켜나가고 서로를 신뢰하느냐에 관한 것이라고 생각합니다. 우리는 모두 서로 도와야 한다고 생각합니다.

**A2** 원활한 의사소통 I consider communication to be one of the most important things in working as a team. Working as a team means we have the same goal to accomplish. I think communication and sharing information can bring people together and makes people work more efficiently.

저는 팀으로 일함에 있어 가장 중요한 것 중 하나는 소통이라고 생각합니다. 팀으로 일한다는 것은 성취해야 할 목표가 같다는 것을 의미합니다. 저는 소통과 정보교환은 모두가 함께 만들고 더 효과적으로 일을 하는데 도움을 준다고 생각합니다.

**A3** 책임감과 협동심 I believe there are so many things but I could say being cooperative and responsible are vital in working with other people in a group as a team. We should work together to support each other on the mission assigned.

정말 많은 것들이 있습니다만 협동심과 책임감은 팀으로서 사람들과 함께 일하는 데 있어 필수적인 것이라고 말하고 싶습니다. 우리에게 주어진 과제를 완수하기 위해서는 서로 도와주고 함께 일해야 한다고 생각합니다.

**A4** 서로 믿고 함께해야 함 I think good teamwork means sharing a common vision, working together and succeeding as one. If team members trust each other and work together, I believe it's easier to produce better results.

좋은 팀워크는 함께 공통된 비전을 나누고, 함께 일하고, 하나로써 함께 성공에 이르는 것을 의미한다고 생각합니다. 팀원들이 서로 믿고 함께 일한다면 더 좋은 결과를 만드는 데 더 쉬울 거라고 생각합니다.

**You**

# 108. What do you think of leadership? What would you say makes a good leader?

훌륭한 리더의 자질은 무엇이라고 생각하나요?

**TIP**

좋은 리더에 대한 나름대로 정의나 개념이 있다면 리더로서의 자질이 있는 사람처럼 들릴 수 있다. 본인이 생각하는 좋은 리더에 대해 먼저 간략하게 타입을 이야기해준 후 왜 그렇게 생각하는지 부연설명을 해주도록 한다.

**A1** **팀이 효과적으로 일 할 수 있는 환경을 만들어 주어야 함** In my opinion, good leaders make a better environment for team members to perform their duties more efficiently to reach the goals together.

제 생각에 훌륭한 리더는 팀원들이 함께 목표에 도달할 수 있도록 더 효과적으로 그들의 임무를 수행할 수 있는 더 나은 환경을 만들어 주는 것입니다.

**A2** **팀에게 모범이 되며 동기부여를 해주어야 함** I believe a true leader should know how to provide a vision and encourage/motivate the team spirit to work better in any circumstance. I also believe that being a good example will stimulate team members.

진정한 리더는 비전을 나누고 어떠한 환경에서든 팀원들이 더 잘 일할 수 있는 동기를 부여하는 방법을 알아야 한다고 생각합니다. 또한, 좋은 모범이 되는 것은 팀원들을 격려할 수 있는 좋은 계기가 된다고 생각합니다.

**A3** **어려울 때 극복할 수 있는 능력과 팀을 하나로 뭉치게 하는 능력** I think a good leader should know what is the best for the team and overcome problems in times of difficulty. I also think making people together into one is one of the most important qualities a good leader should have.

훌륭한 리더는 팀원을 위한 최선이 무엇인지를 알고 있고 어려움의 시간 속에서 문제를 극복하는 방법을 알아야 한다고 생각합니다. 사람들을 하나로 뭉치게 하는 것은 훌륭한 리더가 갖추어야 할 가장 중요한 자질 중의 하나라고 생각합니다.

**A4** **팀을 격려하고 각자의 장점을 잘 발휘 할 수 있도록 이끌어야 함** To me, leadership is about leading people. It's about working with them and working for them, and getting them to work best in their own way. I think it's very important to value the team members and motivate them to utilize their strengths.

저에게 리더십이란 사람을 이끄는 것이라고 생각 합니다. 팀원들과 함께 일하고 팀원들을 위해 일하고 팀원들이 최선을 다 할 수 있도록 만들어 주는 것이라고 생각 합니다. 팀원의 가치를 소중히 여기고, 팀원들이 능력을 발휘 할 수 있도록 동기 부여하는 것은 매우 중요하다고 생각합니다.

A5 지혜롭고 사람을 다루는 능력이 있어야 함 In my opinion, being a good leader means to have wisdom and skills to take care of members. When making an important decision, a leader should have enough understanding and knowledge about the situation to make a better decision for the team. Also, I think a leader should make sure each member in the team gets along and works well together by handling the conflict when it's needed using his or her people skills.

제 생각에는 훌륭한 리더가 되는 것은 지혜로워야 하며, 사람을 다루는 기술이 있어야 한다고 생각합니다. 중요한 결정을 내려야 할 때, 리더는 팀원을 위해 더 나은 결정을 할 수 있도록 그 상황에 대한 이해와 지식이 충분히 있어야 한다고 생각합니다. 또한, 리더는 필요할 때 갈등을 조정할 수 있는 기술을 사용해서 모든 팀원이 잘 지내고 일 할 수 있도록 할 수 있어야 한다고 생각합니다.

You

# 109. What type of people do you work with most effectively?

어떤 종류의 동료와 일하는 것이 더 효과적이라고 생각하나요?

**TIP**

다른 동료와도 화합하고 잘 지낼 수 있다는 긍정적인 답변이 필요하다. 회사나 동료가 나에게 맞추는 것이 아니라 내가 이 회사에 맞는 사람이라는 답변을 준비한다.

A I understand that I can not choose my co-workers or whom to work with. I am willing to work with anyone. However, it would be great to work with co-workers who are positive towards work.

저는 제가 함께 일할 동료를 선택할 수 없다는 것을 잘 알고 있습니다. 누구와도 일 할 준비가 되어있습니다. 하지만 일에 대해 긍정적인 동료와 일한다면 굉장히 좋을 것 같습니다.

You

# 110. What type of people do you feel uncomfortable to work with? Who is the most difficult person to work with?

어떤 종류의 동료가 일하기 힘들다고 생각하나요?

**TIP**

우리는 동료를 선택할 수 없다. 그리고 친구를 사귀는 것이 아니다. 싫든 좋든 팀으로 정해진다면 당연히 함께 비행해야 한다. 더군다나 외국 항공사에서는 여러 나라 동료와 함께 일해야 한다. 국적, 종교, 문화, 교육, 가치관이 다른 너무나 다양한 동료와 과연 일할 수 있을까 라는 자질에 대한 의문은 면접관으로서 당연히 가질 수 있고 질문할 수 있다. 파이널 면접에서 면접관이 가장 많이 질문하는 주제이기도 하다.

*** 주의할 점** 아무리 부정적으로 질문한다고 하더라도 단정적으로 '일하기 싫다(I don't want to work with)'거나 '불편하다(I feel uncomfortable)', 또는 나한테는 이런 사람은 좀 어렵다(It will be difficult for me to work with…)는 표현은 피하는 것이 더 좋다. 최대한 부드럽게 중화해서 답변할 수 있도록 한다. 결론은 누구와도 일할 수 있다여야 한다. 나의 답변으로 이어질 꼬리 질문에도 대비해보자.

**A1** 누구와도 일 할 수 있다 I have to say with all honesty, this is a little difficult question for me. But as long as my co-workers do their jobs professionally, then I can work with anybody without any difficulty.

솔직히 말씀 드리는데 조금 어려운 질문이네요. 하지만 동료들이 자기 일을 프로답게 잘한다면 어떠한 어려움 없이 그 누구와도 일할 수 있을 것입니다.

**A2** 누구와도 일 할 수 있다 I understand and respect that we all have different working styles or values. But that does not mean we can't work together as a team. I believe staying open-minded and positive help me to be able to get along with everyone on the job.

저는 다양한 스타일과 가치를 모두 존중하고 이해합니다. 하지만 팀으로써 함께 일할 수 없다는 말은 아닙니다. 저는 열린 마음과 긍정적인 마음을 유지한다면 직장에서 모두와 잘 지낼 수 있다고 생각합니다.

**A3** 팀에 기여를 하지 않는 동료 Well, of course I am willing to work with any colleague and I wouldn't say that I have a certain type that I don't want to work with. But I don't think it would be very efficient to work with someone who does not contribute to the team. I think it may slow down teamwork. But I understand that we have to work together in any kind of circumstance.

물론 저는 어떤 동료와도 기꺼이 일 할 수 있고 일하기 싫은 특별한 타입이 있다고 얘기할 순 없겠습니다. 하지만 팀에 기여하지 않는 사람과 함께 일하는 것은 그다지 효율적이지 못할 것 같습니다. 이는 팀워크를 둔화시킬 수 있다고 생각합니다. 하지만 저는 그 어떤 상황에서도 함께 일해야 한다는 것을 잘 숙지하고 있습니다.

**A4** **부정적인 동료** I understand that I can not choose co-workers or whom to work with and I am willing to work with anyone. However, it won't be so fun if someone is negative about everything. But as a team I know I should work well with any co-worker.

저는 제가 함께 일할 동료를 선택할 수 없다는 것을 잘 알고 있습니다. 그래서 저는 누구와도 함께 기분 좋게 일을 할 수 있습니다. 하지만 모든 것에 부정적인 사람이라면 그다지 재미있지 않을 것 같습니다. 하지만 팀으로 저는 그 어떤 동료와도 함께 일해야 한다는 것을 잘 알고 있습니다.

→ **Q:** How will you work with them?
어떻게 함께 일할 건가요?

**A:** I think sometimes, the coworker just wants to complain to a friendly and listening ear. I might listen to them even though I don't have any good advice or can't give assistance to solve the situation. But I will set limits so she or he does not over-talk. And, I will try to spread my positive energy to my coworker because I have plenty of them.
가끔 저는 동료가 불평을 단지 다정하게 들어주기를 원한다고 생각합니다. 저는 조언을 해준다거나 문제를 해결하는 데 어떤 도움도 주지 못하더라도 그냥 이야기를 들어줄 것입니다. 하지만 더 이상 진도가 나가지 않도록 선을 그어 놓겠습니다. 그리고 제가 많이 가지고 있는 긍정의 에너지를 제 동료에게 많이 퍼뜨리도록 노력할 것입니다.

**A5** **게으른 동료** Well, I wouldn't say that I have a certain type of co-worker who I don't want to work with. I believe that I have no difficulty to work with different types of people. However, if someone avoids responsibility, I think it might slow down the work, which is not very effective, especially when the working time is limited.

저는 함께 일하고 싶지 않은 특정 타입의 동료가 있다고 할 순 없겠습니다. 저는 다양한 사람들과 함께 일할 때 어떤 어려움도 없다고 믿기 때문입니다. 그렇지만 책임을 회피하는 사람이 있다면 일의 진행을 둔화시킬 수 있습니다. 이는 특히 제한된 시간 안에 일할 때는 매우 비효율적인 것입니다.

→ **Q:** How will you work with them in flight?
기내에서 일할 때 어떻게 함께 일할 건가요?

**A:** In that kind of case, I am willing to work harder to cover their job and speed up my work because I know that I have passengers to serve and jobs to finish. However, I would ask for their help when I am not able to handle by myself. After all, we are one team.

이러한 경우에는 제가 서비스해야 하는 승객들과 해야 하는 일이 있기 때문에 제 일을 빠르게 처리하고 동료의 업무를 도와줄 수 있도록 더 기꺼이 일할 것입니다. 그러나 저 혼자서 해결할 수 없을 땐 도움을 요청할 것입니다. 무엇보다도, 우리는 한 팀 이니까요.

You

# 111. How would you work with your colleagues if you work in our company?

만일 우리 회사에서 근 하게 된다면 동료들과 어떻게 함께 일할 건가요?

**TIP**

승무원뿐 아니라 팀으로 일할 때 어떤 태도가 필요한지에 대한 이해가 있을 것이다. 덧붙여서 승무원으로서 동료와 잘 협조하여 매 비행을 순조롭게 이끌어 갈 것이라는 마무리를 해주면 더욱더 효과적인 답변이 될 것이다.

**A1** 나의 책임을 다하고 동료를 기꺼이 도와주겠다 I am aware that the cabin crew always work as a team in every flight. As a member of a team, I will always make sure that I do my duties perfectly to contribute to my team and I am willing to help my coworkers whenever they need a hand. I will always work well with the other attendants to have the best flight all the time.

모든 비행에서 승무원은 팀으로 일해야 한다는 것을 잘 숙지하고 있습니다. 팀의 일원으로써 팀에 공헌하기 위해 저의 임무를 항상 완벽하게 해야 하고, 언제든지 저의 도움이 필요하면 기꺼이 동료의 일을 도와줄 것입니다. 매번 최고의 비행이 되기 위해 다른 승무원들과 함께 잘할 것입니다.

**A2** 협동과 이해로 최선을 다하겠다 I will try to work closely with my colleagues and try to be in their shoes so that I will not act on my own will. I think cooperation and understanding between members are very important to make work successful and harmonious when working in a team. I will work well with my co workers and support them to make each flight smooth and memorable to everyone.

저는 제 마음대로 하지 않기 위해 항상 상대방의 입장이 되도록 노력할 것이고 제 동료와 함께 일하도록 노력할 것입니다. 동료들 사이에 협동과 이해는 팀으로 일할 때 성공적이고 조화롭게 일을 하는 데 매우 중요하다고 생각합니다. 모든 사람에게 편안하고 기억에 남는 비행이 되도록 동료를 도와주고 함께 잘할 것입니다.

**You**

# 112. Tell me about a time that you helped your co-worker.

동료를 도와준 경험을 얘기해보세요.

**TIP**

동료를 도와준 경험이 많을 것이다. 동료가 도움을 청해왔을 때 기꺼이 도와준 예도 좋지만, 주변 상황 판단을 스스로 하여 먼저 도움을 준 경험도 생각해본다.

**A** I believe I helped my co-workers many times at work. Most recently, when I worked at a cinema, we had a new hire who was really struggling with getting to work on time, and I knew the manager was getting irritated. And I thought I had to do something about it before the manager gave a warning to him. One day I explained to him how important it was to our manager for everyone to be there at least 10 minutes early. I was worried that he had taken it personally and felt uncomfortable with me but he was grateful for the advice.

저는 직장에서 제 동료를 많이 도와주었다고 생각합니다. 최근에 제가 일했던 영화관에서 새로 들어온 동료가 제시간에 맞춰서 출근하는 데 문제가 있었고, 매니저님께서는 그 부분에 매우 짜증이 나고 있었습니다. 저는 매니저님께서 그 직원에게 경고 조치를 내리기 전에 무언가를 해야겠다고 생각했습니다. 하루는 제가 그 직원에게 모두가 적어도 10분 전에는 출근해야 한다는 것이 매니저에게 얼마나 중요한지를 설명해 주었습니다. 저는 그 신입 동료가 개인적으로 받아들여서 불편해 할까 봐 걱정을 많이 했었습니다만, 그 충고에 대해 고마워했습니다.

**You**

# 113. Why do you think it's important to follow regulations?

왜 규칙을 지키는 것이 중요하다고 생각하나요?

**TIP**

승무원으로 근무할 때뿐 아니라 다른 직업 역시 따라야 하는 규칙이 많이 있을 것이다. 승무원직무는 기내의 안전에 관한 중요한 책임이 있기 때문에 회사의 규정이나 규칙을 따르는 것은 매우 중요하다. 규칙을 이해하고 잘 따르는 사람이라는 것을 보여주어야 한다.

A I think there are many reasons why we have to abide by the regulations. Sometimes, it is because of the safety issue/reason or the efficiency of work. I especially think the regulations are very important because they are to protect people like customers and workers from many unexpected situations.

규칙을 준수해야 하는 이유는 많이 있다고 생각 합니다. 때론 안전에 관한 문제든지 효과적인 업무처리에 관련된 문제입니다. 특히, 규칙은 많은 예기치 못한 상황에서 고객들과 동료를 보호하기 위해 매우 중요하다고 생각합니다.

You

# 114. How do you motivate others? (When you work)

일할 때 동료들을 어떻게 동기 부여하나요?

TIP

팀워크에 대한 이해가 필요하며, 각기 다른 동료들과 함께 일할 때 즐거운 근무 환경을 만들 수 있는 동료가 될 수 있다는 것을 보여주도록 한다.

A I believe that I can motivate others by helping people and showing a sense of cooperation to reach the goal together. I also try to create a pleasant working environment with my positive and friendly attitude. Most of all, I believe that working can be fun too, so I like to spread my positive spirit to the people I work with.

저는 목표를 함께 달성하기 위해 사람들을 돕고 협동심을 보여줌으로써 동료에게 동기를 부여할 수 있다고 생각합니다. 저는 또한 긍정적이고 친절한 태도로 일하는 분위기를 조성하기 위해 노력할 것입니다. 무엇보다도 일을 한다는 것도 재미있을 수 있다고 생각하고, 저의 긍정적인 에너지를 제가 함께 일하는 사람들에게 전하고 싶습니다.

You

승무원 영어면접 Answer

# Chapter 9

# Work Experiences

## 직장 경험

Chapter. 9

# 09 Work Experiences

직장 경험

## Questions

**115.** Do you have any experience as a volunteer?

자원봉사 경험이 있나요?

**116.** Do you have work experience? /Tell me about your employment history. / Do you have work experience during college?

직장 경험이 있나요?

**117.** What did you learn from your work experiences?

일을 통해 무엇을 배웠나요?

**118.** Do you work at the moment? /What is your current job?

현재 일하고 있나요?

**119.** What were some of the difficulties when you worked?

일할 때 힘들었던 적 있나요?

**120.** Tell me about a time when you had to deal with an irate customer. How did you handle the situation?

화난 고객을 대했던 경험과 어떻게 대처했는지 얘기해보세요.

**121.** What major challenges and problems did you face? How did you handle them?

일하면서 경험한 큰 어려움과 어떻게 대처했는지 얘기해보세요.

**122.** What would be the most useful or beneficial work experience for you to work as cabin crew?

승무원 되는데 유용하고 유익한 경험이 있나요?

**123.** Why do you want to change your job?

왜 이직하려고 하나요?

**124.** Tell me what your internship was like.

인턴십 어땠는지 얘기해보세요.

**125.** What have you been doing since your last job?

지난 직장 이후로 무엇을 했나요?

**126.** Which company do you work for?

무슨 회사에서 근무하나요?

**127.** What do you think of your current/former boss?

현재/전 상사에 대해서 어떻게 생각 하세요?

**128.** Where does your boss think you are right now?

직장 상사가 오늘 본인이 어디 있는지 알고 있나요?

# 115. Do you have any experience as a volunteer?

자원봉사 경험이 있나요?

**TIP**

승무원이라는 직업은 승객을 도와주고 보살펴 주는 서비스직이다. 자원봉사 또한 사람들을 도와주는 일이기 때문에 경험이 있다면 당연히 도움이 될 수 있다. 정기적으로 참여한 것이 아니라 한두 번만 참여한 것이더라도 이야기해준다.

**A1** 영어교사 자원봉사 Yes, I do. I volunteered at the local community center (during my university days) teaching English to children once a week. I think it was a very meaningful experience.

네, 있습니다. 대학 시절에 일주일에 한 번 지역 문화센터에서 영어교사로 자원봉사를 하였습니다. 굉장히 의미 있는 경험이었습니다.

**A2** 농촌 봉사 During summer vacation in my college days, my friends and I organized a group of about 20 people from our class and gave our service to a farming village. We helped with their numerous chores and labours field work. It was a very interesting experience.

대학 시절 여름방학 동안에, 같은 학과 친구들 20명을 모집해서 농촌 봉사를 했었습니다. 저희는 많은 허드렛일과 농촌 일을 도와드렸습니다. 매우 재미있는 경험이었습니다.

**A3** 댄스 동아리에서 위문공연 I have visited welfare facilities regularly to carry out volunteer activities. I am a member of a tap dancing group called 'taps' and we perform tap dances for children and after that we play with them. We had a great time together.

저는 자원봉사로 정기적으로 복지시설을 방문했었습니다. '탭스'라고 하는 탭 댄스 동아리 회원이어서 아이들을 위한 탭 댄스 공연을 하였고, 공연 후에는 그 아이들과 놀아주었습니다. 정말 좋은 시간을 보냈습니다.

**A4** 의료 봉사 I volunteered medical services for small communities in the Philippines during my university days. My major was Nursing Science and I wanted to be helpful for those who seek medical help. While I was giving a hand to people, I was very happy and it was one of the most unforgettable memories.

대학 시절에 저는 필리핀 작은 마을에 의료봉사를 갔었습니다. 저의 전공은 간호학이었고, 의료 도움이 필요한 사람들을 도와주고 싶었습니다. 사람들을 도와주는 동안에 정말 행복했고 이는 제게 가장 잊지 못할 추억이 되었습니다.

**A5** 양로원에서 봉사 I worked as a volunteer at the senior center/nursing home when I was a freshman at university. I mostly cleaned, laundered and washed dishes. I also talked to the seniors and listened when they needed someone to talk to. I think volunteering helped me strengthen my mind and body. I was glad that I was able to help them.

저는 대학 1학년 때 양로원에서 자원봉사로 일했었습니다. 대부분 청소와 빨래 그리고 설거지를 하였습니다. 또한, 할머니, 할아버지께서 이야기 상대가 필요할 때 이야기를 들어주고 대화를 나눴습니다. 자원봉사로 제 마음과 몸이 강해졌다고 생각합니다. 그분들을 도와줄 수 있어서 기뻤습니다.

**A6** 장애인 시설 봉사 I worked as a volunteer at the facility for helping people who were disabled/physically challenged. I mostly helped them with drawing, singing, and playing. I've volunteered for several years and I loved every minute of it. I'd like to be of help, even if it's only in a small way.

저는 장애인 시설에서 자원봉사를 했었습니다. 저는 대부분 그림을 그리고, 노래하고, 놀이하는 것을 도와주었습니다. 수년간 봉사 일을 하고 있고 매 순간이 즐겁습니다. 비록 작은 것이라도 도움이 되고 싶습니다.

**A7** 외국인 노동자 센터 통역 봉사 Volunteer work is something I try to do as much as I can. Last year I worked as an English interpreter at the community center for foreign workers in Korea. I love helping others and love knowing that I could be making their life easier and for the better.

자원봉사는 할 수 있는 한 많이 하려고 노력합니다. 작년에 저는 한국의 외국인 노동자 센터에서 영어 통역 일을 하였습니다. 다른 사람들을 도와주는 것을 좋아하고, 제가 그 사람들의 생활을 더 쉽게 해주고 더 나아지게 만들 수 있다는 것이 매우 좋습니다.

**A8** 자선 마라톤 대회 참가 I often participate in marathons for charity. I run for the cancer society and once I finished a 10km course with my friends. I can help a cause and get in shape at the same time. I think it's great.

저는 자주 자선 마라톤 대회에 참가했습니다. 암 단체를 위해 달렸고 한번은 제 친구와 함께 10km 코스를 완주했습니다. 봉사도 할 수 있고, 동시에 운동도 할 수 있어서 정말 좋은 봉사라고 생각합니다.

**A9** 집짓기 자원봉사 I've been to Vietnam as a volunteer for community development projects. We helped repair and build new schools and houses in remote communities. I stayed there for 3 months and I met many people from diverse countries. It was a very interesting and meaningful experience for me.

지역발전 프로젝트의 자원봉사로 베트남에 다녀왔습니다. 우리는 외진 지역의 새 학교나 집을 고치거나 만드는 일을 도와주었습니다. 3개월간 머물렀는데 다른 나라에서 온 많은 사람을 만났습니다. 이는 저에게 매우 흥미롭고 의미 있는 경험이었습니다.

You

# 116. Do you have work experience? Tell me about your employment history. Do you have work experience during college?

직장 경험 있나요?

**TIP**

일을 해본 경험이나 현재 직장이 있다면 어떤 일을 하고 있는지 긍정적인 어휘를 사용하여 전달해준다. 외국 항공사 파이널 질문 중 가장 많은 비중을 차지하는 주제 중 하나다. 서비스 관련 일 경험이 있다면 주저하지 말고 적성에 잘 맞았고 즐겁게 일을 했다는 이미지를 심어 주어야 한다. 마무리하기 유용한 표현을 사용하여 긍정적인 캐릭터를 보여 줄 수 있도록 한다.

**A1** **판매사원** Yes, I do. I was employed by ○○ company as a sales clerk. I worked there for a year.

네, 있습니다. 저는 ○○회사의 판매사원으로 일했고, 1년간 그곳에서 일을 했습니다.

**A2** **리셉셔니스트** I worked as a receptionist at the Hotel Hyatt as a contract worker for a year.

저는 일 년간 계약직으로 하얏트 호텔에서 리셉셔니스트로 일을 하였습니다.

**A3** **패밀리 레스토랑 아르바이트** I worked at a family restaurant as a waitress every weekend and every vacation while attending university.

저는 대학 시절에 주말과 방학 때마다 패밀리 레스토랑에서 웨이트리스로 일하였습니다.

**A4** **백화점 아르바이트** I have worked at a department store during summer and winter vacation in order to save some money for my tuition fee.

저는 학비를 벌기 위해 여름과 겨울 방학 동안에 백화점에서 일하였습니다.

**A5** **패밀리 레스토랑 웨이트리스** Yes. I'm currently working at a family restaurant as a waitress. It's been about 6 months and I work 5 hours a day including weekends.

네, 저는 현재 패밀리 레스토랑에서 웨이트리스로 일하고 있습니다. 일을 한 지는 6개월 정도 되었고, 주말을 포함해 하루에 5시간씩 일을 합니다.

**A6** 전 무역회사 근무, 현 프리랜서 벨리 강사 I have worked at a trade company for 2 years and I am currently working as a freelance belly dance instructor.

저는 2년간 무역회사에서 일을 해왔고, 지금은 프리랜스 벨리 댄스 강사로 일을 하고 있습니다.

**A7** 스타벅스 아르바이트 Yes, I do. I had a part-time job at a Starbucks for 3 months. My responsibilities included taking orders from customers, making coffee and other drinks. I enjoyed it very much.

네, 있습니다. 저는 3개월간 스타벅스에서 아르바이트했습니다. 저의 임무는 손님들의 주문을 받고, 커피와 다른 음료를 만드는 것이었습니다. 매우 즐거웠습니다.

**A8** 비서 I have worked as an assistant for 2 years. My main duties included preparing and scheduling meetings, organizing paperwork and electronic files and managing many projects. I am also responsible for welcoming guests who visited our office.

저는 2년간 비서로 일했었습니다. 저의 주요 임무는 회의를 준비하고, 계획하고, 서류작업과 전자 문서를 정리하고, 많은 프로젝트를 관리하는 것이었습니다. 저는 또한 우리 회사를 방문하시는 손님들을 맞이하는 책임도 있었습니다.

**A9** 호텔 커피숍 I have experience working at a coffee shop and at the Hilton Hotel. At the Hotel, I enjoyed the working environment very much because I had many chances to meet many foreign guests there. From those experiences, I learned that being professional and keeping a good attitude are very important to take care of customers properly. I believe this is also true with the job of the cabin crew. I'd like to put that practical experience to use when I become a cabin crew in your airline.

저는 힐튼 호텔의 커피숍에서 일한 경험이 있습니다. 호텔에서 외국 손님들을 만나는 기회가 많이 있어서 거기서 일하는 분위기를 좋아했었습니다. 이러한 경험으로 저는 프로답게 일하는 것과 좋은 태도를 갖추는 것은 고객들을 올바르게 접대하기 위해 매우 중요하다는 것을 배웠습니다. 이는 승무원에게도 마찬가지라고 생각합니다. 귀사의 승무원이 되어서 이러한 실질적인 경험을 적용하고 싶습니다.

### | 마무리하기 유용한 표현 |

- I learned many things from this work experiences dealing with all kinds of people on the job.

  저는 많은 고객을 상대했던 이 직장 경험으로 많은 것을 배웠습니다.

- Because of this experience I was able to learn how to communicate with customers and work better as a team.

  이 경험 덕분에 저는 고객과 함께 소통하는 방법을 배울 수 있었으며 팀으로 일을 더 잘하는 것을 배웠습니다.

**You**

# 117. What did you learn from your work experiences?

일을 통해 무엇을 배웠나요?

TIP

근무 환경이나 배경을 간단히 설명한 후 그것으로 인해 배울 수 있었던 것을 이야기해본다. 지난/현재 직장에서 무엇을 배웠나 라는 질문에도 당연히 기간이 짧든 길든 많은 것을 배웠다고 답변을 시작한다. 그리고 배운 것 중에 기왕이면 승무원 직무에 도움될 만한 일을 중점으로 풀어놓는다.

같은 호텔이나 레스토랑이라도 본인 회사가 가진 특별한 상황을 간단히 설명 후 배운 점을 답변해 준다면 더욱 신뢰 있게 들릴 수 있다. 예를 들어, 부산에 있는 호텔이지만, 외국인 관광객들이 대부분 고객이라 외국 손님과 소통하는 것에 대해서 좋은 경험을 했고 많이 배웠다. 또는 그냥 '지상직으로 근무해서 고객응대 기술이 발전됐다'고만 단순하게 답변하는 것보다는 '공항에서 지상직 근무 요원으로 매일 수천 명의 승객을 대하면서 고객응대 기술을 많이 발전시켰다고 생각한다'고 답변한다면 더욱더 설득력이 있게 들린다. 아래 답변 샘플들을 보고 본인의 직장 경험에 맞추어서 준비해본다.

---

*** 주의할 점** 별로 유용하지 않은 내용은 효과적이지 못 하다.
예를 들어, 지난 직장에서 비서로 근무했는데, 워드작업 하는 것을 배웠다라거나, 출판사에서 근무했는데 편집하는 것을 배워서 아주 잘할 수 있다 하는 답변은 승무원 면접에 별로 효과적이지 못하다. 이러한 답변보다 더 최악은 '배운 게 별로 없다'라고 하는 답변이다. 실례로 전직 한국 저가항공사 승무원 지원자가 외국 항공사 파이널에서 받은 질문이다.

면접관: ○○ 저가 항공사에서 승무원으로 근무했구나. 그 일을 통해서 배운 게 뭐야?
지원자: 음, 별로 배운 거 없는 거 같아.
면접관: 응? 배운 게 없다고? 음…. 그럼 우리 항공사에 와도 배울 게 없을 거 같아….

면접관은 이러한 지원자가 맘에 들 리가 없다. 물론, 마지막까지 이야기를 잘 풀어가면 좋은 결과를 가져올 수도 있다. 하지만 이렇게 답변하고 나서 이미지 회복을 쉽게 할 수는 없을 것이다. 그래서 가능한 모든 답변은 긍정적으로 풀어가야 한다.

또한, 짧은 기간 동안 근무를 했다고 해서 다음과 같이 부정적으로 답변할 필요는 없다. 부정적인 답변과 긍정적인 답변의 차이를 비교해보자.

**예문1)**
면접관: ○○회사에서 2개월간 아르바이트했구나. 그곳에서 일하면서 무엇을 배웠니?
지원자: 사실은 너무 짧은 기간이라 많은 것을 배우진 못했어. 하지만 고객을 어떻게 대해야 하는지 배운 것 같아. 그리고 팀워크의 중요성도 알게 됐어.

예문2)
면접관: ◯◯회사에서 2개월간 아르바이트했구나. 그곳에서 일하면서 무엇을 배웠니?
지원자: 비록 2개월이 짧은 기간이었지만, 정말 많을 것을 배운 거 같아. 특히 동료들과 항상 한팀으로 일하면서 팀워크의 중요성과 동료와 더 잘 일할 수 있는 방법들을 배웠어.

예문 1보다 예문 2가 훨씬 더 긍정적으로 들리고 부연설명도 더 상세히 추가함으로써 더 적극적으로 들린다. 긍정으로 시작하고 그에 맞는 구체적인 부연설명(길게 이야기하라는 것이 아니다)으로 덧붙여주면 더욱더 신뢰감이 있어 보인다.

**A1** **외국에서 다른 나라 동료와 일했기 때문에…** Since I have worked in a restaurant in Sydney with many co-workers from different countries I was able to learn to work better with different cultures and various types of working style.

다른 나라에서 온 많은 동료와 함께 시드니에 있는 레스토랑에서 일해봤기 때문에 다른 문화와 다양한 스타일과 함께 더 잘 일할 수 있게 되었습니다.

**A2** **호텔에서 매일 많은 고객을 만날 수 있어서…** Since I worked in a hotel meeting many different types of customers every single day I was able to learn how to communicate and interact with them. I feel very comfortable and confident with customers.

저는 호텔에서 매일 다양한 고객들을 만나서 일했기 때문에 그들과 함께 소통하고 응대하는 방법을 배울 수 있었습니다. 저는 고객들과 함께하는 것이 매우 편안하고 자신 있습니다.

**A3** **서비스 분야에서 많은 고객을 대했기 때문에…** I learned many things from my past work experiences dealing with all kinds of people on the job in the service industry. That's why I feel very comfortable talking to customers and interacting with them.

저는 서비스 분야에서 많은 고객들을 상대했던 과거의 경험들로 많은 것을 배웠습니다. 그래서 저는 고객들과 대화하고 응대하는 것이 매우 편안합니다.

**A4** **식당에서 웨이트리스로 근무하면서 참을성과 이해심이 많아짐** I think my work experience as a waitress at a restaurant helped me gain more patience and understanding because I always tried to put myself into other's position when providing service to them.

저는 서비스를 할 때 항상 고객의 입장에서 생각하려고 노력하기 때문에 식당에서 웨이트리스로 일한 경험은 제가 참을성 있고 이해심을 갖게 도와주었습니다.

**A5** 고객을 응대하는 데 프로답게 좋은 태도를 유지하는 것을 배웠음 From those experiences, I learned so many things. I especially learned that being professional and keeping a good attitude were very important to treat customers properly.

이러한 경험으로 전 많은 것을 배웠습니다. 특히, 프로답게 좋은 태도를 유지하는 것은 고객을 적절하게 응대하는 데 있어서 매우 중요하다는 것을 배웠습니다.

**A6** 팀으로 근무하면서 팀워크가 더 좋아짐… Since I have always worked in a team at my previous job I believe I have a good understanding of team work and co-workers. I can be a very useful and helpful member of a team and I love the team environment.

저는 전 직장에서 항상 팀으로 일을 해왔기 때문에 팀워크와 동료에 대한 폭넓은 이해력을 가지고 있다고 생각합니다. 저는 팀에서 유용하고 도움이 되는 일원이 될 수 있고 팀으로 일하는 환경을 좋아합니다.

➡ Team work 관련 질문으로 진행될 가능성

**A7** 비서로 근무하면서 관리능력과 고객응대에 대해 배웠음 Working as an assistant helped me to be a more organized person because I always had to arrange things effectively for my boss and company. I also learned how to make clients who visited my company feel comfortable and be a good hostess by being friendly and offering what they need while they were at my office.

비서로 일하면서 상사와 회사를 위해 효율적으로 일들을 관리해야 했기 때문에 관리능력이 향상되는 데 도움이 되었습니다. 저는 또한 우리 회사에 방문한 고객들이 편안하게 느낄 수 있도록 필요한 것들을 제공해주고 친절하게 대하는 방법을 배웠습니다.

**A8** 강사로 일하면서 학생들과 부모님들과의 많은 교류가 있어서… As an instructor in a private academy, teaching is not the only job description. I have to deal not only with my students but their parents too. I often have visits from the student's parents and we have conversations about the students' studies because they want to know how their children are doing in class. I believe this job helps me to have better communication and interpersonal skills because of much interaction with my students and their parents.

사설학원에서 강사로 일하면서 교습만이 제 일이 아니었습니다. 학생들과 상대하고 부모님과도 상대를 해야 했습니다. 저는 부모님들이 자신의 아이들이 수업시간에 어떻게 보내는지 궁금해하기 때문에 종종 학생의 부모님께서 방문해서 아이의 공부에 대해서 상담을 해야 했습니다. 저는 학생들과 학부모들과 많은 교류를 통해 소통과 교류에 대한 능력을 더 발전시킬 수 있었다고 생각합니다.

| 마무리하기 유용한 표현 |

- I'd like to put that practical experience to use when I become a cabin crew in your airline.
  귀사의 승무원이 된다면 실질적인 경험을 사용하고 싶습니다.

- I believe this would be useful for the job of the cabin crew and I feel very comfortable and confident with customers.
  저는 이런 경험이 승무원으로 근무하는 데 유용할 것으로 생각하고 고객을 대하는 데 있어서 편안하고 자신 있습니다.

- I believe that what I learned from my previous work experience will be very supportive and advantageous to me to work in your airline.
  제가 전 직장에서 배운 경험들이 귀사에서 승무원으로 근무하는 데 도움이 되고 이로울 것이라고 생각합니다.

**You**

# 118. Do you work at the moment? What is your current job?

현재 일하고 있나요?

**TIP**

현재 일을 하고 있느냐는 질문에 너무 많은 이야기를 풀어가는 것보다는 상황에 따라 조금씩 다르겠지만, 현재 근무하고 있는 회사, 본인의 직책, 그리고 간단하게 주로 어떤 일을 하고 있는지만 답변해주고 면접관이 꼬리 질문을 하면 질문의 포인트를 잘 파악해서 답변하도록 한다.

*** 주의할 점** 이 질문에 너무 상세한 업무를 나열한다든가 배운 점을 승무원으로 유사점까지 연결해서 길게 답변하는 지원자들이 있는데, 지루하게 들릴 뿐 아니라 너무 답변을 외우거나 준비했다는 느낌이 들어 자연스러운 대화가 되지 않는다. 그다음 질문을 하기가 두려워질 때가 있다.

**A1** **간호사** I am a nurse working at ○○ Hospital in Seoul. I have been there more than 5 years now.

저는 서울의 ○○병원에서 간호사로 일하고 있습니다. 현재 저는 그곳에서 5년 이상 근무하고 있습니다.

**A2** **비서** I'm working at ○○ company as an assistant in Seoul and I've been working there for 2 years. Handling all the documents is one of my main duties. I am also in charge of arranging meetings and my boss's schedule.

저는 서울의 ○○회사에서 2년간 비서로 일하고 있습니다. 모든 서류를 작업하는 것인 저의 가장 주요한 임무 중의 하나입니다. 저는 또한 회의를 계획하고 상사의 스케줄을 관리하고 있습니다.

**A3** **영어강사** I'm working at a private English academy and teaching conversation English to children between the ages of 6 and 11. I think preparing for classes and teaching students helped me to improve my spoken English.

저는 사설 학원에서 6~11세 아이들을 가르치는 영어회화 선생님입니다. 수업을 준비하고 학생들을 가르치는 것은 저의 영어회화 실력의 향상에도 도움이 되었다고 생각합니다.

**A4** **판매사원** I am working for a Korean design products gallery as a sales clerk at Coex. I mostly deal with foreign customers from all over the world because there are a lot of exhibitions and conferences where I work.

저는 코엑스에 있는 한국 디자인 상품 갤러리에서 판매사원으로 일하고 있습니다. 제가 일하는 곳에서 많은 전시회와 회의가 열리기 때문에 대부분 전 세계에서 오는 외국 손님들을 응대합니다.

A5 무직 상태 I am between jobs at the moment. I used to work at 회사이름/또는 직책 until last mont.

현재는 일하고 있지 않습니다. 지난달까지 ○○에서 근무했었습니다.

➡ 지난 직장으로 질문 연결될 가능성

**You**

# 119. What were some of the difficulties when you worked?

일할 때 힘들었던 적 있나요?

**TIP**

직장에서의 어려움은 당연히 있을 수 있다. 하지만 누구에게나 이해가 되고 공감이 갈 수 있는 상황이나 배경을 이야기한다. 힘들었던 점을 이야기한 다음에는 어려웠지만 극복했고, 지금은 문제없다는 마무리를 해주면 더 효과적이다. 특히, 서비스 분야에서 근무한 경우 무난한 답변 내용 중 하나는 '도와줄 수 없는 고객 요청이나 컴플레인'인데, 아래 예문 A7 번이다. 참고해서 본인의 직장과 업무에 알맞은 답변으로 만들어보자. 과거의 직장인지 현재의 직장인지에 따라 시제만 바꾸어서 답변 만들어보자.

* 주의할 점 사람 때문에 힘들었던 이야기나 내가 능력이 없어서 힘들었다는 이야기는 적절하지 않다. 예를 들어,

1) 내성적이다 보니 동료랑 친하게 지내지 못해서 힘들었다. 또는 사이가 안 좋아서 힘들었다.
2) 내가 식당에서 일 할 때 아이들 손님이 많았는데, 나는 아이들 다루는 걸 잘못해서 아주 힘들었다.
3) 내가 호텔 식당에서 근무할 때 무거운 쟁반을 많이 들어야 했는데, 사실 손목이 좀 약해서 많이 힘들었다.

이런 예는 적절치 않다. 승무원도 많은 동료와 함께 일해야 하며, 어린 승객들을 많이 만나게 될 것이고 무거운 것을 많이 들어야 한다. 아무리 전 직장에서의 어려움이라고 하더라도 승무원 일과 연결되는 답변은 주의해서 하도록 한다.

**A1** 특별한 어려움 없었을 때 Well, I enjoyed my work and I didn't have any problem or difficulty that I recall. The job was interesting and fun for me.

글쎄요, 저는 일이 재미있었고 특별히 생각나는 어려움이 없습니다. 흥미롭고 재미있었습니다.

→ Q: What did you enjoy the most?
무엇이 제일 좋았나요?

**A2** 근무한 지 얼마 안 돼서 없는 경우 Well, since I've been working for only a few months I haven't experienced any problem or difficulty. So far, this job is interesting and fun for me.

글쎄요, 근무한 지 몇 개월 되지 않아서 경험한 적이 없습니다. 현재까지는 흥미롭고 재미있습니다.

→ Q: What do you enjoy the most about your job?
무엇이 가장 재미있어요?

A3 레스토랑- 너무 바쁠 때 고객들에게 더 좋은 서비스를 제공할 수 없어서 고객들에게 미안함
I enjoyed my work and I didn't have any problem or difficulty. However, when the restaurant was full and very busy I felt sorry for my customers because it was hard to provide the extra service for my customers. I just had to do my work fast. But I always tried to put on smile.

저는 제 일을 즐겼고, 어떤 어려움이나 문제는 없었습니다. 하지만 레스토랑이 꽉 차고 매우 바쁠 때 고객들에게 더 좋은 서비스를 해 드릴 수가 없어서 미안한 마음이 들었습니다. 저는 단지 제 일을 빠르게 해야 했습니다. 하지만 미소를 지으려 항상 노력했습니다.

A4 호텔 웨이트리스 근무-첫 직장이나 학생 때 아르바이트(근무 초기) 장시간 서서 근무해야 해서 다리가 아팠음 Well, actually I didn't have special difficulties(when I worked at a hotel as a waitress) but in my first month, it was not easy because I had to spend a lot of time on my feet for more than 10 hours every day and we were not allowed to sit down even when there were no customers. But, after a while, I got used to it and found the solution for this was to give myself a hot foot bath. It really helped. Now I became very familiar with this kind of physical work.

사실 저는 특별히 어려움은 없었습니다. 하지만 첫 달에 매일 10시간 넘게 서 있어야 했고, 손님이 없더라고 앉아 있는 것이 허락되지 않았기 때문에 쉽지 않았습니다. 조금 지난 후에는 저는 익숙해 졌고 따뜻한 족욕을 하면 된다는 해결 방법도 찾았습니다. 이는 정말 도움이 되었습니다. 지금은 이런 종류의 육체적인 일에는 익숙해졌습니다.

A5 호텔 벨 데스크-실습생으로서 많은 일을 해야 했음 When I was trained as a bellhop at a hotel, I had to spend a lot of time on my feet carrying the baggage and pushing the heavy cart. I also had to do a lot of extra work for other staff because I was a trainee. Even though it was a physically hard job, my trainee session was for two months and I finished it successfully in the given time. Two months was not a long time, but it was a very worthwhile and precious experience to me.

제가 호텔 벨 데스크 실습생으로 훈련을 받을 때, 장시간 서서 짐을 나르고 무거운 카트를 밀어야 했습니다. 또한, 실습생이었기 때문에 다른 직원들을 위해 많은 잔일을 해야 했습니다. 육체적으로 힘든 일이긴 했지만 실습기간은 2달이었고, 저는 주어진 시간에 성공적으로 마칠 수 있었습니다. 2달은 긴 시간은 아니지만, 저에게는 매우 가치 있고 소중한 경험이었습니다.

A6 KTX 승무원-무임승차하는 손님들 때문에 힘들었음 Working as a crew member of the KTX, Korea Train express, was fun and I enjoyed my work most of the time. However, sometimes I didn't really enjoy the time when I had to deal with a passenger who was travelling without a ticket. We have a regulation about this but it was a little difficult to solve the situation for everyone's satisfaction.

한국 고속철도인 KTX의 승무원으로 일하는 것은 재미있었고, 저는 대부분의 시간을 즐겼습니다. 그러나 때론 무임승차하는 손님들을 대하는 시간은 즐겁지만은 않았습니다. 이런 것에 관한 규정이 있긴 하지만 모든 사람에게 만족을 주는 해결책을 주기엔 좀 무리가 있었습니다.

→ Q: What is the regulation about this kind of passenger?/How do you handle this type of situation/passenger?

그런 승객에 대한 회사 규정이 무엇인가요?/이러한 상황/승객은 어떻게 해결 하나요?

A: According to the company's regulation, there is a penalty for travelling without a ticket but the passenger is not happy about it.

회사의 규정에 따르면, 무임승차의 벌금이 있지만, 승객들은 달가워하지 않습니다.

---

**A7** 서비스 직무-도와줄 수 없는 고객 요청 또는 컴플레인 I'm a very friendly person and I believe this helps me a great deal in keeping my customers feeling comfortable. However, I felt a little frustrated when I had to handle complaints or requests from customers that I couldn't really help.

저는 굉장히 친절한 사람이어서 이러한 점이 제가 고객들에게 편안함을 주는 데 도움이 많이 된다고 생각합니다. 하지만 불만사항을 처리하거나 제가 정말로 도와줄 수 없는 요청을 받을 때는 좌절감을 느낍니다.

→ Q: Could you give me an example?

예를 들어 주시겠어요?

A1: 백화점 판매—Sure. When I worked at a department store as a women's clothing sales clerk, sometimes customers wanted to get a refund after the valid date and sometimes without a receipt, which I could not really help. I had to make the customer understand about the policy. I always tried to handle the situation with empathy and show my customer that I was doing my best.

물론이지요. 백화점에서 여성복 판매사원으로 일할 때, 가끔 고객들이 환불가능 날짜가 지났거나 영수증 없이 상품을 환불받기를 원하지만 정말 제가 해드릴 수 없는 일이었습니다. 저는 규정에 대해 고객들이 이해할 수 있도록 하였습니다. 항상 고객에 공감하며 상황을 해결하려 노력했고, 제가 최선을 다하고 있다는 것을 고객에게 보여주려고 노력했습니다.

A2: 레스토랑— When I worked at a restaurant, some customers asked for a discount complaining that they didn't like the meal. If they had mentioned it earlier I could have done something for hem, but after they had finished the meal they asked for the discount. At that time, I couldn't decide whether I could help them or not. So my manager handled that situation and I learned from him so that I could handle it by myself next time when I face the same/similar situations.

제가 레스토랑에서 일할 때, 어떤 고객들은 음식이 맘에 들지 않는다고 할인을 해달라는 요구를 하였습니다. 만약 좀 더 일찍 언급하셨다면 제가 뭔가 조치를 취할 수 있었는데, 식사를 마친 후에 할

인을 요구하였습니다. 그 당시에는 제가 도움을 드려야 하는지, 그렇지 않은지를 결정할 수 없었습니다. 그래서 매니저님께서 상황을 처리하였고, 다음에 그런 일/비슷한 일이 생겼을 때는 제가 스스로 처리할 수 있도록 배울 수 있었습니다.

A8 커피숍 바리스타- 커피 맛에 대한 컴플레인 Working as a barista I don't have any difficulty making coffee for customers and helping them with their orders. It is enjoyable but sometimes there are customers who comment about the taste of the coffee. In this case, I take comment seriously and I am willing to make a fresh pot for the customer to replace her coffee.

커피숍에서 바리스타로 근무하면서 커피를 만들고 고객의 주문을 돕는 일은 전혀 힘들지 않았습니다. 즐거운 일이었지만 가끔 커피 맛에 관해 이야기하는 고객이 있습니다. 이런 경우 저는 고객의 말씀을 진지하게 받아들이고 기꺼이 새로 커피를 만들어 드리곤 합니다.

A9 호주 식당 근무 -처음에 메뉴에 대해 잘 몰라서 힘들었음 Well, when I first worked at a restaurant in Australia, I was not familiar with western food or wine. I studied the menu very carefully every day, but sometimes when the customers asked me about the ingredients I had to check with the kitchen. I didn't feel comfortable disturbing the chef or other cooks in a busy kitchen. However, studying and having more experience made me become more confident on the job.

제가 호주에 식당에서 처음으로 일했을 때, 저는 서양 음식이나 와인에 대해 잘 몰랐습니다. 저는 매일 메뉴를 열심히 공부하였지만, 때론 손님들이 음식 재료에 관해 물어볼 때는 주방에 가서 확인해야만 했습니다. 바쁜 주방에서 주방장님이나 요리사님들을 방해하는 것 같아 불편하였습니다. 하지만 공부하고 더 많은 경험을 갖으면서 그 일에 자신감이 생길 수 있었습니다.

A10 호주 식당 근무- 영어 때문에 고객의 주문과 요구 응대가 느려서 마음이 힘들었음 I'm a very service-oriented person, and I believe this helps my customers feel more comfortable. However, when I first worked at a restaurant in Australia, my English was not good. So it took some time to understand and respond to my customers' orders and their requests. I felt very frustrated with myself and sorry for the customers and my co-workers. Fortunately, the customers and co-workers were very patient with me and I worked very hard to improve myself. After a while I felt confident in my English and enjoyed interacting with everyone.

저는 매우 서비스 지향적인 사람이고 이러한 점이 손님들을 편안하게 하는 데 도움이 된다고 생각합니다. 그러나 제가 호주의 식당에서 처음 일을 했을 때 제 영어실력이 그리 좋지는 않았습니다. 그래서 손님들의 주문과 요구에 대한 응대에 조금 시간이 걸렸습니다. 저 자신에 좌절하고 손님들과 동료에게 미안했습니다. 다행히도 손님들과 동료들은 저에 대해 잘 참아주었고, 저 자신을 발전시키기 위해 열심히 일했습니다. 시간이 좀 지나서 저는 제 영어에 자신감이 생겼고 모든 사람과 대화하는 것이 즐거웠습니다.

**A11** 학원 강사 –어린 학생들이라 수업시간에 힘들어함 Working in a private institute as an English instructor gives me a lot of meaningful and rewarding experiences. However, since my students are very young, aged between 6 to 11, some of them have a hard time focusing and being motivated in class. I have a certain amount of lessons to finish a day and some students have trouble keeping up with the class. I feel sorry for these students.

사설학원에서 영어 강사로 일하는 것은 저에게 많은 의미와 보람 있는 경험이었습니다. 그러나 제 학생들이 6세에서 11세로 어렸기 때문에 일부의 학생들은 수업시간에 집중하고 동기를 갖는 데 힘들어했습니다. 저는 하루에 끝내야 하는 일정한 진도가 있었고, 일부는 그 수업을 따라오는 데 어려움이 있었습니다. 저는 그러한 학생들에게 미안한 마음이 들었습니다.

→ Q: What do you do about it?
그것에 대해 어떻게 대처하나요?

A: I think those students need to have supplementary classes so I teach them an extra for 2 hours once a week. I think they are improving and their parents are very satisfied with their studies and my effort.
이러한 학생들은 보충 수업이 필요하다고 생각합니다. 그래서 일주일에 한 번 2시간씩 가르칩니다. 학생들이 향상되고 있고 부모님들도 아이들의 공부와 제 노력에 매우 만족해하십니다.

**A12** 회사에 동료가 두 명밖에 없어서– 동료가 병원에 입원해서 많은 업무에 힘들었음 Most of the time I don't have difficulties at work, but since we only have 2 staff members at the office if one of us doesn't show up at work, then it's not easy for the other to handle all the work. One time my coworker was hospitalized for treatment for 1 month after a car accident, and I had to pick up a lot of additional work to help him out. I was willing to do so he could come back to work after the treatment. I was happy to help my colleague.

직장에서 대부분 어려움이 없습니다만 직원이 2명밖에 없어서 한 명이 출근하지 않으면 나머지 한 사람이 모든 업무를 처리하기는 쉬운 일이 아닙니다. 한번은 제 동료가 교통사고로 1달간 치료를 위해 병원에 입원하였고 저는 동료의 일까지 해야 했습니다. 저는 제 동료가 치료 후에 돌아와 업무에 복귀할 수 있도록 기꺼이 일했습니다. 동료를 도와줄 수 있어서 좋았습니다.

**A13** 무역회사 –선적날짜를 못 맞출 때 힘들었음 Most of the time, working in the overseas sales department, I enjoy meeting clients and I am satisfied with our transactions. But unfortunately once in a while there is a situation that I can't really help like/for example with the shipment date because of the shipping company's schedule/problem or the bad weather condition. It can be very frustrating and I feel sorry for my client. I have to try hard to make my client understand the situation and know that I am doing my best.

대부분의 시간, 해외영업 부서에서 일하면서 저는 고객들과 만나는 것을 즐겼고 우리의 거래에 만족합니다. 하지만 불행히도 가끔씩 나쁜 날씨나 회사의 선적 스케줄 때문에 선적 날짜를 못 맞추는 것과 같은 상황이 생길 때는 저도 어쩔 수가 없습니다. 매우 좌절되고 고객에게 미안할 따름입니다. 저는 제 고객이 상황에 대해 잘 이해할 수 있도록 애쓰고 제가 최선을 다하고 있다는 것을 알려드립니다.

**You**

# 120. Tell me about a time when you had to deal with an irate customer. How did you handle the situation?

화난 고객을 대했던 경험과 어떻게 대처했는지 얘기해보세요.

**TIP**

지원자들의 고객을 대하는 성향과 태도를 알 수 있는 질문이다. 화나거나 어려운 고객을 만났던 상황을 설명한 후 어떻게 응대했는지 답변한다. 단, 고객의 입장과 상황을 이해하고, 공감하며, 성숙하게 고객응대 기술로 해결한 내용으로 답변을 준비한다.

**A1** 의류 가게 판매직 As you can imagine, in the department store, we are to deal with many different types of customers and situations. I remember one occasion in which a customer was angry because the jacket she had purchased was torn after wore it just one time. I apologized her about the jacket and I showed my empathy about what happened to her. And I refunded her money as she requested. She was a regular customer at the shop and I decided it was more important to maintain her business.

면접관님도 상상이 되시겠지만, 백화점에서는 다양한 고객들과 상황을 대해야 합니다. 기억에 남는 일은 한 고객이 재킷을 구매해서 한번 입었는데 입고 난 후 찢어진 것이었습니다. 고객에게 사과를 했고 일어난 일에 대해 공감하는 모습을 보여주었습니다. 고객의 요청대로 환불을 해주었습니다. 그 고객은 우리 가게의 단골손님이었고, 앞으로 계속 관계를 유지하는 것이 더 중요하다고 판단했습니다.

**A2** 통신회사 고객센터 My customer service position at the telecommunication company involved dealing occasionally with irate customers because of the phone bill, complaints about the phone or many other reasons. When this occurs, I'd try to talk in a calm voice and a professional manner. And I just focus on trying to resolve the situation. I was able to help with the most of the problems and calm the customers.

통신회사에서 고객센터는 전화비, 전화나 다른 많은 이유에 대한 불만 때문에 종종 화난 고객들을 대하는 것입니다. 이런 일이 생기면, 저는 조용한 목소리와 프로다운 몸가짐으로 대화하려고 노력합니다. 그리고 저는 그 상황을 해결하는 데 중점을 두려고 노력합니다. 저는 대부분의 문제를 도와드릴 수 있었고 고객들을 진정시킬 수 있었습니다.

→ Q: Was there any situation that you felt difficult to handle?
대처하기 어려웠던 상황 있나요?

A: I remember one incident in particular in which the caller became verbally abusive. I tried to remain calm and not to involve my personal feelings into the situation. I didn't respond to the insult, I just continued to help the customer as best I could.

특히, 전화로 폭언을 한 고객을 기억합니다. 저는 침착하게 그 상황에 개인적인 감정이 들어가지 않도록 노력을 했습니다. 욕설에는 대응하지 않았고, 제가 할 수 있는 최선을 대하 고객을 계속 도와주었습니다.

**You**

# 121. What major challenges and problems did you face? How did you handle them?

일하면서 경험한 큰 어려움과 어떻게 대처했는지 얘기해보세요.

**TIP**

지원자들의 직장에서의 역경을 대하는 성향과 태도를 알 수 있는 질문이다. 직면했던 어려움을 먼저 이야기해주고 어떻게 처리했는지 방법을 부연설명으로 덧붙여준다. 큰 역경이 없다면 특별히 없었다고 이야기하고, 질문 119번의 답변 A1, A2를 참고해서 답변을 준비해본다.

**A1** When I worked at a trade company, one of my long-term clients was about to take his business to a bigger company. I met with the customer and I explained to him that even though our company is small we could provide quality goods and the continuous maintenance he needed. I was able to change his mind.

무역회사에서 일할 때, 저의 장기 고객 중 한 분이 더 큰 회사와 거래를 하려고 하였습니다. 저는 그 고객을 만나서 우리 회사가 비록 작지만, 고객이 필요로 하는 양질의 상품과 지속적인 관리를 제공할 수 있다는 것을 설명해 드렸습니다. 저는 고객의 마음을 바꿀 수 있었습니다.

**A2** When I worked at an importing company as a clerk, I faced some difficulties dealing with a situation because of a difficult financial period. However, I was able to negotiate repayment schedules with multiple vendors. With this challenge, I learned that good results come from hard work and responsibility.

수입회사의 직원으로 일할 때, 재정상의 어려움으로 인해 힘든 상황에 직면하게 되었습니다. 그러나 저는 여러 납품업체와 상환 날짜를 협상할 수 있었습니다. 이러한 도전으로 좋은 결과는 노력과 책임감에서 온다는 것을 배웠습니다.

**You**

# 122. What would be the most useful or beneficial work experience for you to work as cabin crew?

승무원 되는데 유용하고 유익한 경험이 있나요?

**TIP**

승무원 하는 데 도움이 될 만한 경험이 무엇이라고 생각하니 라는 질문에는 당연히 많다고 답변을 시작한다. 그리고 그중에서 본인이 생각할 때 가장 유용할 것이라고 생각하는 근무 경력을 주로 이야기해준다. 아래 예문에 있는 내용을 참고해서 답변을 준비해본다. 위의 질문 "What did you learn from your work experiences?"와 비슷한 답변이나 이 질문의 포인트인 직무에 도움이 되고 유용하다고 더욱 확실하게 어필한다.

서비스 경험이 없는 사람은 팀워크 경험으로 답변해도 좋다. 예를 들어 '회사에서 항상 팀으로 일해서 팀워크에 대한 이해나 기술이 좋아졌는데 굉장히 유용할 것 같다.'

**A1** **자원봉사** I think my volunteer work would be very useful. Since I had to meet diverse people and interact with them I was able to become more empathetic with a positive attitude. I believe this ability would enable me to become a better cabin crew member in your airline.

저의 자원봉사 경험이 매우 유용할 것이라 생각합니다. 다양한 사람들을 만나서 교류하면서 저는 보다 긍정적인 태도와 함께 이해심이 풍부해졌습니다. 이러한 저의 능력은 귀사의 더 나은 승무원이 되는 데 더 이바지할 수 있다고 생각합니다.

---

**A2** **고객 서비스** I believe my customer service experience in a restaurant and a coffee shop for more than 2 years would be very useful. Since I had to deal with hundreds of customers every single day I believe I have a better understanding of customer service, communication skills and team work. I can work well with various types of co-workers.

2년 넘게 음식점과 커피숍에서 고객 서비스로 일한 경험은 매우 유용할 것으로 생각합니다. 매일 수백 명의 고객을 접해야 했기 때문에 저는 고객 서비스, 소통기술, 그리고 팀워크에 대한 이해가 폭넓게 생겼다고 믿습니다. 저는 다양한 스타일의 동료와 함께 잘 일할 수 있습니다.

---

**A3** **호텔, 백화점에서 서비스 교육** When I had part time jobs at a hotel and department store I had a service training every day. I learned many things about customer service and I think it would be very useful. In addition, dealing with many different types of customers really helped me build up better communication and interpersonal skills. I think these experiences would definitely be beneficial to work as a member of your airline.

호텔과 백화점에서 시간제 근무로 일할 때 매일 서비스 교육을 받았습니다. 고객 서비스에 대해 많이 배울 수 있었고, 매우 유용한 것이었습니다. 게다가, 다양한 스타일의 고객들을 응대하면서 더 나은 소통과 교류 기술을 익히는 데 많은 도움이 되었습니다. 저의 이러한 경험들은 귀사의 일원으로 일할 때, 확실하게 도움이 될 수 있다고 생각합니다.

**You**

# 123. Why do you want to change your job?

왜 이직하려고 하나요?

**TIP**

현재 직장을 다니고 있는 지원자들이 준비해야 할 필수질문이다. 승무원 지원 동기 + 회사 지원 동기 연결, 가장 간단하면서 무난한 이직 사유로는 '더 많은 발전과 기회를 원해서' 또는 지원하는 항공사 분위기를 포인트로 해서 답변을 준비한다. 예를 들어, 다국적 국가 승무원을 가진 외국 항공사를 지원한다면 '국제적인 근무환경이나 다양한 동료와 일할 수 있는 근무 환경에 도전해보고 싶다'와 같이 지원하는 항공사에 초점을 맞추어 답변을 준비해보자. 필자가 제시한 여러 가지 이유를 본인들에게 최대한 맞추어 정리한다.

*** 주의할 점** 전 직장이나 현 직장에 대한 불만이나 부정적인 이야기를 험담하듯이 하지 않는다. 예를 들어, 다음과 같이 얘기하는 것은 권하지 않는다.

1. 사람에 관한 이유- 직장 상사나 동료가 이상해서, 힘들게 해서, 나는 착한데 다른 사람들은 다 이상해….
2. 금전적인 이유- 급여가 너무 적다, 밥값이랑 차비 빼면 남는 게 없다, 친구들에게 수다 떨 때나 할 수 있는 너무 사적인 이야기들….
3. 지극히 개인적인 이유- 집에서 너무 멀다, 만날 늦게 끝난다, 일을 많이 시킨다….

솔직하게 답변하면 인터뷰가 너무 어려워진다. 이미 면접관은 마음이 반쯤 떠난 상태- 수습 잘하면 가능성 있음. 자, 그럼 위에 예문처럼 답변했을 때 올 수 있는 꼬리 질문

1. Q: 승무원은 매일 다른 동료랑 일해야 돼. 그리고 항상 좋은 팀원만 만나는 건 아니야. 어떻게 팀워크 할 건데?
2. Q: 우리 회사 급여도 많지는 않아. 괜찮겠어?
3. Q: 승무원은 자주 집 떠나 있어야 하고, 일도 육체적으로나 정신적으로 굉장히 힘들어. 지금 일은 힘든데, 네가 승무원은 잘할 수 있다고 생각하는 이유가 뭐야?

**A1** 사무직보다 더 활동적인 일을 원하기 때문에 I want to change my job because I want to have a career that is more active than office work. I would like to meet various people and work with many different co-workers. I would love to have a more dynamic working environment.

사무직보다 좀 더 활동적인 일을 하고 싶어서 이직을 원합니다. 많은 다른 동료와 함께 다양한 사람들과 다양한 일을 경험해보고 싶습니다. 저는 더 역동적인 근무 환경에서 일했으면 좋겠습니다.

**A2** 더 큰 도전을 원하며 직업 발전과 성장을 위해 I've been looking forward to working in your company where there are more opportunities. Working for ○○ airways would offer me a bigger challenge and room for growth in my career. I'm ready to move on to a new challenge.

저는 더 많은 기회가 있는 귀사에서 일하기를 열망해 왔습니다. ○○항공사에서 일하는 것은 저에게 제 직업에서 더 큰 도전과 성장할 수 있는 더 많은 기회를 줄 거라고 생각합니다. 저는 새로운 도전을 할 준비가 되어있습니다.

**A3** **국제적인 환경에서 다른 나라 동료와 일하고, 영어를 사용하는 일을 원해서** I am very attracted by the point that I can work in the international environment meeting and working with people who are from many different countries, where I can use my English ability and people skills as cabin crew.

저는 국제적인 만남을 가질 수 있는 환경과 다른 나라에서 온 많은 사람과 함께 일할 수 있다는 점에서 매우 끌리게 되었는데 그리고 거기서 승무원으로서 제 영어 실력과 능력을 발휘할 수 있다고 생각합니다.

**A4** **나의 능력을 발휘할 수 있는 일을 원해서** I believe that this position is an excellent match for my skills and experience. And I can fully utilize what I am good at, which is my interpersonal and service skills. I'd like the chance to prove that to you.

저는 이 일이 저의 능력과 경험에 훌륭하게 잘 맞는 것이라 생각합니다. 그리고 저는 제가 잘할 수 있는 대인관계와 서비스 기술을 완전히 활용할 수 있을 것으로 생각합니다. 면접관님께 제 능력을 증명할 기회가 있길 바랍니다.

**A5** **새로운 도전을 원하고 나의 능력과 경험을 발휘할 수 있어서** I am looking for a new challenge and an opportunity to use my language skills and experience in a different capacity. After several years in my last position, I'm looking for a company where I can contribute myself and grow professionally.

저는 다른 분야에서 제 언어 능력과 경험을 활용할 새로운 도전과 기회를 고대하고 있습니다. 전의 직장에서 수년 동안 일한 저는 저 자신을 헌신하고 직업적으로 발전할 수 있는 회사를 찾고 있습니다.

**A6** **새로운 도전과 다국적 근무 환경을 원해서** I enjoy what I am doing but I don't think I can fully utilize my abilities in my present job as there is very limited potential of growth. I am interested in a new challenge and an opportunity to use my interpersonal skills and language skills under the multi-national environment like your airline.

저는 제가 하고 있는 일을 즐기고 있습니다만, 매우 제한된 성장 가능성이 있는 현재의 직업에서 저의 능력을 완전히 활용할 수 있다고 생각하지 않습니다. 저는 귀사처럼 다양한 국제적 환경에서 저의 대인관계 기술과 언어능력을 활용할 수 있는 새로운 도전과 기회에 관심이 있습니다.

**A7** **현재 직장에서는 새로운 것을 배우기가 힘들고 같은 일만 반복된다** The company where I am working is a very large company and hence it's difficult to do and learn different tasks. We have routine work that never changes. So I am looking for work in an environment where I can utilize more of my skills.

현재 제가 일하는 곳은 매우 큰 회사라서 다른 업무를 배우기가 힘듭니다. 제가 하는 일을 변함이 없는 같은 일입니다. 그래서 저는 저의 능력을 좀 더 발휘할 수 있는 환경에서 일하기를 기대하고 있습니다.

**A8** 현재 직장에서는 같은 일만 반복되며 발전 가능성이 한계가 있다. 성장할 기회를 원해서 I enjoy what I am doing but I feel I am following a routine. I want more opportunities to grow, but because the company is small, I am very limited. I want to work in an environment that helps me to realize my full potential. That's what I'm looking for and that's why I applied for this position with your company.

현재 하는 일이 즐겁습니다만 계속 반복되는 일이라는 생각이 듭니다. 저는 발전할 수 있는 더 많은 기회를 원합니다. 하지만 회사가 소규모라서 매우 한계가 있답니다. 저는 저의 잠재력을 실현하도록 도와줄 수 있는 환경에서 일하고 싶습니다. 그것이 제가 찾는 곳이고 그래서 제가 귀사에 이 직책에 지원하게 되었습니다.

**You**

# 124. Tell me what your internship was like.

인턴십 어땠는지 얘기해보세요.

**TIP**

답변의 시작은 당연히 좋았다는 긍정적인 내용으로 시작한다. 그리고 무엇을 배웠고 좋았는지 부연설명으로 덧붙인다.

*** 주의할 점** 너무 지나칠 필요도 없지만 아무리 인턴하면서 잔심부름만 했다 하더라도 면접관에게 사실대로 그냥 잔심부름만 했다고 답변하지 않는다. 긍정적으로 생각해보면 배운 점이 분명히 있을 것이라고 생각한다.

**A1** I interned at ○○ Company when I was a senior student at my university. My duties included helping the staff to organize meetings and seminars. I worked with assigned team members to complete a project which was an important task in that company at that time. From this program I learned a great deal of teamwork.

저는 대학 4학년에 ○○회사에서 인턴을 하였습니다. 저의 업무는 회의와 세미나를 관리하는 직원을 도와주는 것이었습니다. 그 당시 회사의 중요한 업무였던 프로젝트를 완수하기 위해 구성된 팀원들과 함께 일하였습니다. 이 프로그램을 통해 저는 훌륭한 팀워크를 배웠습니다.

**A2** It was very impressive and I have learned a great deal about the importance of teamwork. It was not a long time but I have learned not only the technical skills but also the passion about that work. It felt great being a member of the team when we successfully achieved the task that was given to us.

매우 인상적이었고 저는 팀워크의 중요성에 대해 배울 수 있었습니다. 긴 시간은 아니었지만, 저는 일에 대한 기술적인 부분만이 아니라 열정도 함께 배울 수 있었습니다. 저는 우리에게 주어진 업무를 성공적으로 완수했을 때 팀의 일원이었던 것이 자랑스러웠습니다.

**You**

# 125. What have you been doing since your last job?

지난 직장 이후로 무엇을 했나요?

**TIP**

졸업 후나 직장 그만두고 시간 gab이 있을 경우 질문받을 수 있다. 그냥 아무것도 하지 않았다고 간단히 답변하기보단 개인 사정의 이야기 또는 본인의 발전이나 승무원 준비를 위한 노력한 내용 정도를 이야기해줄 수 있도록 한다.

**A1** 어머니 병환으로 간호 My mother needed a temporary care giver and I helped my father with house work too. I spend my time looking after them.

저의 어머니는 간호인이 필요했고, 저는 아버지를 도와 집안일을 했습니다. 부모님을 돌보는 데 제시간을 보냈습니다.

**A2** 자기 계발 I took some continuing education classes and English conversation classes to develop myself in order to prepare for this position in your company.

저는 귀사의 이 직책을 준비하기 위하여 자기 계발을 할 수 있는 평생교육 수업과 영어회화 수업을 들었습니다.

**A3** 프리랜서로 일하면서 자원봉사 I worked on several freelance jobs, while actively preparing for this job interview. I also volunteered for a literacy program that assists disadvantaged children every weekend in my neighborhood.

저는 이 인터뷰를 열심히 준비하면서 몇 가지의 프리랜서 일을 하였습니다. 저는 또한 동네에서 매주 주말에 소외계층의 아이들의 도와주는 글 가르쳐주는 프로그램을 위해 자원봉사를 하였습니다.

**You**

# 126. Which company do you work for?

무슨 회사에서 근무하나요?

**TIP**

회사이름으로 먼저 시작하고 어떤 업종을 다루는 회사인지, 본인의 직책을 간단하게 설명한다. 질문은 간단하지만, 이 질문 이후에 다양한 꼬리 질문의 가능성이 있다. 예를 들어, 직업경력 챕터에서 다루고 있는 많은 질문들을 포함해서 왜 이직하려고 하는가? 회사에서 면접 보러 온 것 알고 있는가? 등등

A I'm working for a small company called 회사이름. We export cosmetic products to most countries in Asia including China. I'm in charge of handling communications with my company's buyers through e-mail and phone.

저는 ◯◯ 이라고 하는 작은 회사에서 일하고 있습니다. 저희는 중국을 포함한 대부분의 아시아에 화장품을 수출하고 있습니다. 저는 이메일이나 전화로 회사의 바이어들과 연락을 담당하고 있습니다.

**You**

# 127. What do you think of your current/former boss?

현재/전 상사에 대해서 어떻게 생각 하세요?

**TIP**

아무리 맘에 안 들어도 부정적인 이야기는 삼가고 장점 위주로 이야기한다. 누구나 장점은 다 있다고 생각한다.

A I really respected my boss because she had a tough job most of the time and had a lot of pressure on her but she always took the challenges positively. Her positive attitude and leadership made our team stronger and stable.

저는 진정으로 저의 상사를 존경합니다. 왜냐하면, 힘든 업무가 대부분이고 많은 압박을 받더라도 항상 긍정적으로 받아들이기 때문입니다. 그녀의 긍정적인 태도와 리더십은 더 강하고 안정적인 팀을 만들었습니다.

You

# 128. Where does your boss think you are right now?

직장 상사가 오늘 본인이 어디 있는지 알고 있나요?

TIP

아프거나 집안에 일이 있다고 거짓말하고 면접 보러 왔다든가 하는 무책임하고 불성실한 이미지를 주는 답변은 삼간다.

A I arranged to take a personal day in advance for this job interview.

인터뷰를 위해 미리 월차를 냈습니다.

You

# Chapter 10

# Self-introduction

## 자기소개

# 10 Self-introduction

Chapter. 10

자기소개

## 자기소개 만들기

TIP

자기소개는 말 그대로 간간한 본인 소개이다. 간단한 본인에 대한 정보를 알려주는 것이다. 이름, 학교, 전공, 직업, 간단한 성격, 장점 소개, 미래 포부가 포함된다. 정해진 시간 안에 최대한 본인을 자랑하고 광고하여 면접관에게 깊은 인상과 함께 본인의 매력과 잠재력을 알려주는 것이다. 이력서에 기술한내용(예: 학교, 전공, 경험, 해외 경험 등)을 그대로 나열식으로 소개하지 않고, 장점, 자질 등을 위주로 말하되, 경력과 경험을 연결해서 준비한다.

면접관이 이력서에 있는 내용 외에 본인에 대한 얘기를 해보라고 하면 학교, 전공, 직장 이야기 빼고 장점 위주로 이야기한다. 일단 우리가 어디서 무슨 용도로 자기소개를 하는 것인지 파악하는 것이 중요하다. 승무원 면접에서 자기소개를 하는 것이다. 그리고 짧은 시간(30초~1분)에 나를 가장 잘 표현해야 하는데, 지원하는 항공사에 맞춰서 지원하는 포지션(승무원)에 가장 효과적으로 나를 표현하는 것이다.

---

주어진 시간이 50초 정도라고 예를 들어보자.

1) 가족이야기를 약 30초 한다. 어떨까?
2) 취미인 악기연주를 약 30초 한다. 어떨까?
3) 고향인 제주도 이야기를 약 30초 한다. 어떨까?

→ 효과적이지 않다. 면접관은 나라는 사람이 우리 회사에 적합한지, 승무원이라는 직무를 잘할 수 있는 사람인지를 알고 싶어하는 것이다.

단, 이런 경우는 조금 다른 이야기가 된다.

1) 가족이야기를 약 30초 한다.
   → 30초까지 이야기할 필요는 없다. 하지만 가족 중에 지원하는 항공사 전직이나 현직이 있는 경우는 흥미로운 이야깃거리가 될 수 있다. 예를 들어, 언니가 현직 ○○항공사 승무원이다, 이야기하면 긍정적인 면으로 보일 수 있다. 단, 주의해야 할 것이 우리 언니가 회사에서 평판이 어떠한지 알아보는 것도 중요하다. 좋은지, 나쁜지.

2) 취미인 악기연주를 약 30초 한다. 30초까지 이야기할 필요는 없다. 하지만 어떤 항공사에서는 자격요건에 휴대

할 수 있는 악기연주자 우대라고 명시하는 경우도 있다. 이럴 때는 간단하게 어필해주는 것도 좋다.

3) 고향인 제주도 이야기를 약 30초 한다. 30초까지 이야기할 필요는 없다. 하지만 지원하는 항공사의 연고와 관련이 있다면 간단하게 어필해주어도 좋다. 예를 들어, 제주항공에 지원하는 경우 고향이 제주도인데 제주항공에서 근무하면 더욱더 자랑스러울 거라 생각한다든가라는 내용으로 풀어가도 자연스러울 수 있다.

## 인사

TIP

정말 반갑게 활짝 웃으며 경쾌하게 인사한다.

*** 주의할 점** 면접관은 지원자들의 친구가 아니다. Hi이라고 하든가 Hi, guys와 같은 인사는 권하지 않는다.

Good morning / afternoon / evening, ma'am/sir.
I am very happy to be here today.
It's very nice to meet you.
It's a great honor to be here today.

## 이름, 현재 하는 일 (학교, 직장)

TIP

학생이나 현재 하는 일이 있으면 간단하게 이야기하고 다음으로 넘어가도록 한다. 현재 일하고 있지 않다면 굳이 일하고 있지 않다는 말은 하지 않아도 되겠다.

1 My name is Rhea. I am a senior of ○○ University. I am majoring in ○○.
제 이름은 김여원이고 레아라고 불러주세요. ○○대학 4학년에 재학 중입니다. 저의 전공은 ○○입니다.

2 My name Do Yeon Kim, Christina. I completed a degree in English literature at ○

◌ University last year.

제 이름은 김도연, 크리스티나입니다. 저는 작년에 ◌◌대학교에서 영어영문학을 전공하고 졸업하였습니다.

3 My name is Julie. I graduated from ◌◌ College and majored in/studied Physical Education.

제 이름은 줄리 입니다. 저는 ◌◌대학의 체육교육학과를 졸업하였습니다.

4 My name is Won Joon Choi, you can call me Charley. I went to ◌◌ University and studied Chinese. I can speak fluent Chinese and English.

제 이름은 최원준이며 찰리라고 불러 주세요. ◌◌대학에서 중국어를 배웠습니다. 저는 중국어와 영어에 능통합니다.

5 My name is Sandra and currently, I am working as 포지션 at 회사.

제 이름은 산드라이며, 현재 저는 ◌◌회사에서 ◌◌직책에 일을 하고 있습니다.

## 어학연수, 교환학생

**TIP**

해외 경험이 많은 경우는 너무 상세하게 모든 경험을 하나씩 다 얘기해 주기보다는 면접관이 관심 있으면 꼬리 질문으로 할 수 있도록 요약을 해서 답변할 수 있도록 정리해본다.

6 I studied in Shanghai, China for 1 year as an exchange student. It was a very wonderful experience for me to learn their language and culture. Actually, my Chinese is better than my English.

저는 중국 상하이에서 1년간 교환학생으로 공부했습니다. 중국의 문화와 언어를 배울 수 있어서 제게는 정말 훌륭한 경험이었습니다. 사실, 저는 영어보다 중국어를 더 잘합니다.

7 I had a great chance to study in Moscow, Russia for a year. I learned so many things from that experience and I can speak Russian without difficulty.

저는 1년간 러시아에서 공부할 기회가 있었습니다. 그 경험으로 저는 많은 것을 배웠고, 어려움 없이 러시아어를 구사할 수 있습니다.

8 I studied in Vancouver, Canada for 6 months. I studied English very hard and

learned their culture. It was very interesting and I tried to take advantage of as many courses as possible.

저는 6개월간 캐나다 밴쿠버에서 공부를 했습니다. 저는 열심히 영어공부를 하였고 캐나다 문화를 배웠습니다. 매우 재미있었고, 저는 제가 들을 수 있는 모든 프로그램을 들으려고 노력했습니다.

9 My international experience living in ○○ for ○○ years and travelling to many other countries helped me feel very comfortable interacting with people from various nationalities and backgrounds. And I think I have a better understanding of other cultures and people.

○○년 동안 ○○에서 지낸 외국생활과 많은 나라를 여행한 경험은 다양한 국적과 환경의 사람들과 교류하는데 매우 친숙하게 느끼게 도와주었습니다. 그리고 저는 다른 문화나 사람들을 잘 이해한다고 생각합니다.

## 경력

**TIP**

승무원의 업무에 도움이 될 만한 서비스 경험은 간략하게 소개하며 본인의 장점이나 특기로 연결해 주어도 효과적이다. 호텔, 항공사 지상직, 레스토랑, KTX 승무원 등.

10 My work experiences in various service fields dealing with many different customers enabled me to have a better understanding of good customer service. I think it would be very useful and supportive to me to be cabin crew.

다양한 고객들과 많은 서비스 분야에서 함께 일한 저의 경험들은 훌륭한 고객 서비스에 대해 더 잘 이해할 수 있게 해 주었습니다. 이러한 경험이 제가 승무원이 되는데 매우 유용하고 도움이 될 것이라고 생각합니다.

11 I have work experience in a hotel and I enjoyed it very much. I was trained and gained experience on how to treat customers with quality service.

저는 호텔에서 일한 경험이 있고 정말 재미있었습니다. 저는 질 높은 서비스를 고객님들에게 제공하기 위한 방법을 훈련받고 경험을 하였습니다.

12 Working in the customer service field for more than 3 years really helped me build up better communication and interpersonal skills. I work very well with all kinds of people.

3년 넘게 고객 서비스 분야에서 일한 경험은 제게 더 좋은 소통기술과 응대 기술을 발전시켜 주었습니다. 저는 모든 부류의 사람들과 일을 잘할 수 있습니다.

## 어학연수, 교환학생 +경력

TIP

비슷한 내용의 세 가지 경험을 조합해서 간단하게 요약하고 싶을 때 다음과 같은 문장으로 만들어 본다.

13 Many international experiences interacting with people from various nationalities and backgrounds plus working in the customer service field for more than 3 years really helped me build up communication and interpersonal skills.

다양한 국적과 배경을 가진 사람들과 함께 교류한 국제적인 경험과 더불어 3년 넘게 고객 서비스 분야에서의 근무경험은 저의 소통기술과 응대 기술을 더 좋게 만들어 주었습니다.

## 성격 / 장점 / 자질

TIP

더 많은 장점은 Chapter 7. Personality 와 Chapter 14. Motivation& Qualification을 참고 하도록 한다. 그리고 갑자기 성격이야기가 뜬금없이 나오는 느낌을 주지 않도록 문장의 시작은 As for my personality/strength,(제 성격/장점으로는) 으로 연결해서 문맥을 조금 더 부드럽게 연결 해 주도록 한다.

14 I am a hard working and reliable person. I also have a strong sense of responsibility and I always try hard to finish my duties.

저는 열심히 일하고 신뢰할 수 있는 사람입니다. 저는 책임감이 강하며 항상 저에게 주어진 임무를 완수하려고 열심히 노력합니다.

15 I'm a good mixer in any group/ I can mingle with many different types of people. And, I am always willing to learn more and help others as much as I can. And that's why I participated in many volunteer activities helping others(not only in Korea but also in other countries).

저는 다양한 사람들과 함께 잘 어울려서 일할 수 있는 사람입니다. 그리고 제가 할 수 있는 한 많은 것을 배우기를 갈망하고 다른 사람들을 도와주는 것을 좋아합니다. 그래서 저는 다른 사람들을 도와주기 위해 많은 자원봉사 행사에 참여하였습니다. (한국뿐 아니라 해외에서도)

16 I am a good team player who knows how to work well with other people in a

group. I can be very cooperative when working in a team.

저는 그룹으로 다른 사람들과 함께 일을 잘 수행하는 방법을 알고 있는 팀의 훌륭한 일원입니다. 저는 팀으로 일할 때 매우 협조적입니다.

17 I'm very cheerful and I can get along well with various people. I'm also well aware of the importance of a smile and what the service industry requires of me from what I learned from my school and part time jobs in the field of service.

저는 매우 쾌활하고 다양한 사람들과 함께 잘 어울릴 수 있습니다. 저는 또한 미소의 중요성을 아주 잘 알고 있고 학교수업과 아르바이트를 통해 서비스 산업이 요구하는 것이 무엇인지를 잘 이해하고 있습니다.

18 I can mingle well with all different types of people and generations. It's very easy for me to make new friends and get along with them.

저는 다양한 스타일과 세대의 사람들과 함께 모두 잘 어울릴 수 있습니다. 친구를 새로 사귀거나 그들과 함께 잘 지내는 일은 제게 아주 쉬운 일입니다.

19 I have the ability to get along extremely well with other people and a willingness to help co-workers working in a group.

저는 다른 사람들과 매우 잘 지낼 수 있는 능력이 있으며, 그룹에서 일 할 때 동료를 기꺼이 도와주는 의지가 있습니다

20 Working in the customer service field for more than 3 years really helped me build up communication and interpersonal skills. I work very well with all kinds of people, and understand that everyone has different perspectives about work.

3년 넘게 고객 서비스 분야에서 일한 경험은 제게 더 좋은 소통기술과 응대 기술을 발전시켜 주었습니다. 저는 모든 사람과 잘 어울려 일할 수 있고, 일에 대해 다른 관점들이 있을 수 있다는 것을 잘 이해하고 있습니다.

21 I am able to learn quickly and willing to learn new things to get the job done. And, I am highly committed to the work assigned to me. I am a person who is fully aware of my duties and importance of responsibility.

저는 무언가 습득하는 것이 빠르고 임무를 수행하기 위해 새로운 것도 기꺼이 배우려고 합니다. 또한 저에게 주어진 일에 대해서는 굉장히 헌신 적입니다. 저는 책임감의 중요성 과 제 임무를 잘 알고 있는 사람입니다.

22 I think I have a better and clear understanding of "customer service satisfaction" as I have practiced and worked many years in the customer service field. I enjoy helping and making others feel comfortable and I am confident that I am very good at it.

저는 고객 서비스 분야에서 수년간 일하고 연습해 왔기 때문에 고객 서비스 만족의 이해가 더 좋고 명확하게 알고 있다고 생각합니다. 사람들을 도와주고 편안하게 해주는 것을 좋아하고 그 일에 익숙해져 있기에 매우 자신감이 있습니다.

23 My fluent English and Chinese/Japanese is also one of my qualifications to work as a cabin crew. I can provide efficient service to passengers who speak English and Chinese/Japanese.

저의 유창한 영어와 중국어/일어는 제가 승무원으로 일하는 데 좋은 자격이 되는 것 중의 하나라고 생각합니다. 저는 영어와 중국어/일어를 하는 승객들에게 효과적인 서비스를 제공할 수 있습니다.

## 마지막 간단한 마무리 포부 인사

TIP

본인이 만든 자기소개와 어울리는 마무리를 찾아보도록 한다. 너무 똑같이 하려고 하지 말고 단어나 순서를 조금씩 바꾸어서 본인만의 답변으로 만들어 보자.

24 I believe these types of attributes make me suitable for this position.

저의 이러한 특성이 이 직책을 수행하는 데 적합하게 해준다고 생각합니다.

25 That's why I believe my personality makes me suitable to the job of cabin crew.

그래서 저는 저의 성격이 승무원이 되는 데 적합하다고 생각합니다.

26 I expect my personality and strength to be advantageous if I work as cabin crew in your airline.

제 성격과 능력은 귀사의 승무원으로 일함에 있어 많은 강점이 되리라 기대합니다.

27 I believe this aspect of myself maybe useful to work with many co-workers as cabin crew.

저의 이러한 면모는 승무원으로서 많은 동료와 함께 일하는 데 유용할 것이라 믿습니다.

28 I'm excited and passionate about this position and will always give my 100%.

저는 이 직책에 매우 열정적이고 항상 100% 온 힘을 다할 것입니다.

29 I am reliable and will always be here whenever the company needs my service. I look forward to being part of this company.

저는 신뢰할 수 있는 사람이며 항상 회사가 제 서비스를 필요로 할 때면 그 자리를 지키고 있을 것입니다. 저는 귀하의 일원이 되기를 고대하고 있습니다.

30 If I am given an opportunity to work for your airline, I strongly believe that I can perform very well through my bright personality and work experiences in the service field.

만약 저게 귀사에서 일할 기회가 주어진다면, 서비스 분야에서 일했던 경험과 저의 밝은 성격으로 일을 잘 수행할 수 있다고 굳게 믿습니다.

31 I will always treat my passengers with my smile and devotion. And, I will always work well with my co-workers to make each flight smooth and memorable.

저는 항상 저의 승객들에게 미소와 헌신적인 마음으로 대할 것입니다. 그리고 모든 비행이 순조롭고 기억에 남을 수 있도록 동료와 함께 일을 잘할 것입니다.

32 I always wanted to get a job where I can utilize my bright personality and abilities that I learned and I experienced through my life. If I am hired, I will make every effort to have great pride in the job itself and the company.

저의 환한 성격과 제 인생을 통해 경험하고 배워왔던 능력을 발휘할 수 있는 곳에서 일하기를 항상 원했습니다. 제가 만약에 고용이 된다면, 회사와 직책에 자랑스러운 마음을 가질 수 있도록 최선을 다 하겠습니다.

33 I heartily want to display all of my abilities as a team player/multi-player who can make it no matter what kinds of tasks may come.

제게 어떠한 업무가 주어지더라도 잘 수행할 수 있는 팀의 일원으로써 저의 모든 능력을 보여주기를 간절히 소망하고 있습니다.

34 I believe that my education and experience would be useful in your company and they will be compatible with my interests and character as well.

저의 교육과 경험은 귀사에서 유용하게 쓰일 것이며 저의 관심과 성격이 양립된다고 생각합니다.

35 I will try my best with great pride in the job. I am ready to dedicate myself to the development and prosperity of your company.

저는 이 직업에 큰 자부심을 가지고 최선을 다할 것입니다. 귀사의 발전과 번영을 위해 저 자신을 헌신할 준비가 되어있습니다.

36 It would be an honor if I am admitted to your company and if that becomes a reality, I will give my best in my assigned works to become a great cabin crew.

제가 만약 귀사에 합격한다면 저에게는 정말 큰 영광이 될 것입니다. 그리고 그것이 현실이 된다면, 훌륭한 승무원이 되기 위해서 주어진 임무에 최선을 다하겠습니다.

37 Thank you very much for your time.

귀한 시간 내주셔서 감사합니다.

# 129. Please introduce yourself. Could you tell me something about yourself?

**A1** Good morning. I am very happy to meet you. My name is Christine, Do Yeon Kim. I've been interested in other languages and cultures since I was young so I majored in English and Japanese at University. I am a kind of person who can mingle with all different types of people and generations. It's very easy for me to make new friends and get along with them. And, as for my strength, I am highly committed to the work assigned to me and fully aware of my duties and importance of responsibility. I always wanted to get a job where I can utilize my bright personality and abilities that I learned and I experienced through my life. If I am hired, I will make every effort to have great pride in the job itself and the company. Thank you very much.

안녕하세요. 만나게 돼서 정말 반갑습니다. 제 이름은 크리스티나, 김도연입니다. 저는 어려서부터 다른 나라의 문화와 언어에 관심이 많아서 대학교에서 영어와 일어를 전공했습니다. 저는 모든 타입과 세대의 사람들과 잘 어울릴 수 있는 사람입니다. 제게 새 친구를 사귀고 잘 지내는 것은 매우 쉬운 일입니다. 그리고 저의 강점으로는 제게 주어진 일을 잘 수행하고 저의 임무가 무엇인지와 책임감의 중요성에 대해 잘 알고 있습니다. 저의 환한 성격과 제 인생을 통해 배우고 경험해온 능력들을 발휘할 수 있는 곳에서 일하기를 항상 원했습니다. 제가 입사하게 된다면, 일과 회사에 큰 자부심을 가지고 최선의 노력을 다할 것입니다. 감사합니다.

---

**A2** Hello. My name is Yeo Won Kim but you can call me Rhea. I went to ○○ University in the States majored in education and studied various subjects like ○○ and ○○. Currently I speak german while working as an assistant of CEO at German company. Hard working and responsible are probably the best words to describe me. And I am willing to learn more to help others as much as I can. That's why I participated in many volunteer activities helping others not only in Korea but also in other countries. This position is what I've been seeking for because I'm the kind of a person who enjoys experiencing and learning about different people and cultures. I am also flexible in making relationships and am attracted to other cultures. I'm proud of myself for this reason. I'm very excited and passionate about this job and I want to be part of this company. I believe that I would be a valuable asset to your airline.

안녕하세요, 제 이름은 김여원인데요, 레아라고 불러주세요. 저는 미국 ○○대학에서 교육학을 전공했고 ○○와 ○○ 같은 다양한 과목을 공부했습니다. 현재 저는 독일회사의 사장 비서로서 근무 하고 있으며 독일어를 합니다. 아마도 성실하고 책임감이 강하다는 말은 저를 표현하기에 최고의 단어라고 생각합니다. 그리고 저는 제가 할 수 있는 한 다른 사람들을 도와주기 위해 더 많은 것을 배우기를 좋아합니다. 그래서 국내뿐만 아니라 다른 여러 나라에서도 다른 사람들을 도와주기 위해서 많은 자원봉사 활동에 참여하였습니다. 저는 다른 사람들과 문화에 대해 배우고 경험하는 것을 좋아하는 사람이기 때문에 제가 갈망해온 일이 이 일입니다. 저는 또한 대인관계를 맺는 데 융통성이 있고, 다른 문화에 매료되는 사람입니다. 이런 이유로 자신에게 자부심이 있습니다. 이 직책에 매우 관심이 많고 열정을 가지고 있으며 귀사의 일원이 되기를 갈망합니다. 저는 귀사의 소중한 자산이 될 것이라 자신합니다.

A3 My name is Won Jun Choi, Charley and I was born and raised in Daejeon. During my college days I studied at ○○ university in New York for an year as an exchange student and it really helped me build up better communication and interpersonal skills to interact with diverse people. As for my personality, I'm a very active and positive person. People say I'm super friendly and fun to be with. And, since I have always worked as a team at my previous job, I am a great team player who knows how to work well with others and be supportive. Working with many co-workers in a multinational environment in your company would be an exciting challenge to me. I' am reliable and will always be here whenever the company needs my service. I look forward to being part of your company. Thank you for your time.

제 이름은 최원준이고 대전에서 태어나 자랐습니다. 저는 교환학생으로 뉴욕의 ○○대학에서 1년간 공부했습니다. 그리고 그 경험은 다양한 사람들과 함께 교류하는 데, 더 나은 소통과 대인관계의 기술을 갖는 데 도움이 많이 되었습니다. 제 성격은 매우 활동적이고 긍정적인 편입니다. 사람들이 말하길 저는 엄청나게 다정하고, 함께 있으면 참 재미있다고 말을 합니다. 그리고 전에 직장에서 항상 팀으로 일을 해왔기 때문에, 다른 사람들과 함께 일하는 방법을 잘 아는 훌륭한 팀의 일원이며 매우 협조적입니다. 귀사의 다국적인 환경에서 많은 동료와 함께 일하는 것은 매우 흥미로운 도전이 될 것입니다. 저는 매우 신뢰할 수 있는 사람이고 회사가 저를 필요로 할 때면 언제나 그 자리에 있을 것입니다. 저는 귀사의 일원이 되기를 고대하고 있습니다. 귀한 시간 내주셔서 감사합니다.

A4 My name is Yon –Sun Choi and my English name is Julie. I consider myself a 'glass half full' person. I always try to be positive about everything I do. I believe this way of thinking brings better results to me. And, I think I am a very flexible and adaptable person. I am willing to learn new things to get the job done. Because of this nature, I am able to work well with diverse people and in different environments. While I was studying in Seattle with many people from different countries I found it very interesting and tried to enjoy it to the full. I really love to meet people and learn about their cultures. I also have work experience in a hotel and was trained and gained experience on how to treat customers with quality service. If I work in your airline I will always treat my passengers with my smile and devotion and work well with my co-workers to make each flight smooth and memorable. Thank you.

제 이름은 최윤선이고, 영어 이름은 줄리입니다. 저는 유리잔이 반이나 차 있네라고 말하는 긍정적인 사람입니다. 저는 제가 하는 모든 일에 긍정적으로 생각하려 노력합니다. 저의 이런 생각은 저에게 항상 더 나은 결과를 가져다준다고 생각합니다. 그리고 저는 융통성 있고 적응력이 강한 사람입니다. 제 일을 위해서라면 새로운 것도 기꺼이 배웁니다. 저의 이러한 근성 때문에, 다양한 사람들과 다양한 환경에서 함께 일을 잘할 수 있습니다. 다른 나라에서 온 많은 사람과 함께 시애틀에서 공부하는 동안, 저는 즐거움을 만끽하려고 노력하고 정말 즐거웠습니다. 저는 사람들을 만나서 그들의 문화를 배우는 것을 정말 좋아합니다. 저는 또한 호텔에서 일한 경험이 있으며, 양질의 서비스를 고객들에게 제공하기 위한 방법을 훈련받고 경험을 넓혔습니다. 제가 귀사에서 일할 수 있다면 항상 미소와 헌신으로 승객들을 대할 것이며 모든 비행이 순조롭고 기억에 남게 하기 위해 동료와 함께 일을 잘할 것입니다. 감사합니다.

A5 Good afternoon, sir/ma'am. It's great to meet you. My name is Chi Won Choi but you can call me Colin. I am a very sociable and open-minded person. I also think I have a very pleasant attitude toward people. Studying in Toronto for 1 year was a very useful experience for me to understand better about the differences of other cultures and people. Plus, working in the customer service field for more than 3 years really helped me to build up my communication and interpersonal skills and I always try to be proactiv to make my job better. Because of this ability, I can work very well with all kinds of people. I heartily want to display all of my abilities as multi-player who can make it no matter what kinds of tasks come. I believe that my education and experience would be useful in your company. Thank you very much.

안녕하세요. 만나 뵙게 되어 기쁩니다. 제 이름은 최치원 인데 콜린 이라고 불러 주세요. 저는 매우 사교적이며 열려있는 사고를 가진 사람입니다. 저는 또한 사람들에 대해 매우 긍정적인 태도를 가지고 있습니다. 토론토에서 1년간 공부한 경험은 제가 다른 문화와 사람들에 대한 차이점에 대해 더 잘 이해할 수 있는 매우 소중한 경험이 되었습니다. 게다가 3년 넘게 고객 서비스 분야에서 일한 경험은 소통과 대인관계 기술을 익히는 데 많은 도움이 되었고, 저는 항상 제 일을 더 잘 수행하기 위해 적극적인 태도를 고수합니다. 이러한 능력으로 저는 모든 사람과 일을 잘해낼 수 있습니다. 제게 어떤 업무가 주어지더라도 임무를 수행할 수 있는 멀티플레이어로서 저의 능력을 모두 보여주기를 진심으로 희망합니다. 저의 교육과 경험이 귀사에서 일할 때 매우 유용한 것이 되리라 자신합니다. 감사합니다.

You

*I wish you*
*the best of luck*